本书系2019年度教育部人文社会科学研究（批准号：19XJC790015）最终成果

U0666840

新时代
完善我国货币政策调控体系研究

夏仕龙　著

XINSHIDAI WANSHAN WOGUO HUOBI
ZHENGCE TIAOKONG TIXI YANJIU

四川大学出版社
SICHUAN UNIVERSITY PRESS

项目策划：曾　鑫
责任编辑：曾　鑫
责任校对：孙滨蓉
封面设计：墨创文化
责任印制：王　炜

图书在版编目（CIP）数据

新时代完善我国货币政策调控体系研究 / 夏仕龙著
. — 成都：四川大学出版社，2021.6
　ISBN 978-7-5690-4874-2

　　Ⅰ．①新… Ⅱ．①夏… Ⅲ．①货币政策－研究－中国
Ⅳ．① F822.0

　中国版本图书馆 CIP 数据核字（2021）第 155854 号

书名　新时代完善我国货币政策调控体系研究

著　　者	夏仕龙
出　　版	四川大学出版社
地　　址	成都市一环路南一段 24 号（610065）
发　　行	四川大学出版社
书　　号	ISBN 978-7-5690-4874-2
印前制作	四川胜翔数码印务设计有限公司
印　　刷	四川盛图彩色印刷有限公司
成品尺寸	170mm×240mm
印　　张	15
字　　数	287 千字
版　　次	2021 年 8 月第 1 版
印　　次	2021 年 8 月第 1 次印刷
定　　价	59.00 元

◆ 读者邮购本书，请与本社发行科联系。
　电话：(028)85408408/(028)85401670/
　(028)86408023　邮政编码：610065
◆ 本社图书如有印装质量问题，请寄回出版社调换。
◆ 网址：http://press.scu.edu.cn

四川大学出版社
微信公众号

目　录

1 引言

1.1 研究问题的背景

当前，货币政策中介目标的选择及其有效性的评价是世界各国中央银行面临的共同难题，也是国内外学术界所关注的热点话题。货币政策是否有效在很大程度上取决于货币政策中介目标是否有效。货币政策中介目标的重要性和必要性体现在以下两个方面：第一，货币政策存在时滞，从中央银行政策工具操作到影响最终目标有一个过程，为了在这个过程中能够及时地调整操作偏差和预测调控效果，增强调控的前瞻性，中央银行需要一个与最终目标紧密相关的、易于观测的、对操作工具反应迅速的指标作为中介目标；第二，中介目标还可以履行货币政策"名义锚"的职能，中央银行一般会对外公布未来一段时间的政策取向以及中介目标的计划变动情况，以引导社会预期，目标的公示制度有利于减少中央银行的时间不一致行为，因为一旦公众发现目标的实际值和计划值出入太大，中央银行的信誉将遭受损失，从而倒逼中央银行约束自身的货币政策投机行为。

有效的货币政策中介目标需要同时满足可测性、可控性和相关性。世界各国中央银行所采用的货币政策中介目标可大致分为两类：以货币供应量为代表的数量型目标，如我国的 M2；以利率为代表的价格型目标，如美国的联邦基金利率。然而，金融创新使数量型目标的可测性难度加大，进而影响其可控性和相关性。从世界各国的货币政策实践来看，在利率市场化的条件下，价格型目标会逐步取代数量型目标。例如，美国在 1987 年宣布不再设 M1 目标，在

1993 年正式放弃 M2 目标，采用联邦基金利率进行货币政策调控。针对传统货币量指标的有效性不足，西方学术界先后提出了迪维西亚货币量和现金等价货币量这两种对简单加总货币量进行修正的方法，修正的基本原理都是认为不同货币资产的流动性大小不一样，应该按照流动性大小对不同货币资产进行加权求和，而货币资产的流动性大小又可以通过其收益率间接测算。

自 1984 年中国人民银行成立以来，我国货币政策中介目标的演进经历了三个阶段。第一阶段为 1984 年至 1993 年，人民币信贷规模和现金发行是中介目标。第二阶段为 1994 年至 1997 年，央行逐渐将货币供应量作为中介目标，减弱了对人民币信贷规模的控制，且不再将现金发行作为中介指标。第三阶段是 1998 年至今，央行以货币供应量为中介目标，并将人民币信贷规模作为经常性的监测指标。总的来说，在 1998 年以前，我国的货币政策中介目标是信贷规模，货币政策调控方式是直接调控。在 1998 年以后，我国的货币政策中介目标变为货币供应量 M2，货币政策调控方式变为间接调控。然而，随着经济和金融环境的变化，M2 的有效性开始下降。主要表现在：M2 与 GDP 的比值偏高，且处于上升态势，意味着 M2 的增速快于 GDP 的增速与 CPI 的增速之和，表明 M2 与宏观经济的相关性在下降。M2 作为货币政策中介目标的合理性开始遭到学术界和实务界质疑。

有的学者提出从货币供应量统计口径方面进行完善。中国人民银行一直着手货币供应统计口径的修订工作。2001 年和 2002 年，我国先后两次修订货币统计口径。2003 年 12 月，中国人民银行研究局对外发布《关于修订中国货币供应量统计方案的研究报告（征求意见稿）》，提出四种备选改革方案，其中有三种方案明确提出增加 M3 统计。2011 年初，中国人民银行调查统计司下发《关于货币供应量统计口径修订以及金融总量、流动性总量编制方案的简要说明（讨论稿）》，试图将货币统计口径扩大为包括股票、债券等融资方式的更为全面的"流动性总量"。2011 年 10 月，我国将非存款类金融机构存款和住房公积金存款纳入广义货币统计。但美国、英国等国的经验表明，流动性总量并不能很好地体现其与宏观经济和价格的关系，统计上也比较复杂。显然，以一把总是变动的尺子来衡量经济，对了解经济的实际情况及应当采取的政策措施，并没有任何有益的帮助。

中国人民银行在 2011 年提出社会融资规模指标，试图取代 M2 作为货币政策中介目标。社会融资规模的确较为全面地考虑了实体经济获取金融支持的各种渠道，相比 M2 只考虑银行信贷渠道更为科学，相关性较好。然而，学术界严重质疑其可控性，因为社会融资规模除了表内信贷较为可控外，表外业务、股票、债券等直接融资难以控制。由此可见，社会融资规模的可控性显然不如 M2，用它来替代 M2 作为中介目标显然不合适，它只能作为一个参考性的指标。

自 1996 年我国利率市场化进程正式启动以来，经过 20 多年的发展，利率市场化改革按照先外币后本币，先贷款后存款，存款先大额长期后小额短期的基本步骤稳步推进。自 2015 年 10 月 24 日起，中国人民银行对商业银行和农村合作金融机构等不再设置存款利率浮动上限，并抓紧完善利率的市场化形成和调控机制，加强央行对利率体系的调控和监督指导，提高货币政策传导效率。此次放开商业银行和农村合作金融机构等存款利率上限，标志着我国的利率管制已经基本放开，改革迈出了非常关键的一步，利率市场化进入新的阶段。利率管制基本放开，为货币政策调控框架转型创造了条件。随着金融创新发展，作为中介目标的货币量与经济增长、物价等最终目标之间的相关性也有所降低。利率市场化有利于促使利率真正反映市场供求情况，为中央银行利率调控提供重要参考，从而有利于货币政策调控方式由数量型为主向价格型为主转变。放开存款利率上限后，中国人民银行仍将在一段时期内继续公布存贷款基准利率，作为金融机构利率定价的重要参考，并为进一步完善利率调控框架提供一个过渡期。待市场化的利率形成、传导和调控机制建立健全后，将不再公布存贷款基准利率，这将是一个水到渠成的过程。

综上所述，当前我国货币政策调控面临的一大难题是：货币供应量 M2 作为货币政策中介目标的有效性在下降，而现阶段又找不到更好的数量指标去替代它。而且我国的利率形成、传导和调控机制尚未完全成熟，还不足以支撑利率独立作为货币政策中介目标。在我国利率完全取代货币供应量作为中介目标之前的较长时间范围内，数量型目标依然是我国货币政策中介目标的最佳选择。在我国当前的货币调控的数量型政策依然占主导地位的现实环境下，不应该简单指责货币供应量 M2 的不足，否认它功能的合理性，而是应该"扬长避短"，将其修正以提高它的有效性。西方学术界提出过迪维西亚货币量和现金等价货币量这两种对简单加总货币量进行修正的方法，修正的基本原理都是认为不同货币资产的流动性大小不一样，应该按照流动性大小对不同货币资产进行加权求和。但中国人民银行并未对这两个修正指标予以重视、测算和公布。探讨 M2 有效性不足的根源和对 M2 进行修正的方案不仅对我国十分必要，对其他实施价格型货币政策调控的国家也有意义。

在 2008 年金融危机之后，联邦基金目标利率等基准利率越调越低，已达到接近零利率的水平。美联储 2008 年经过 7 次调低联邦基金目标利率，使其

2008 年末达到 0～0.25％的水平，并一直将该超低利率水平维持到 2015 年末。此时中央银行政策操作的空间变得非常狭窄，常规的货币政策作用受阻，非常规的货币政策大行其道，特别是以量化宽松为代表的数量型工具开始重新得到使用。从 2008 年末到 2014 年末，美联储前后三次量化宽松（QE），购买大规模资产，使美联储资产负债表规模从 0.9 万亿美元增长到 4.5 万亿美元，扩张了 4 倍。由此可见，当中央银行常规的价格型货币政策调控面临零利率下限（ZLB）约束时，数量型工具对于世界大多数国家仍然具有一定的地位和重要性。

不过非常规的货币政策只是暂时性和临时性的政策，在出现金融危机等特殊时期，名义利率达到零利率下限约束后才会被启用。当经济复苏，随着美联储的加息缩表，货币政策也会回归常态。2015 年 12 月，美联储将联邦基金目标利率从 0～0.25％调升 25 个基点至 0.25％～0.50％。2016 年 12 月，美联储将联邦基金目标利率从 0.25％～0.50％调升 25 个基点至 0.50％～0.75％。2017 年，美联储将联邦基金目标利率从 0.50％～0.75％三次调升共 75 个基点至 1.25％～1.50％。美联储宣布 2017 年 10 月起启动渐进式被动缩表，以缓慢、渐进的方式终止到期债券再投资，而不是一次性结束所有再投资或抛售资产。由此可见，在常态经济下，货币政策调控的主流方式仍然是价格型调控，研究利率规则型（价格型）货币政策的传导效应仍然是学术界的重点。随着我国利率管制的取消，利率形成和调控机制的完善，我国也最终会实现价格型货币政策调控，当前对我国价格型政策传导效应的研究将对今后中国人民银行科学实施和评价货币政策提供重要的参考价值。

20 世纪 90 年代以来，在国际货币政策领域出现了一个新框架——通货膨胀目标制，在这种政策框架下，稳定物价成为中央银行货币政策的首要目标，中央银行根据通货膨胀预测值的变化进行政策操作，以引导通货膨胀预期向预定水平靠拢。通货膨胀是否得到有效控制是公众评价货币政策绩效的重要依据。自 1990 年新西兰率先采用通货膨胀目标制以来，到 2005 年，已有加拿大、英国、瑞典等 22 个国家先后实行。通货膨胀目标制的盛行，引起了国内外金融理论界的广泛关注。在通货膨胀目标制下，传统的货币政策体系发生了重大变化，在政策工具与最终目标之间不再设立中间目标，货币政策的决策依据主要依靠定期对通货膨胀的预测。2016 年 6 月 24 日，时任中国人民银行行长周小川在美国华盛顿参加国际货币基金组织（IMF）的中央银行政策研讨时，就中国央行的多目标制作出阐述：中国央行采取维持价格稳定的单一目标尚不现实。现阶段，中国央行实行多目标制，既包括价格稳定、促进经济增长、促进就业、保持国际收支大体平衡等四大年度目标，也包含金融改革和开放、发展金融市场这两个动态目标。展望未来，周小川指出：转型终将会大致告成，央行目标函数将走向简化，国际经验也将对中国更加有实践意义。中国央行行长的表态意味着通货膨胀目标制虽然暂时不适合中国国情，但是可能成为未来的发展方向，因而也具备一定的研究价值。在研究价格型货币政策效应时，除了研究政策利率对通胀缺口、产出缺口同时反馈的规则，还有必要研究政策利率只对通胀缺口反馈的规则，为以后我国执行通胀目标制货币政策做一些理论上的铺垫。

从国际上看，全球金融危机之后，一些非传统货币政策工具逐渐进入公众视野，其中之一就是"前瞻性指引"（forward guidance），与其相关的概念其实就是中央银行预期管理和沟通。央行沟通是指中央银行通过各种渠道与市场主体进行交流，传递货币政策和金融政策等相关信息，意在通过降低信息不对称使市场主体了解中央银行的政策意图，以达到引导预期，实现政策目标的目的。加强政策沟通能有效降低货币政策操作成本、提升调控效果、提高央行信誉。市场有时也会失灵，如果市场在错误信息的引导下误入歧途，那么将会造成严重后果，加强央行沟通的必要性也就体现在这里。国际上有研究提出，更多沟通有利于央行提升政策效果。有国外学者提出，货币政策的精髓就是管理预期，如果市场参与者更多地了解有关货币政策意图和未来可能的政策路径，其行为就可能向调控所希望的方向趋同，从而提高政策调控的有效性。这意味着现代货币政策调控不仅要靠操作，还要靠对预期的引导。中国人民银行很早就认识到货币政策沟通的重要性，在2009年就明确提出要有效开展通胀预期管理。近年来，我国央行通过定期发布货币政策执行报告、发布新闻通稿和政策解读、接受媒体采访等多种形式，适时向社会传播货币政策信息，及时向社会解释重大政策调整，货币政策的透明度不断提高。在信息时代，央行沟通的载体有很多，既有发布新闻稿、研究报告这些传统形式，也有微信、微博等新媒体途径，当然，面对面的交流效果更为突出——2017年两会期间，周小川等以"金融改革与发展"为主题召开的记者会，正是一次央行沟通的成功范例。每年两会国务院政府工作报告会提到对当年的宏观经济政策（包括财政政策和货币政策）取向，这会对公众当年的政策预期产生直接影响，而且政策取向会随着经济金融形势的变化而变化，由于只宣布当年的政策取向，之后年份的取向未知，这又会使公众产生未来政策的不确定性预期，从而影响当年的经济行为活动。因此，在理性预期框架下研究政策规则的区制转换效应对于中央银行科学地制定相关政策，进行有效的预期管理和政策沟通有重要的参考价值。

金融危机之后，关注金融稳定和防范系统性风险的宏观审慎政策开始受到各国中央银行的重视。2010 年 12 月 16 日巴塞尔委员会发布了巴塞尔协议Ⅲ（BaselⅢ）。党的十九大要求，"深化金融体制改革，增强金融服务实体经济能力，提高直接融资比重，促进多层次资本市场健康发展。健全货币政策和宏观审慎政策双支柱调控框架，深化利率和汇率市场化改革。健全金融监管体系，守住不发生系统性金融风险的底线"。近年来，不良贷款有所上升，侵蚀银行业资本金和风险抵御能力。在巴塞尔协议Ⅲ出台之际，中国银监会及时推出了资本充足率、拨备率、杠杆率、流动性四大监管新工具。中国人民银行从2016 年起实施宏观审慎评估体系（MPA）。MPA 重点考虑资本和杠杆情况、资产负债情况、流动性、定价行为、资产质量、外债风险、信贷政策执行等七大方面，通过综合评估加强逆周期调节和系统性金融风险防范。宏观审慎资本充足率是评估体系的核心，资本水平是金融机构增强损失吸收能力的重要途径。货币政策和宏观审慎政策双支柱调控框架要求在制定货币政策的时候，要考虑其对金融稳定和系统性金融风险的影响，我国的金融体系是银行主导型，系统性金融风险主要集中在银行业，学术界甚至提出货币政策的银行风险承担渠道一说，足见货币政策对银行风险会产生实质性的影响。研究货币政策对银行业风险的影响机理和影响力度对于健全货币政策和宏观审慎政策双支柱框架具有重要意义。

1.2　研究动机与目的

党的十八届三中全会明确提出，使市场在资源配置中起决定性作用。我国的市场经济发展到新的阶段。货币政策作为和财政政策并重的宏观调控手段，在熨平经济波动、稳定宏观经济健康和可持续发展上起到重要作用。由于市场经济的共性，在改革开放过程中，我国批判性地吸收了不少国外成熟发达市场经济体的政策经验。当前关于最优货币政策中介目标的选择引起国内外学术界不少争论，但一直没有定论。学术界讨论最多的中介目标大致分为利率和货币量两类，货币量又分为简单加总货币量和流动性加权货币量两类，他们采用不同的模型方法，不同的比较基准去衡量不同目标的有效性，然后得到迥异的结论。然而，没有统一的研究框架、没有统一的比较标准，得到的结论也就缺乏可比性。本书认为，有必要在统一的研究框架、统一的比较基准下，对学术界讨论最多的几个中介目标的有效性进行国际比较，为我国在利率市场化后采取恰当的中介目标提供一些国际经验参考。

我国传统的货币政策中介目标是货币供应量，然而随着经济金融环境的变化和金融创新的发展，货币供应量和宏观经济变量的相关性下降。尽管我国在加快利率市场化进程，但利率形成和调控机制尚不够健全，仍处于数量型调控向价格型调控的过渡期，利率还无法完全取代货币供应量以履行中介目标职能。在过渡期，中国人民银行不得不继续采用货币供应量作为官方中介目标。国外学术界认为货币供应量存在简单加总的谬误，因为不同货币资产的流动性有差异，简单加总无法精确刻画流动性总量的变化，并先后提出迪维西亚货币量和现金等价货币量等按不同货币资产的流动性加权的修正货币量。但我国央行并没有对此进行关注，也没有进行相关指标的统计和研究。为了在数量型调控向价格型调控的过渡期更好地发挥货币供应量的中介目标功能，本书认为有必要对其可能的优化修正指标进行研究，为货币当局提供政策参考。国外提出的两种修正简单加总货币量的方法之间有没有一个理论和实证上的优劣，还没有一个学者给出权威的结论，这也是本书的研究动机。

金融危机之后，美国在2008年末到2015年末执行长达7年的0~0.25%的超低联邦基金目标利率，并在2008年末到2014年末实施3轮QE，将资产负债表扩张4倍。可见，发达市场经济体常用的利率中介目标也有其短板，那就是零利率下限约束，在价格型调控失灵后，数量型调控被临时启用，发挥不可替代的作用。研究货币供应量中介目标的修正策略、优化其中介目标功能对于价格型调控国家也有一定的政策价值。然而非常规货币政策毕竟只是应对危机的暂时性政策，不可持续，在危机消失后，货币政策又会恢复价格型调控常态，比如美国2015年末开始加息，2017年10月开始渐进式被动缩表。价格型调控依然是利率市场化条件下的主流货币政策形式。我国在加快利率市场化进程后，利率管制已基本取消，尽管当前处于数量型政策尚未完全退出、价格型政策尚未完全成熟的过渡期，但未来的大趋势肯定是以价格型调控为主导。研究数量型政策是为了更好地发挥它被完全取代前的余热，研究价格型政策是为了它能成功实施做好充足的理论准备和模拟试验，这是本书承前（数量型）启后（价格型）的研究动机。

价格型货币政策的主流研究框架是放在宏观经济理论模型中，考虑理性预期均衡和随机冲击的传导效应。考虑价格黏性和垄断竞争的新凯恩斯模型是学术界常用的研究经济政策的方法。然而标准的西方经济学理论研究对货币有中性、非中性的争论，对价格也有灵活、黏性两分法。尽管学术界大多数研究考虑的是更具有现实意义的价格黏性和货币非中性情形，对货币政策规则设定为名义利率对通胀缺口和产出缺口的反馈方程，但随着通货膨胀目标制政策范式在世界范围内的推广使用，经济主体的通胀预期能力越来越强，非预期通胀带来的实际经济效果的机制会逐渐减弱，采用货币刺激产出的能力也会受到经济主体对货币政策的理性预期能力增强的影响，因此有必要研究灵活价格下货币中性情形的货币政策效应，既有经济学理论范式上的完整性，也具有一定的现实基础。

当前在动态随机一般均衡模型中研究货币政策规则普遍采用不变参数的线性规则，这似乎默认政策当局的行为会严格按照某个固定的线性方程行事，然而现实中的货币当局的立场可能会随着经济金融环境的变化而变化，而且大量的实证研究显示货币政策规则是非线性的，或存在区制转换特征。本书认为有必要在理性预期框架中引入区制转换特征的政策规则，研究经济主体预期政策变动会如何改变最优化行为，为中央银行实施预期管理和进行有效沟通提供理论基础。在技术层面，传统的求解 DSGE 模型需要参数满足 BK 条件才有唯一均衡解，而最小状态变量（MSV）解法却不需要对参数进行限制，也可以有唯一解，特别是 MSV 解法还可以处理含区制转换特征参数的理性预期模型，然而这个更科学的求解方法的使用者却寥寥无几，本书通过 Matlab 编程和借鉴国外学者开发的 RISE 工具箱，找到了可以复制学习的马尔科夫区制转换动态随机一般均衡模型（MS-DSGE）的参数估计和模型求解技术方法，有利于货币政策在宏观经济领域的理论发展。

金融危机之后，除了宏观审慎管理被世界各国的中央银行或金融监管当局重视和实施外，货币政策和宏观审慎政策的内在联系也开始吸引学术界和实务界的注意力。过去的货币政策主要关注四大最终目标——经济增长、物价稳定、充分就业、国际收支平衡，现在开始逐渐关注资产价格、金融稳定、系统性风险等因素，一些学者甚至认为次贷危机和美国当时过于宽松的货币政策有关，还有学者提出货币政策传导的银行风险承担渠道理论，认为宽松的货币政策会通过增加经济主体（主要是金融机构）的风险偏好和降低经济主体的风险识别能力导致过度承担信用风险。党的十九大报告提出要健全货币政策和宏观审慎政策双支柱调控框架和守住不发生系统性金融风险的底线，意在强调我国潜在金融风险的严峻性，以及在实施货币政策的时候，会搭配恰当的宏观审慎政策，控制系统性风险的滋生及扩散。我国部分学者对货币政策银行风险承担效应的研究主要集中在商业银行层面的微观实证检验，既缺乏理论机理分析，也缺乏银行业整体的风险承担行为研究，不足以充分剖析货币政策对银行业风险行为的影响机理及影响力度。因此，本书认为有必要从理论建模和经济学思想上对货币政策影响银行风险行为的机理进行分析，在银行业整体上检验影响力度，对未来货币当局协调货币政策和宏观审慎政策双支柱框架和守住不发生系统性风险有重要政策价值。

1.3　国内外研究现状

1.3.1　货币政策中介目标之争

学术界围绕货币中介目标在货币量和利率之间的选择争论已久，归根结底还是凯恩斯主义学派和货币主义学派之争。在 20 世纪 70 年代以前，凯恩斯主义学派的利率目标占主导地位，中央银行主要通过利率影响有效需求，进而调控宏观经济。从 20 世纪 70 年代到 80 年代中期，西方主要发达国家受石油危机的影响，短期菲利普斯曲线不再成立，经济出现滞涨，货币主义学派的货币量目标开始取代利率目标，走上历史舞台。一些研究表明，货币量与宏观经济变量有明显的相关关系，如 Friedman 和 Schwartz（1963）、Sims（1972）、Christiano 和 Ljungqvist（1988）、Stock 和 Watson（1989）等都发现美国货币量是实际产出（或工业生产）的格兰杰原因；再如 Hallman 等（1991）发现美国在朝鲜战争后的货币量 M2 的流通速度 V2 是均值回归序列［非单位根平稳序列 I（0）］，因而 M2 和价格存在长期（协整）关系。货币主义学派似乎取得了论战的胜利，然而事实并非如此。

从 20 世纪 80 年代中期至今，受金融创新的影响，货币需求函数变得不稳定，货币量与宏观经济变量的相关性下降，货币量目标逐渐被以美联储为代表的中央银行放弃，利率目标开始回归。一些研究表明，货币量对宏观经济没有预测价值。Friedman 和 Kuttner（1996）用方差分解和格兰杰因果检验分析美国货币量对产出、通胀的预测能力，Estrella 和 Mishkin（1997）用格兰杰因果检验分析 1979 年 10 月以后美国货币增长率对名义收入增长率和通胀率的预测能力，Rudebusch 和 Svensson（2002）用后顾型 IS 方程估计美国货币量对产出缺口的影响，以上结果都不显著。Woodford（2008）还批判了欧洲中央银行在货币政策执行中重视货币量①的若干理由，认为货币量不具有参考意义，集中考虑短期名义利率即可。还有一些研究表明，短期名义利率与宏观经济变量的相关性好于货币量。Sims（1980）、Litterman 和 Weiss（1985）发现美国利率会吸收货币量的预测能力，将名义利率纳入包含货币、产出、价格的 VAR 中，利率对产出的预测能力明显强于货币量。Friedman 和 Kuttner（1992，1993）基于格兰杰因果检验发现美国利率（商业票据和国库券利率之差）对实际产出的预测较强，而货币量不显著；基于 VAR 的预测误差方差分解发现，利率对实际产出的作用大，且统计上显著，而货币量作用小，且统计上不显著。Bernanke 和 Blinder（1992）基于格兰杰因果检验和方差分解发现，与货币量相比，联邦基金利率对实际宏观经济变量（工业生产、设备使用率、就业、失业率、房屋开工率、个人收入、零售销售额、消费、耐用品订单）极具预测能力，且联邦基金利率外生性较强，能敏感反映中央银行对银行准备金供给的冲击，是货币政策的更好指标。

在当代学术界，主流的货币政策分析范式是新凯恩斯模型。该类模型普遍将货币政策表达为诸如泰勒规则的短期名义利率的决定函数，货币量很少扮演重要角色，甚至在大部分模型的均衡条件中都没有出现。也就是说，主流学术界抽象出货币量来集中研究产出、通胀和利率的行为关系。可见，货币主义学派遭遇了前所未有的危机，然而他们并不甘心失败，积极寻找货币量失效的原因，以修正自己的货币理论。Barnett（1980）从货币量的统计缺陷上找到突破口，认为官方公布的货币量是简单加总货币量，忽略了以下事实：不同货币资产提供不同的流动性服务，持有这些资产的机会成本不同，简单加总的必要条件是"所有成分资产是完美替代品"（学术界称为 Barnett 批判）。基于经济加总和指数理论，他开创了迪维西亚货币量（Divisia Monetary Aggregates），对不同成分货币资产按流动性加权求和，得到更为精确的流动性服务总量。

之后，众多的实证研究对 Barnett 批判进行验证，结果基本上发现迪维西亚货币量优于简单加总货币量。Barnett 和 Spindt（1979）在流通速度的稳定性和信息含量上发现迪维西亚货币量更优。Barnett 等（1984）从格兰杰因果、预测方差、流通速度、货币需求函数、简化方程、迪维西亚二阶矩、可控性等方面证实迪维西亚货币量更优。Serletis 和 Robb（1986）用实证需求系统证

---

① 欧洲中央银行实施"两条平行策略"的货币政策：一是经济分析，考虑影响物价的短中期因素，比如商品、服务、要素市场的供求变动；二是货币分析，考虑影响物价的中长期因素，比如货币和物价的长期关系。两条平行策略相互印证，互为补充。

实加拿大的迪维西亚货币量更优。Serletis（1988）基于格兰杰因果检验，Belongia 和 Chalfant（1989）基于圣路易斯方程和可控性检验，都得到同样的结论。Belongia 和 Chrystal（1991）发现英国的迪维西亚货币量与名义 GDP 的增长率更相关，有稳定的货币需求函数。Drake 和 Chrystal（1994）集中讨论了英国企业部门的货币需求行为，发现长期稳定关系和明显的误差修正机制的存在。Chrystal 和 MacDonald（1994）基于格兰杰因果检验和 VECM 模型对美国、英国、澳大利亚、德国、瑞士、加拿大、日本等国数据进行验证和比较，发现迪维西亚货币量更优。Belongia（1996）发现货币增长对经济活动影响的方向、大小和显著程度都与测度方式密切相关，迪维西亚货币量表现更好。Schunk（2001）比较分别纳入简单加总、迪维西亚货币量的 VAR 模型对美国产出、物价的预测能力，发现纳入迪维西亚货币量的 VAR 模型对产出、物价的预测能力都更强。Serletis 和 Rahman（2013）用两变量 VARMA，GARCH−in−Mean，asymmetric BEKK 模型发现迪维西亚货币量的增长率的波动性比简单加总货币量更能解释美国的实际经济增长率。Hendrickson（2014）对美国简单加总货币量、迪维西亚货币量进行实证比较，发现后者有一个稳定的货币需求函数，后者是名义收入和价格水平的格兰杰原因，后者的实际值对产出缺口有显著的正向影响。Belongia 和 Ireland（2014）将现金和存款作为两种竞争性的流动性服务来源纳入新凯恩斯模型进行分析，发现迪维西亚货币量无论是定性还是定量，都优于简单加总货币量，产出在各种冲击下的波动都与迪维西亚货币量强相关。Serletis 和 Gogas（2014）发现用迪维西亚货币量取代简单加总货币量后，King 等（1991）中的货币需求函数由不稳定变成了稳定。Darvas（2015）基于 SVAR 模型发现欧元区迪维西亚货币量对产出有显著影响，简单加总货币量不显著，迪维西亚货币量有利于评价货币政策效果，并在 SVAR 中比简单加总货币量表现更好。中国学者对迪维西亚货币量认识较晚，近年来有少数学者粗略地[①]估算了中国的迪维西亚货币量，并基于货币需求函数的稳定性视角与简单加总货币量进行比较，发现前者更优（王宇伟，2009；左柏云、付明卫，2009；李正辉等，2012）。

尽管学术界普遍认可迪维西亚相对于简单加总的理论优势，但 Barnett 批

---

① 精确地测量迪维西亚货币量需要所有成分货币的存量及利率数据，而这些细节数据一般没有被中央银行公开，中央银行一般只公开一些大类货币成分的存量以及官方的各个层次的简单加总货币量。这些中国学者都采取了较为经验和粗略的数据处理方式，因而不同学者的测量结果差异性较大，限制了迪维西亚货币量在中国学术界的普及和影响力。

判在实证货币经济学中的影响很小，大部分研究者对于货币的探讨还是采用简单加总测度法。在实务界，除了美国、欧元区、英国、以色列、波兰有官方统计并公布的迪维西亚货币量外，其他各国中央银行只公布简单加总的数据（日本银行内部有统计迪维西亚货币量，但未向外界公开）。

但 2008 年的金融危机似乎给货币主义者带来了曙光。次贷危机爆发以来，以美联储为代表的发达国家中央银行开始长期实施逼近零的超低利率政策（后面简称零利率政策），短期名义利率失去了波动的空间，从而丧失传递货币政策信号的功能。在零利率政策下，用利率测量货币政策对经济的影响困难重重。此外，新凯恩斯视野下的货币政策的效果取决于长期实际利率对短期名义利率如何反应，而后金融危机时代的这两种利率的关系随着金融市场稳定关系的崩塌遭到破坏。在政策利率失效的情况下，美国、欧元区、英国、日本的中央银行补充了很多非常规的活动，比如以量化宽松为代表的大规模资产购买计划，这些非常规的货币政策不会反映到政策利率上。那么，有没有利率之外别的可行指标来反映量化宽松呢？直觉把研究者们的视线拉回货币量指标。

货币主义者不再满足迪维西亚货币量优于简单加总货币量的结论，以"后金融危机"时代利率功能弱化为契机，实证比较迪维西亚货币量与短期名义利率之间的优劣。Keating 等（2014）用递归的 VAR 模型比较美国迪维西亚货币量和联邦基金利率作为货币政策指标的有效性，结果发现，联邦基金利率的正向冲击会使物价产生正向响应，有悖紧缩性货币政策的理论常识，而迪维西亚货币量不存在这一反常现象，产出和物价对迪维西亚货币量的响应皆符合经济理论，且联邦基金利率在金融危机后的零利率时代无法履行货币政策指示器的功能，而迪维西亚货币量却依然有效，因而迪维西亚货币量是比联邦基金利率更好的货币政策指标。在零利率条件下，以往靠操作联邦基金利率的货币政策显得无能为力，一些学者建议美联储尝试通过设定名义 GDP 来完成调控产出和物价的双重使命。尽管众多经济学家努力复兴名义 GDP 目标，但很少人谈及在现实中如何去实现。Belongia 和 Ireland（2014）从理论和实证上得出迪维西亚货币量可以被美联储控制，且迪维西亚货币量与名义收入的速度趋势稳定，使盯着长期名义 GDP 目标具有可行性。Belongia 和 Ireland（2015）用格兰杰因果检验发现迪维西亚货币量有助于解释关键宏观经济变量的波动，加入迪维西亚货币量的 SVAR 模型有利于识别货币政策冲击，而不加入迪维西亚货币量的 SVAR 模型中，联邦基金利率对产出、物价的影响效果很差，表明迪维西亚货币量包含联邦基金利率没有涵盖的额外政策信息，仅仅依靠联邦基金利率无法全面判断货币政策对经济活动的影响。

　　纵观已有文献，学术界对简单加总货币量、迪维西亚货币量、短期名义利率作为货币中介目标的实证比较方法主要集中在单方程格兰杰因果检验和基于 VAR 系列（无约束 VAR、SVAR、VECM）的预测误差方差分解两方面，实证的主要目的是判断不同货币政策中介指标对宏观经济指标的预测能力，即相关性[①]。然而，这两种方法皆存在一定缺陷。

　　首先，就单方程格兰杰因果检验而言，因变量一般是名义产出、实际产出、物价指数等宏观经济变量，自变量包括因变量的滞后值，货币政策指标的滞后值，财政指标的滞后值以及其他控制变量的滞后值。通过检验货币政策指标的所有滞后值的联合显著性（F 统计量），来判断货币政策指标对经济指标因果关系的存在性。然而，右边的各个自变量之间很可能存在多重共线性，进而影响统计显著性的判断。其次，格兰杰因果检验只考虑到变量的滞后影响关系，没有考虑到变量的同期影响关系，容易受到"后此谬误"[②]（Post hoc ergo propter hoc）的批判。再次，格兰杰因果检验进行的是统计显著性的判断，没有进行经济显著性的判断。也就是说，它只能判断货币政策指标在统计意义上对经济指标有没有影响，却不能刻画这个影响在经济意义上有多大。

　　就 VAR 系列的预测误差方差分解来说，其能够弥补格兰杰因果检验的不足，能够刻画经济显著性，即货币政策指标能够解释经济指标百分之多少的波动，而且通过设置向量误差修正模型 VECM 还能够识别变量的长期影响关系，更能够通过设置结构方程 SVAR 识别同期影响关系、正交化误差向量，识别不同类型冲击的独立影响，更精准地刻画货币政策指标对经济指标的贡献度。然而，如何设置同期约束关系矩阵却是个难题。较为简单的处理方式是递归 VAR，同期关系矩阵设置为下三角，这样模型结果就依赖于变量的顺序，相当不稳健。较为复杂的是根据经济理论和假设主观地设置同期关系，然而这种处理方式缺乏充分的客观依据，没有统一的标准，不同学者的假设可能大相径庭，使得结果缺乏可信度。

---

　　① 货币经济理论认为，货币政策指标领先经济指标变动，前者的观测时滞小于后者，只要前者对后者有足够可信的预测能力，货币当局便可以前者作为调控后者的中介目标。

　　② 在此之后，因而必然由此造成。事件 A 发生在事件 B 之前，因而是事件 A 导致了事件 B 的发生。

1.3.2 简单加总货币量的两种修正方法——现金等价货币量与迪维西亚货币量

关于货币供应量作为货币政策中介目标有效性下降的原因，国内学者主要从货币经济理论方面进行解析。夏斌、廖强（2001）认为基础货币投放难以控制和货币乘数不稳定导致货币供应量本身不好控制，货币流通速度下降导致货币供应量指标与物价、就业增长等宏观目标相关性不太理想。常玉春（2004）认为公众预期的变化和利率管制政策在一定程度上阻碍和扭曲了货币政策传导，而证券市场的反常波动又经常造成货币的大量"漏损"。陈利平（2006）认为货币政策对通货膨胀、产出和货币存量的影响存在着时滞，货币政策传导机制不畅通，货币存量中介目标制无法对经济中的扰动做出意愿的响应。戴建军（2007）、何林等（2010）认为货币供给具有内生性，中央银行对货币供应量的可控性较差。李健（2007）、吴军等（2011）认为货币结构的改变（准货币比狭义货币增长快）引发了"中国货币之谜"（长期积累的高额流动性存量、如此之高的货币信贷投放，却未引发与之相匹配的高通货膨胀）。

面对货币供应量作为货币政策中介目标有效性下降的现实，一些学者提出新的指标，试图替代货币供应量的职能，如李宏瑾、项卫星（2010）和姚余栋、谭海鸣（2011）提出的中央银行票据发行利率，盛松成（2012）、张春生（2013）提出的社会融资规模。然而这些新的指标也存在各自的不足。自 2013年 7 月 20 日起全面放开金融机构贷款利率管制，利率市场化取得巨大进展，但利率尚未完全市场化，至少存款利率和住房抵押贷款利率并未放开。所以以利率为代表的价格型目标存在缺陷。至于社会融资规模，尽管它比 M2、新增人民币贷款的口径宽了很多，但完整性依然有些不足，如国债、外商直接投资（FDI）以及规模庞大的民间借贷，都未包含在社会融资总量统计中，这些都是实体经济融通资金的重要渠道。此外，社会融资规模可能存在重复计算的问题。

尽管货币供应量的有效性遭到质疑，但根据货币政策中介目标的可测性、可控性、相关性和稳定性等基本条件，我国目前还不存在更好的经济变量来替代它。因此，对货币供应量指标进行修正就很有必要性。中央银行统计货币供应量指标本质上是为了度量经济体系中的流动性供给，然而，由于不同货币成分的流动性高低不同，因而对于同样大小的货币供应量，尽管流动性名义供给是一样的，但如果其中高流动性的货币成分占比更高，则体现出更大的流动性实际供给（本书也称之为流动性有效供给），对经济活动也将产生更大流动性冲击。因此，就与宏观经济的相关性更密切而言，基于流动性有效供给度量的货币指标更适合作为货币政策中介目标。那么，我们又该如何来度量经济体系中的流动性有效供给呢？国外学者从货币供应量的统计方法上寻找到了答案，并先后诞生了迪维西亚货币量和现金等价货币量。

货币供应量有不同的层次，但作为货币政策中介目标最为广泛的是 M2，本书主要在这一货币层次下探讨不同货币量测度法的优劣。M2 的不同组成部分的流动性大小有差异。显然，现金的流动性强于活期存款，活期存款的流动性强于定期存款，定期存款的期限越短，流动性越强。然而官方 M2 是简单加总的，对不同组成部分的权重都设为 1，相当于假定 M2 中的不同货币资产的流动性无差异，彼此是完美替代品，这样就只考虑到货币的总量效应，没有考虑到货币的流动性结构效应，因而其测度存在系统性偏误，不能准确反映 M2 所蕴含的流动性有效供给的变化。简单加总 M2 的这一内生缺陷是其有效性不足的重要因素。因此，传统的 M2 是世界各国中央银行货币统计已经共同意识到其理论缺陷但不得已而为之的保留物。

Friedman 和 Schwartz（1970）最先意识到这个问题，并建议对不同流动性的资产按流动性的大小赋予 [0，1] 区间的权重进行加权求和。显然，现金的流动性最强，权重设为 1，非货币资产不具备货币意义上的流动性，权重设为 0，而活期存款和定期存款的权重位于（0，1）区间，但对具体大小却没有一个明确的阐述和规定。因而，如何将货币资产的流动性大小由定性分析转化为定量分析是对简单加总法进行修正的关键。基于利率期限结构理论中的流动性偏好理论，我们可以直观地认识到货币资产的流动性与其收益率反向变化。如果能够找到货币资产的流动性与其收益率之间的函数关系，我们就解决了如何量化货币资产的流动性的难题。在经过长期探索后，一些西方学者正是基于这一思想，运用消费者行为理论（效用理论），先后构建了具备微观基础的迪维西亚货币量和现金等价货币量（Currency Equivalent Aggregates）来对简单加总货币量进行修正。

Barnett（1980）假设货币资产与其他消费品存在弱可分性，流动性有效供给对各种货币资产都具有一次齐次性，推导出迪维西亚货币量。Rotemberg、Driscoll 和 Poterba（1995）在迪维西亚货币量的假设基础上，再假设流动性有效供给中的现金和其他货币资产是加性可分的，推导出现金等价货币量。Barnett、Offenbacher 和 Spindt（1981，1984）用格兰杰因果关系、信息含量、货币需求函数的稳定性三种方法对迪维西亚货币量和现金等价货币量进行实证比较，Serletis 和 Robb（1986）用同样的方法对加拿大数据进行分析，Belongia 和 Chalfant（1989）进行相关性和可控性分析，Belongia 和 Chrystal（1991）基于相关性和货币需求函数的稳定性利用英国数据进行分析，Hueng（1998）基于协整理论采用加拿大数据进行分析，Acharya 和 Kamaiah（2001）基于货币需求函数的稳定性、信息含量、J 检验运用印度数据进行分析，Schunk（2001）基于 VAR 模型进行相关性分析，结果均表明迪维西亚货币量优于简单加总货币量。国内学术界对迪维西亚货币量认识较晚，近年来以货币需求函数的稳定性为核心进行实证检验，结果和国外学术界基本一致，表明迪维西亚货币量的需求函数比简单加总货币量稳定（李治国、施月华，2003；王如丰，2008；王宇伟，2009；左柏云、付明卫，2009；李正辉等，2012）。

　　然而，由于现金等价法的模型难以理解和复杂性等原因，它一直没有得到学术界的重视，我们仅发现极少数对其实证的相关文献。Rotemberg 等（1995）基于相关性检验，Acharya 和 Kamaiah（1998）基于 J 检验、信息含量、货币需求函数的稳定性得出现金等价货币量优于简单加总货币量的实证结论。Serletis 和 Uritskaya（2007）认为简单加总货币量和迪维西亚货币量的长期需求函数更稳定，而现金等价货币量的短期需求函数更稳定。Jonathan 和 Handa（2007）、王如丰（2008）认为现金等价货币量优于简单加总货币量和迪维西亚货币量。

　　笔者通过梳理文献发现，在各类货币量测度法谁更适于作为中介目标的合理性和有效性研究上，学术界更多地将注意力放在迪维西亚货币量上，而对现金等价货币量关注很少，而已有的实证研究表明，迪维西亚货币量、现金等价货币量均比简单加总货币量有效（主要的判断标准是货币需求函数的稳定性）。然而，关于迪维西亚货币量与现金等价货币量两者之间的优劣比较，却极少有学者探究，仅有的几篇文献也没有得出一致的结论。此外，大部分研究集中在实证检验上，缺乏理论分析，而且实证研究几乎都限于单一国家，没有进行跨国比较。

　　在实务界，现金等价货币量也受到了"冷落"。将迪维西亚货币量作为参考目标的中央银行为数不少，如美国、欧盟、英国、德国、西班牙和意大利等，而将现金等价货币量作为参考目标的国家寥寥无几。美联储一度在其官网上同时公布迪维西亚货币量、现金等价货币量数据，可是自 2006 年以后就不再公布现金等价货币量，只公布迪维西亚货币量。可见，迪维西亚货币量现被美联储视为简单加总货币量的有效补充，现金等价货币量的地位则显得不那么确定。难道现金等价货币量作为中介目标真的不如迪维西亚货币量有效吗？其中的真实原因又是什么呢？

1.3.3　货币政策反应函数

2015 年 10 月 23 日，中国人民银行宣布放开存款利率上限，利率市场化完成最后一步，此时，我国货币调控模式已具备从数量型向价格型转变的相关现实条件，再来探讨中国的价格型货币政策，并以美国作为基准进行比较分析，具有很强的现实意义。

国内外学术界对中央银行货币政策反应函数的研究主要集中于泰勒规则及其各种扩展形式。Taylor（1993）首次提出了泰勒规则[①]，该规则很好地拟合了美国 1987 到 1992 年的联邦基金利率。Clarida 等（1998，2000）认为中央银行并不是对过去的通胀率缺口做出反应，而是对预期的未来的通胀率缺口做出反应，提出了前瞻性泰勒规则，并考虑了央行的利率平滑行为，采用广义矩估计（GMM）来估计货币政策反应函数。Clarida 等（2000）发现，政策利率在沃尔克－格林斯潘时期对预期通胀反应比前沃尔克时期更敏感，对宏观经济有稳定作用。在 Taylor（1993）和 Clarida 等（1998，2000）基础上，谢平和罗雄（2002）首次用中国数据检验泰勒规则和估计货币政策反应函数，GMM 估计结果发现利率对通胀率的反应系数小于 1，货币规则不能稳定宏观经济，通胀和通缩有着自我实现机制。陆军、钟丹（2003）用协整估计方法分析了我国的传统泰勒规则和前瞻性泰勒规则，发现两者均存在长期均衡关系。卞志村（2006）分别运用广义矩方法及协整检验方法对泰勒规则在中国的适用性进行了实证检验，认为泰勒规则虽然可以描述我国银行间同业拆借利率的走势，但是这一规则是不稳定的。王建国（2006）利用 Chow 断点检验对我国货币政策在 1997 年亚洲金融危机前后进行实证分析，结果发现我国名义利率对通胀率缺口的反应系数在危机后得到了增强。万晓莉（2011）从管制利率和市场化利率两个维度，用 GMM 估计了 1987—2007 年间以及 1996 年前后的反应函数，我国管制和市场利率都对通胀反应不足，这使得通胀在我国有自我实现的可能。

一些学者认为，央行的货币政策并非只考虑通胀缺口和产出缺口，可能还

---

① $r=p+0.5y+0.5(p-2)+2$，r 是联邦基金利率，p 是前四季度的通胀率，y 是实际 GDP 对目标值的百分比偏离，$y=100(Y-Y^*)/Y^*$，Y 是实际 GDP，Y^* 是趋势实际 GDP（从 1984.1 到 1992.3 等于每年 2.2%），通胀目标 2%，均衡真实利率 2%。

会受其他因素的影响，应加入其他变量扩展简单泰勒规则。Clarida 等（1999）推导了封闭经济下的最优货币政策。Clarida 等（2001，2002）推导了开放经济下的最优货币政策，认为外国经济通过总产出的变动来影响本国利率的长期均衡水平，进而影响本国的最优货币政策。王胜、邹恒甫（2006）将国外（美国、日本、欧盟）产出波动情况引入标准泰勒规则，线性回归结果发现，中国货币政策受到美国经济发展状况的影响。袁靖（2007）在泰勒型货币政策规则基础上对加入股票市场资产价格泡沫货币政策规则进行了实证研究。张屹山、张代强（2007）将货币供应增长率引入前瞻性泰勒规则，从市场利率（同业拆借利率）、管制利率（存贷款利率）以及两者利差三个层次分析我国货币政策反应函数，GMM 估计结果表明，三个层次的利率对预期通胀率反应不足，利率规则是一种内在不稳定的货币政策。唐齐鸣、熊洁敏（2009）分别估计我国考虑或不考虑以股价、房价为代表的资产价格的 IS－Phillips 模型，进而分别推出我国考虑资产价格与忽视资产价格的货币政策反应函数，并据此对经济进行模拟分析。研究结果显示，我国股价和房价对产出缺口有较为显著的作用。封北麟和王贵民（2006），卞志村、孙慧智、曹媛媛（2012）将金融形势指数（FCI）纳入泰勒规则进行研究。肖奎喜、徐世长（2011）将金融深化指标、外汇储备变化变量以及中国金融状况指数（FCI）纳入泰勒规则进行研究。李成、王彬、马文涛（2010）建立了开放经济条件下包含多个非有效资产市场的动态宏观经济模型，理论推演得到中央银行货币政策反应函数即最优利率规则，结果显示，利率调控不仅需要对产出与通货膨胀的动向做出反应，还要对资产价格及汇率变动有相应的调整，GMM 估计结果表明我国利率调控主要针对产出和通货膨胀，对资产市场价格及汇率变化的反应系数相对较小或不显著。郭福春、潘锡泉（2012）在传统泰勒规则的基础上纳入货币因素和开放框架下的汇率因素，协整检验和估计结果表明，扩展泰勒规则在汇改前后及整体层面呈现较大的异质性。岳正坤、石璋铭（2013）将汇率和国外产出波动引入前瞻性泰勒货币政策反应函数中，分别测定和研究了公众通胀预期和专家通胀预期，GMM 估计结果发现，中国货币政策只反映公众预期，未反映专家预期。

另一些学者认为，线性泰勒规则无法准确刻画央行的货币政策行为，应采用非线性模型研究中央银行货币政策反应函数。张屹山、张代强（2008）采用了门限回归方法，Martin 和 Milas（2004）、Brüggemann 和 Riedel（2011）、中国人民银行营业管理部课题组（2009）、欧阳志刚和王世杰（2009）、刁节文和章虎（2012）采用了平滑转换模型，Assenmacher－Wesche（2006）、郑挺国和刘金全（2010）、卞志村和孟士清（2014）采用了马尔科夫区制转换模型。Orphanides 和 Wieland（2000）、Aksoy 等人（2006）、Martin 和 Milas（2010）认为货币政策存在"机会主义"策略：央行会根据历史通胀动态调整通胀目标，且对位于不同区间的通胀缺口的反应系数不同。邓伟和唐齐鸣（2013）和赵娜等（2015）对中国货币政策中的"机会主义"策略进行了研究。

从以上文献可以看出，现有关于货币政策反应函数的研究大体做了两方面的工作，一是根据相关理论、经验或假设，往传统泰勒规则（只涵盖通胀缺口和产出缺口）中增添新的变量，如汇率、外国产出波动、货币量、资产价格等，试图论证央行在制定利率目标时不止简单考虑通胀和产出两个因素；二是将线性规则扩展为非线性规则，用各种非线性计量手段估计货币政策反应函数，试图论证央行在制定利率目标时并非按某一固定的规则行事，规则随经济形势而变。这两方面的工作对于深入理解央行货币政策行为有很大贡献，但也存在一些不足。第一，基本上所有的估计都是单方程估计，内生性的问题无法解决，即除了因变量名义利率会受到自变量通胀率的影响外，自变量通胀率也会受到因变量名义利率的影响，尽管有一些学者在前瞻性泰勒规则中试图用GMM 估计来解决内生性问题，但工具变量选择过于主观，仅选择相关变量的滞后值，未检验工具变量的有效性，一般而言，我们很难找到完美的工具变量可以解决内生性问题。第二，基本上所有的研究都基于纯计量回归模型，缺乏严格的经济学理论推演和微观基础，无法避免卢卡斯批判，尽管有一些学者基于最优货币政策推导出泰勒规则，但在相关结构参数的估计和政策分析上不尽如人意，结构参数不是基于理性预期的最终解来估计，政策分析缺乏货币政策脉冲响应和方差分解等。第三，几乎所有基于中国数据的实证都发现政策利率对通胀反应不足，即名义利率对通胀率的反应系数小于 1，导致通胀率上升，实际利率反而下降，中国的利率规则是一个不稳定的规则，研究止步于此，而事实上，针对这一不稳定的政策，仍然可以在一定的预期假设下（不存在泡沫预期）进行政策效果的模拟分析。

1.3.4 经济周期波动

经济周期①的冲击来源和传导机制一直是主流宏观经济学研究的重要课题。学术界研究的冲击来源种类繁多，但大致可归为供给方面、需求方面、货

---

① 宏观经济变量对其稳态路径的偏离，也称经济波动。

币政策方面三类冲击。大体的研究思路一般是考虑如何分解经济周期中每一类冲击的大小、传导机制以及对经济波动的贡献程度。研究经济周期对于中央银行制定恰当的货币政策熨平经济周期，减少经济波动，稳定宏观经济有着重要意义。学术界对经济周期的研究方法主要集中在以下四个方面。

（1）真实经济周期（RBC）理论。该理论认为技术冲击等真实摩擦是经济周期的主要来源，通过代理人效用最大化框架建模，具备微观基础，也称新古典理论。Kydland 和 Prescott（1982）假设新的生产性资本的形成时间超过一个时期，时间不可分的效用函数允许更大的闲暇跨期替代，用修正后的均衡增长模型来解释一系列经济时间序列的周期方差、实际产出与其他序列的协方差和产出的自协方差，发现模型能够拟合第二次世界大战后美国经济的季度数据。Long 和 Plosser（1983）在理性预期、完全当前信息、稳定偏好、无技术改变、无长期保存商品、无摩擦或调整成本、无政府、无货币、环境中的随机因素无序列依赖性等假设下构建真实经济周期（RBC）模型，该模型能够刻画观察到的现实经济周期的一些主要特征。King（1988a）总结了基本新古典模型在增长和经济周期上的应用，当外生技术的变化率保持不变时，模型具备一个稳态的增长路径，在高持续性的技术冲击下，基本新古典模型能刻画一些经济波动的典型事实，但经济波动的显著特征——产出的序列相关依赖于技术冲击的持久性。King（1988b）指出了研究真实经济周期模型的新方向：考虑外生或内生形式的随机增长，分析在扭曲税产生外部性下的次优结果，劳动市场异质性的应用。卜永祥和靳炎（2002）用 RBC 模型发现技术冲击这一因素可以解释 76% 的中国经济波动。陈昆亭等人（2004）基于 RBC 模型分析中国经济波动来源，发现引入供给冲击改善了模型对消费的预测能力，引入供给冲击优于引入需求冲击，技术冲击解释波动的主要部分。黄赜琳（2005）将政府支出作为外生随机冲击变量，构建中国三部门 RBC 模型，考察中国宏观经济波动的周期特征及财政政策的效应问题。

（2）结构向量自回归（SVAR）模型。该模型借助 AD-AS 框架识别总供给、总需求等结构冲击，分解各个冲击的动态效应。Blanchard 和 Quah（1989）用 SVAR 模型来分析美国 GNP 和失业率在面临总供给和总需求冲击时的波动情况，认为总供给冲击对产出有永久性影响，总需求冲击对产出没有永久性影响，总需求冲击对产出和失业率有驼峰形的影响，总供给冲击对产出的影响随时间稳步上升，两年之后达到顶峰，五年之后稳定下来。Blanchard（1989）用 SVAR 模型和美国数据验证了凯恩斯模型对宏观经济波动的传统解释：总需求冲击使产出和价格往相同方向变动，总供给冲击使产出和价格往相反方向变动，总需求冲击效应大部分反映在价格和工资上，而不是产出上，包含生产率冲击的总供给冲击对产出更具长期效应，产出的波动在短期内主要受需求冲击的影响，在长期内主要受供给冲击的影响。Galí（1992）用 IS－LM－Phillips curve 模型和 SVAR 模型分析第二次世界大战后美国数据，考虑货币供给、货币需求、IS、总供给四类冲击，发现总需求冲击（包括货币供给、货币需求、IS 三类冲击）因名义刚性对 GNP 和其他实际变量有短期效应，货币冲击通过实际利率的变化会传递到实际部门，GNP 和价格在总需求冲击下同向变动，在总供给冲击下反向变动，供给因素对短期 GNP 波动贡献较大。Galí（1999）用 SVAR 模型将生产率和劳动分解为技术和非技术成分，当技术冲击是唯一的波动来源时，劳动和生产率的相关系数为负；当非技术冲击是唯一的波动来源时，劳动和生产率的相关系数为正。在正的技术冲击下，劳动会持续性地下降。这些结论与 RBC 模型对经济周期的解释不一致，但与具有垄断竞争和价格黏性的新凯恩斯模型对经济周期的解释一致。Zhang 和 Wan（2005）用 AD－AS 模型和 SVAR 模型研究中国经济周期，发现需求冲击是宏观经济波动的主要来源，但供给冲击的重要性越来越强。Cover 等（2006）用一个简单的总需求－总供给模型作为短期约束识别 SVAR 模型的结构性冲击，结合 Blanchard－Quah 约束，估计得到总供给曲线的斜率、需求和供给冲击的方差、需求和供给冲击的相关程度，发现需求和供给冲击高度相关，需求冲击能解释美国真实 GDP 的长期预测误差方差的 82％。龚敏和李文溥（2007）用 SVAR 模型分析中国 1996—2005 年间经济波动中总供给与总需求冲击作用，发现"高增长、低通胀"是在有效供给能力改善的强有力推动下实现的。赵留彦（2008）使用 SVAR 模型考察中国短期宏观经济波动的成因，并比较国外冲击以及国内供给和需求冲击对产出短期波动的相对解释能力，发现国内供给冲击是产出波动的主要来源，而国外冲击对国内宏观经济波动的溢出效应并不明显。徐高（2008）用 SVAR 模型将影响中国真实 GDP 和通货膨胀的冲击分解成了供给冲击和需求冲击，发现中国的短期总供给曲线斜率为负，而短期总需求曲线斜率为正，与现有宏观理论不符，称其为"斜率之谜"。吕光明（2009）使用二元 SVAR 模型对驱动中国经济波动的供求冲击进行甄别分析，发现供给冲击和需求冲击在中国经济波动中具有几乎同等的重要性。王文甫和明娟（2009）用 AD－AS 模型和 SVAR 模型分析总需求、总供给和宏观经济政策的动态效应。高士成（2010）用 SVAR 方法对影响中国经济增长和通货膨胀的冲击进行分解，并讨论了中国短期总供给和总需求曲线的斜率，发现中国短期经济波动的主要影响因素为需求冲击，同时，总需求和总供给曲线的斜率也与理论基本相符，不存在"斜率之谜"。欧阳志刚和史焕平（2010）在供给冲击和需求冲击相关的前提下，应用 SVAR 模型从我国经济增长与通货膨胀中分解出随机冲击效应，在此基础上，度量随机冲击对经济增长和通胀的短期与长期效应。

（3）经济周期核算（BCA）方法。Chari 等（2007）提出了经济周期核算（Business Cycle Accounting，BCA）的新方法，在标准增长模型中加入类似生产率、劳动和投资税、政府消费的时变楔子（wedge），先用数据和标准模型的均衡条件测度不同楔子的大小，再将不同楔子的测度值代回标准模型，计算不同楔子对经济波动的贡献程度。Xu（2007）用 Chari 等（2007）提出的经济周期核算法评估了中国 1978 年后经济周期波动的来源，发现代表制度变迁和技术进步的效率楔子是 1978—2006 年经济波动的主要来源。He 等（2009）用附带时变楔子的标准新古典开放经济模型研究了中国改革开放以来的经济波动来源，比较了效率、劳动、投资、外债楔子对中国经济周期的相对贡献程度，BAC 方法发现生产率最能解释中国 1978—2006 年间的宏观经济波动。蒋涛（2013）应用 BCA 方法分析效率、劳动、投资和政府消费等扭曲性楔子对中国经济波动的影响，发现只有效率楔子对解释中国经济波动是最重要的。

（4）新凯恩斯模型。该模型在 RBC 模型的基础上考虑了中间产品厂商垄断竞争和名义刚性因素。Rotemberg（1982）、Calvo（1983）分别提出了垄断竞争情形下的定价策略。Ireland（2004）在新凯恩斯模型中引入偏好、成本推进、货币政策三类冲击，与 RBC 模型中的技术冲击进行比较，发现偏好、成本推进、货币政策三类冲击在解释经济波动上比技术冲击更重要，货币政策冲击是产出增长不稳定的主要来源，成本推进冲击是通胀波动的重要因素，偏好冲击是短期名义利率波动的主要因素。李春吉和孟晓宏（2006）基于新凯恩斯模型研究了消费偏好冲击、投资边际效率冲击、技术冲击、名义货币供给增长冲击和政府支出冲击对中国经济波动的影响。孙稳存（2007）用 IS－LM－AD 框架分析中国货币政策与经济波动的关系，发现中国的货币政策虽然具有反周期的操作取向，但是货币政策本身却是造成经济波动的重要原因，因为货币政策缺乏独立性，货币政策还受到其他因素的影响而偏离逆周期操作的政策规则。王彬（2010）基于包含金融加速器的新凯恩斯模型研究了财政政策和货币政策冲击对我国宏观经济的影响，结果发现财政政策能够解释部分就业、消费和资本存量波动；货币政策冲击则能够解释大部分通货膨胀、就业波动，以及部分产出、消费和投资波动。李春吉等人（2010）基于新凯恩斯模型研究了中国货币经济波动中的货币冲击、需求偏好冲击和生产率冲击对经济波动的短期和长期影响。王燕武和王俊海（2011）在新凯恩斯模型的研究框架下，引入了四个额外的冲击——偏好冲击、加成冲击、政府支出冲击和利率冲击，来研究导致我国产出、通胀等宏观经济变量波动的来源，发现来自供给方的冲击对我国经济波动具有重要作用。

纵观已有文献，RBC 模型最早用于解释经济周期，它将大部分经济波动归因于技术冲击，尽管具备微观基础，但其假设条件过于严格，并未考虑到现实经济中的垄断竞争和名义刚性，从而在本质上否定了中央银行采用货币政策调控宏观经济的必要性和合理性，已逐渐淡出经济周期的研究视野。BCA 方法的理论基础其实也是 RBC 模型，同样是假设完全竞争，所有厂商都是价格接受者，尽管在计量上有独到之处，但其得到的结论仍然是技术冲击是经济波动的主要来源，无法用于评价中央银行货币政策的实施效果。国内外不少学者用 SVAR 模型研究总供给、总需求冲击对宏观经济波动的影响，并未得到一致的结论，经济周期究竟是受供给方面冲击的影响大，还是受需求方面的影响大，仍然争论激烈。SVAR 模型的分析结果对约束识别条件的设定较为敏感，他们的研究基本建立在 AD－AS 理论框架上，模型的识别具有较为统一的经济理论支撑，缺点在于 SVAR 模型仍然是纯计量经济学模型，所估计的参数是简化参数，不是经济学意义上的结构参数，缺乏微观基础，无法避免卢卡斯批判，而且所研究的冲击主要限于总供给、总需求两类冲击，缺乏对货币政策冲击的研究，因而无法评价货币政策。新凯恩斯模型在 RBC 模型的基础上考虑垄断竞争和名义刚性，可以同时分析供给方面、需求方面、货币政策方面三类冲击对宏观经济波动的影响，成为当下主流的货币经济周期分析范式。新凯恩斯模型可以容纳很多不同因素，形成大型的 DSGE 模型，学术界基于新凯恩斯模型做出了大量有益的成果。然而，当下的研究普遍存在以下问题：

新凯恩斯模型的最终均衡解的存在性和唯一性依赖于参数的具体取值，在某些参数空间，满足 BK 条件，均衡解唯一，在另一些参数空间，不满足 BK 条件，均衡解不唯一，这本是一种正常的经济现象，也就是说，新凯恩斯模型无法保证在任意国家任意时间都存在确定性均衡，这与具体样本对应的参数取值相关，而现在几乎所有的论文都在不断地通过努力调试参数取值（校准或估计）使得 BK 条件得到满足，以求得确定性均衡解，并在该解下讨论不同冲击对经济周期的影响，这是一种有偏的处理方式。

在模型较大的情况下无法求得解析解，只能通过数值方法求解，因而整个研究过程只能限定在确定性均衡的先验设定下，无法就真实数据客观地判断均衡解是否唯一，根据理性预期思想，中央银行的政策操作应该追求均衡解的确定性，因为不确定性的均衡容易受到公众非理性的心理活动或动物精神的影响，经济的波动程度会加大，社会福利会受到损失。

1.3.5 可变货币政策规则

科学的政策评价理论是政策当局精准调控宏观经济的基础。传统的凯恩斯理论通过求解计量经济学模型 $y_{t+1} = F(y_t, x_t, \theta, \varepsilon_t)$ 来评价任意外生给定政策 x_t 对内生宏观经济变量 y_t 的影响，其中，θ 是不变的参数向量，ε_t 是独立同分布的随机冲击。根据过去 x_t、y_t 的观测值，可对 θ 进行估计。政策评价就是在 θ 已知的前提下，设定当前和未来的政策变量 x_t，根据方程 $y_{t+1} = F(y_t, x_t, \theta, \varepsilon_t)$ 可随机模拟出当前和未来的宏观经济变量 y_t。

Lucas（1976）对上述政策评价过程提出了著名的卢卡斯批判，认为上述理论不符合理性经济主体追求效用最大化的假设，因为经济主体当前所做的经济决策会受到其对未来预期的影响，而且若外生给定政策可以毫无规则地任意变动，则他们的预算约束也会毫无规则地任意变动，此时预期未来充满了不确定性（无明确的概率分布），做最优化决策显得毫无意义。针对这一问题，卢卡斯提出了如下解决方案：引入政策函数 $x_t = G(y_t, \lambda, \eta_t)$，$\eta_t$ 是随机变量，λ 是不变的参数向量，因而 x_t 具有明确的概率分布，修正后的计量经济学模型变为 $y_{t+1} = F(y_t, x_t, \theta(\lambda), \varepsilon_t)$。不同的政策由参数 λ 的取值刻画，政策变动通过两条路径影响经济系统：一是改变 x_t 的时间序列行为，二是修正行为参数 $\theta(\lambda)$。

但卢卡斯的政策评价方法基于一个非常重要的假定：经济主体知道政策规则的具体形式，而且确信该规则会长久保持下去。然而，现实中的中央银行基本不会采取严格的长期不变的货币政策规则，中央银行的货币政策立场（对各种宏观经济状态变量的反应强度）可能随经济大环境的变化或政策制定者的更换发生变动。当经济主体观察到过去央行政策规则发生过改变的事实，并总结政策规则变动的规律，就会基于当前获得的全部信息形成未来中央银行的政策变动行为的理性预期。可见，卢卡斯的政策评价方法存在严格的限制范围：只能应用在政策规则不变或变化概率很小的经济体中，不能应用在政策规则可变或变化几率较大的经济体中。Sims（1982）持有类似观点。就算政策变动是小概率事件，一旦政策参数 λ 发生改变，经济主体意识到新政策已经取代了旧政策，政策分析也发生改变。

针对卢卡斯的政策评价方法不能处理可变政策规则的不足，Lucas（1980）

认为这是政策分析的内在本质决定的，应该接受这一不足，因为一个观测样本只能识别一个货币政策参数 λ，所以不能分析比较不同的货币政策。此外，Lucas 和 Sargent（1981）认为设定政府有多个政策规则选择，而经济主体只确信一个政策规则不符合理性预期思想，然而设定经济主体对可变规则的理性预期在技术上又很难处理，因为无法想象经济主体能够成功地计算他们所面临的预算约束。针对经济主体在政策变动时可以确切地知道新 λ 的值的批判，Taylor（1975）假设政策变动时，经济主体并不确切地知道新 λ 的值，只有一个非退化的先验，然后通过贝叶斯学习过程更新对新 λ 的主观分布。尽管经济主体并不确切地知道新 λ 的值，但是这种分析仍然假定新的政策参数 λ 不会再发生变动，只是对它的分布在不断的学习更新中。这种分析仍然被限制在政策变动可能性很小的经济中，一旦政策变动发生，经济主体认为新的政策不会再发生改变。这其实是一种对未来政策变动概率的非理性预期。Sims（1982）提出用非结构向量自回归来应对这些批判，但 Cooley 和 LeRoy（1983）认为非结构方法不适合用来做政策评价，因为非结构模型的误差和参数是结构误差和参数的复杂（不可识别）的函数。Cooley 等（1984）建议将参数分为不可变的参数（如偏好和技术的测量）和可变的参数（如政策规则参数），不同的政策规则用一个随机过程的实现值来刻画。

尽管由于各种技术障碍，可变政策规则一直不是货币政策理论分析的规范（当前主流的 DSGE 政策分析框架以及其他含有理性预期思想的数理模型基本只考虑不变的政策规则），但是大量的实证文献表明中央银行的政策规则的确具有时变性。Clarida 等（2000）分别估计了第二次世界大战后美国在 1979 年沃尔克被任命为美联储主席之前和之后两个时期的前瞻性货币政策反应函数，发现沃尔克－格林斯潘时期的利率政策对预期通胀的反应比前沃尔克时期更敏感。Lubik 和 Schorfheide（2004）用极大似然法估计允许不确定性均衡和太阳黑子扰动存在的新凯恩斯模型，发现美国货币政策在 1982 年后是确定性的均衡，但前沃尔克政策却是不确定性的均衡。Sims 和 Zha（2006）用多变量区制转换模型研究美国货币政策，发现估计的货币政策规则的三种区制（状态）和货币政策规则的实际变动情况相符。Boivin 和 Giannoni（2006）分别估计了美国 1980 前后两个时期的 VAR 模型，发现货币政策冲击效应在前一个时期更大，后一个时期更小，通过结构模型和反事实实验，发现若货币政策在后一个时期对通胀预期反应更强烈，可以更有效地稳定经济。Boivin（2006）用漂移系数和实时数据研究美国前瞻性泰勒规则，发现规则系数存在重要的渐变，但不能被通常的分样本估计充分识别。Kim 和 Nelson（2006）

用事后数据和时变参数模型估计前瞻性货币政策规则，发现美联储自 20 世纪 70 年代初以来的货币政策应该划分为 3 个子区间：70 年代、80 年代、90 年代。传统的 2 个子区间的划分——前沃尔克时期和沃尔克－格林斯潘时期会误导货币政策的实证评价。中国不少学者也在实证上发现了中央银行的政策规则的时变性特征，其中，张屹山和张代强（2008）采用了门限回归方法，欧阳志刚和王世杰（2009）采用了平滑转换模型，郑挺国和刘金全（2010）采用了马尔科夫区制转换模型。

对可变货币政策规则的评价仅仅依赖于实证方法是远远不够的，因为计量实证不是建立在严格的经济理论（行为主体追求效用最大化）基础之上，缺乏必要的微观基础，且没有考虑到预期形成机制对当期经济决策的影响，无法避免卢卡斯批判。既然大量的经验证据表明货币政策规则的变动是反复发生的，而非小概率事件，那么理性经济主体在做经济规划时对未来货币政策规则的走向自然不会简单地认定其长久保持不变，而是有一个理性的概率分布。可变规则的经验证据在逻辑上不断地挑战理论分析中的不变规则设定，学术界迫切地需要解决如何将可变货币政策规则纳入理论分析框架的方案，以实现理论分析和实证研究在政策规则变动与否假定上的完美统一。

货币政策规则在理论分析中的不变性设定与在实证研究中的可变性设定相矛盾，根本原因不在于两种分析框架的研究者对货币政策规则是否可变的观点有差异（政策规则可变是共识），而在于将可变规则纳入理性预期模型分析框架中的技术处理难度无法突破。幸运的是，这一理论与实证设定不一致的问题在 21 世纪得到突破。Davig 和 Leeper（2007）将马尔科夫区制转换货币政策规则引入决定通胀的标准费雪模型和决定通胀和产出的标准新凯恩斯模型，对泰勒准则进行扩展，讨论了两个标准模型存在唯一有界均衡的条件，发现区制变动会改变传统新凯恩斯模型的定性和定量预测结果。这篇重要文献的开创性贡献在于将马尔科夫理性预期模型的 MSV（最小状态变量）解用待定系数法显性表达出来。之后，一些学者对马尔科夫区制转换理性预期模型展开进一步的讨论和研究。Liu 等（2009）在两个典型的 DSGE 模型（灵活价格模型和黏性价格模型）中研究了货币政策区制转换的非对称预期效应，考虑了两种区制——名义利率对通胀反应不敏感（反应系数为 0.9）的鸽派区制和对通胀反应敏感（反应系数为 2.5）的鹰派区制，发现鸽派政策下的预期效应（预期未来可能是鹰派政策带来的稳定效应）大于鹰派政策下的预期效应（预期未来可能是鸽派政策带来的不稳定效应）。Farmer 等（2009a，2009b）对马尔科夫区制转换理性预期模型的均衡确定性条件进行了讨论。

1.3.6 宏观经济政策组合及其可变性

货币政策和财政政策是宏观调控的两大工具。在学术界，尽管货币学者偏向货币政策的研究，财政学者偏向财政政策的研究，关于货币政策和财政政策的研究相对独立，但也存在一些将货币政策和财政政策统筹考虑，研究其协调搭配和相对重要性的文献。

均衡价格水平的财政决定理论的提出和发展是货币经济学宏观理论开始把财政政策提升到与货币政策相同研究地位的一个重要方面。随着货币量与物价的关系越来越弱，学术界开始反思传统货币数量论（$MV = PY$）的适用性，并提出均衡价格水平决定的财政理论，认为价格不一定是由中央银行通过货币政策操作主动决定的，政府在既定价格下被动选择赤字、负债等财政政策操作使政府预算约束恒等式得到满足（此时财政政策称为李嘉图区制），而是政府从政府预算约束恒等式中通过主动选择赤字、负债等财政政策的操作来决定价格水平，再由中央银行被动选择货币政策操作实现该价格水平（此时财政政策称为非李嘉图区制）。

Leeper（1991）在一个随机最优模型中讨论了各种主动、被动的货币政策和财政政策的组合搭配之后均衡的性质，发现主动的货币政策和被动的财政政策（李嘉图区制）、主动的财政政策和被动的货币政策（非李嘉图区制）两种区制都有一个稳定根、一个非稳定根，因此都有唯一的鞍点路径均衡；被动的货币政策和被动的财政政策区制有两个稳定根，存在不确定的多个鞍点路径均衡；主动的货币政策和主动的财政政策区制有两个非稳定根，不存在鞍点路径均衡。Sims（1994）用一个简单的模型来研究价格水平的决定和货币财政政策的互动，认为通胀的本质更应该是一种财政现象，而不是一种货币现象，通胀依赖于公众对不可观测的财政政策的信念。Woodford（1994）在现金先行货币经济中研究了均衡物价水平的决定。Woodford（1995）认为无需控制货币量也可实现均衡物价的确定性，因为可以用价格水平的财政理论来解释，即均衡物价水平由当前政府负债的实际值等于未来财政盈余的现值决定。Cochrane（1998）对单期债券前提下的价格决定的财政理论进行了回顾、总结。Cochrane（2001）将单期债券的财政理论拓展到长期债券的财政理论。Schmitt-Grohe 和 Uribe（2000）在现金先行经济中，分析三种不同货币政策区制下，平衡预算财政政策规则在均衡物价水平决定中的应用，发现均衡物价水平在盯住名义利率时不确定，在盯住货币增长率时确定，在名义利率是通胀率的非负非递减函数时，均衡物价水平在反馈规则中通胀弹性为高值或低值时都不确定，为中间值时确定。Woodford（2001）认为要实现物价稳定，不仅需要对合适的货币政策规则作出承诺，还需要对合适的财政政策规则作出承诺，李嘉图等价并不意味着财政政策不重要，在李嘉图区制下，由货币政策主导财政政策，货币政策决定物价水平，财政政策在既定的物价水平下达到财政预算平衡；在非李嘉图区制下，由财政政策主导货币政策，财政政策在预算平衡条件下决定物价水平，货币政策根据既定的物价水平目标调整供给量。泰勒规则型货币政策和名义赤字目标作为财政政策承诺相结合的货币财政区制有良好的性质。Schabert（2010）研究了当政府可能对债券违约时，均衡在不同的货币政策区制下的确定性问题，发现若中央银行设定利率目标，均衡是不确定的；若中央银行设定货币供给目标，均衡是唯一确定的。Bhattarai 等（2014）研究了被动货币政策和主动财政政策、主动货币政策和被动财政政策等不同货币财政政策组合下的通胀动态。龚六堂和邹恒甫（2002）给出了不带货币、带货币的价格水平决定模型，在财政理论下，价格水平由政府债券的实际值与政府财政剩余相等来决定。

　　理论上的货币财政政策搭配有李嘉图区制和非李嘉图区制两种均衡可能，实际中的货币政策和财政政策究竟谁占主动引导地位，谁占被动配合地位，国外学者、国内学者均有相关实证研究。Canzoneri 等（2001）认为李嘉图区制在理论上的合理性并不比非李嘉图区制弱，而且第二次世界大战后美国的数据显示李嘉图区制的合理性比非李嘉图区制要强。Sala（2004）提供了价格水平决定的财政理论的识别约束条件和经验证据，认为美国财政政策在 1960—1979 年可视为非李嘉图区制，在 1990 之后可视为李嘉图区制。Bhattarai 等（2012）发现在前沃尔克时期，美国执行的是被动的货币政策和财政政策，因此均衡是不确定的；在后沃尔克时期，美国执行的是主动的货币政策和被动的财政政策。方红生和朱保华（2008）通过五变量的 VAR 和两变量的 SVAR 方法，运用 1996 年至 2006 年的月度数据，发现价格水平决定的财政理论对解释中国经济具有适用性。刘斌（2009）用带有交迭世代特征的 DSGE 模型对货币政策、财政政策在物价水平决定中的作用和相互协调问题进行分析，发现我国执行的是主动的财政政策和被动的货币政策。张志栋和靳玉英（2011）用 MS-VAR 检验我国财政政策和货币政策在价格决定中的作用区制，发现在 1980~1997 年，价格为货币政策主导，之后为财政政策主导。刘贵生和高士成（2013）用 SVAR 模型发现财政政策对通货膨胀的调控具有一定作用，从侧面支持了价格水平决定的财政理论。董秀良和帅雯君（2013）用中国 1982

~2011 年度数据，应用状态空间模型识别政策在价格决定中的作用区制，结果表明 1982～1996 年为货币决定区制，1997～2011 年为财政决定区制。马勇（2015）在开放经济新凯恩斯 DSGE 框架下，对中国 1992～2012 年间的货币与财政政策组合范式进行了实证分析，发现中国的货币与财政政策组合总体上符合被动型货币政策和被动型财政政策。荣幸子和蔡宏宇（2015）发现在 1994～2013 年，我国财政政策符合李嘉图体系，货币政策对价格水平的决定依然处于主导地位。杨源源和于津平（2017）发现在 1996～2015 年，我国财政政策具有明显的逆周期相机操作特征，央行独立性较低，当前货币调控主要遵循"被动配合型"操作范式。杨源源（2017）发现即使货币政策保持独立，我国财政政策依然可以决定价格，财政政策的非李嘉图制度的"债务通胀化"路径存在。

主流宏观经济学研究的货币政策、财政政策均为不变参数的政策规则，忽略了现实中的政策当局的行为可能是变化的，当经济主体对政策可能会变化形成一致信念或理性预期，就会影响经济主体的决策行为和宏观经济波动。在技术层面上，马尔科夫区制转换理性预期模型或 DSGE 模型是当前研究经济主体预期政策可能变化的宏观经济政策的可行研究框架。Davig 和 Leeper（2007）将单一区制下的泰勒准则（中央银行的名义利率对通胀率的反应系数大于 1 才能稳定宏观经济）扩展到服从马尔科夫过程的两区制下的泰勒准则。Chung 等（2007）设定货币财政政策组合变化存在两个区制：一是货币政策服从泰勒准则，财政政策的税收对债务正向反应强烈；二是货币政策不遵循泰勒准则，财政政策的税收是外生变化的。研究发现经济主体的决策规则中嵌入了未来政策组合变动的可能性，使货币和税收冲击都具有福利效应。Bianchi（2012）用 MS－DSGE 模型研究了美国变化的货币财政政策组合。Bianchi（2013）在一个有微观基础的模型中允许美联储行为和结构冲击的波动率的改变，经济主体知道区制变化的可能性，且这种信念会改变宏观经济的变动规律，货币政策在鸽派和鹰派两种区制中变换。Bianchi 和 Melosi（2017）认为美国经济在零利率下限没有发生通缩的原因是关于上升的名义公共债务该如何平衡的不确定性，若名义公共债务的平衡更多地依赖政府实际税收的扩张，则会发生通缩；若名义公共债务的平衡更多地依赖通胀上升对实际债务的减免，则不会发生通缩，尽管零利率下限伴随着名义公共债务的上升，但公众预期名义公共债务的平衡很可能需要依赖通胀，通胀预期的产生使零利率下限的通缩没有发生。袁靖（2015）构建了含财政政策和货币政策区制转移特征的 DSGE 模型，考察了我国财政货币政策在不同时期联合动态效应。贾彦东和刘斌

（2015）利用含体制转换的 DSGE 模型对全国及主要省份的财政极限进行了测算。朱军和马翠（2016）总结了基于区制转移模型的宏观经济政策研究动态。

MS-DSGE 模型的实际操作不能在常见的用于不变参数 DSGE 模型的 dynare 软件中完成，它们的均衡条件和求解、估计有很大差异。Farmer 等（2009）提出了一系列前瞻性马尔科夫区制转换理性预期模型确定均衡的充分必要条件和实际中检验这些条件的算法。Farmer 等（2011）开发了推导马尔科夫区制转换理性预期模型的最小状态变量均衡的新方法和计算这些均衡的新算法。Maih（2015）提出了求解含区制转换参数的 DSGE 模型的有效扰动法。在实际中有三种方法可以应用以实现脉冲结果：单调映射法、最小状态变量法或扰动法。Davig 和 Leeper（2006）、Eo（2009）、Bi（2012）运用的是单调映射法，McCallum（1983）、Farmer 等（2011）、Cho（2016）运用的是最小状态变量法，Foerster（2014）、Maih（2015）运用的是扰动法。

研究宏观政策不确定性除了在 DSGE 模型中嵌入马尔科夫区制转换的政策规则外，还有实证研究领域的经济政策不确定性（Economic Policy Uncertainty，EPU）指数。Baker 等（2016）根据报纸上的新闻报道频率构造了一个新的经济政策不确定性指数。该指数运用文本分析方法度量主流新闻媒体对经济政策变动的理解和预期，可以反映包括货币政策、财政政策在内的国家宏观经济政策整体的不确定性。Brogaard 和 Detzel（2015）用 Baker 等（2016）的方法捕捉美国经济政策不确定性，发现经济政策不确定性正向预测对数超额市场回报，一个标准差的经济政策不确定性上升，伴随着预期三个月异常回报上升 1.5％（年化 6.1％）。Gulen 和 Ion（2016）采用经济政策不确定性指数，发现公司层面的资本投资与政策不确定性的总体水平显著负相关。王红建等（2014）以 2003—2011 年中国 A 股非金融类上市公司季度数据为样本，研究经济政策不确定性影响公司现金持有水平的具体作用机制及其经济后果。李凤羽和杨墨竹（2015）使用斯坦福大学和芝加哥大学联合发布的中国经济政策不确定指数①衡量我国经济政策的不确定性，发现经济政策不确定性的上升会对企业投资产生抑制作用。张浩等（2015）利用 Baker 等人提供的中国政策不确定性指数，结合 1999 年 1 月—2014 年 3 月我国宏观经济数据，在构建我国房

---

① 该指数以香港最大的英文报纸《南华早报》（*South China Morning Post*，SCNP）为分析对象，识别出该报纸每月刊发的有关中国经济政策不确定性的文章，并将识别出的文章数量除以当月刊发的文章总数量，最终得到月度中国经济政策不确定指数，具体的构建方法请查阅 http://www.policyuncertainty.com/research.html）。

价短期波动模型的基础上，采用 LSTVAR 模型以及广义脉冲响应函数实证分析了不同政策不确定性环境下宏观变量冲击对于房价波动的影响。陈胜蓝和李占婷（2017）使用经济政策不确定性指数考察了 2007—2013 年中国 A 股市场中，经济政策不确定性对分析师盈余预测修正的影响。饶品贵等（2017）采用经济政策不确定性指数，研究了中国经济政策不确定性对企业投资和投资效率的影响。

此外，与宏观政策不确定性相关的文献还有 Born（2014），它将各种随机冲击的方差设定为时变方差（随机波动率），植入新凯恩斯模型分析政策风险和经济周期的关系，结果发现政策风险对经济周期影响不大。

一些学者对财政货币政策的交互效应进行了研究。Adam 和 Billi（2008）研究了非承诺型财政政策和货币政策的非合作序贯博弈，发现缺乏财政承诺会产生过度公共支出，缺乏货币承诺会产生过高通胀，因此当财政政策的决定先于货币政策，保守型中央银行会注重稳定通胀，消除因货币财政承诺缺乏导致的稳态偏离，有利于福利改进。Sims（2013）认为货币政策和财政政策是错综复杂的，对通胀、货币政策、财政政策的思考和教学应该基于可以识别财政货币政策交互的模型。类承曜和谢觐（2007）构建了一个"财政－货币"博弈模型，证明了财政货币政策协调配合对于改进社会福利的重要性，因为无论是"囚徒困境"中过高的财政赤字和过低的货币发行量，还是"财政领导"时短期内的恶化，都不利于宏观经济稳定。朱军（2014）用 DSGE 模型研究不同财政政策和货币政策规则的搭配效应，其中，货币政策规则有扩展的泰勒规则和货币供应量规则两种，财政政策规则有连续支出规则、连续支出与相机抉择的复合规则、相机抉择与盯住通胀的复合规则、连续支出与控制债务的复合规则、连续支出与盯住通胀的复合规则五种。朱军（2015）在动态新凯恩斯主义的框架下，构建了线性平滑税、累进税、税收预算软约束和税收比例增长模型，发现预算软约束下的税收增长模型更适合中国的宏观财政 DSGE 模型。朱军（2016）通过构建含"持有国外债权贬值压力"的开放经济 DSGE 模型研究财政政策和货币政策的动态互动效应，发现财政政策对货币政策响应，货币政策对财政政策不响应。陈小亮和马啸（2016）通过构建含有高债务和通缩特征的 DSGE 模型，研究发现，货币政策与财政政策协调（双宽松）可以为财政政策创造空间并为货币政策节省空间，增强政策可持续性。洪昊和朱培金（2017）研究了劳动收入税、资本收入税型财政政策和货币政策协调机制对经济的影响。

此外，还有中国学者对财政货币政策的效率进行了比较分析。王智强

（2010）用随机前沿模型分析中国财政政策和货币政策的效率水平以及对整体目标的影响，研究发现，财政政策的效率边界水平更高，采用财政政策实现经济目标更有效，而货币政策的效率边界水平较小，对其使用要更为谨慎。周任（2011）运用圣路易斯模型对我国改革开放以来财政政策和货币政策的相对有效性进行检验，发现货币政策的作用空间总体上大于财政政策。栗亮和刘元春（2014）构建附加"金融加速器"的开放经济 DSGE 模型，并利用 2001—2007年和 2008—2013 年季度数据，对比两个不同时期中国经济波动的特征，发现在 2008 年之后，货币政策实施较之前更为有效，财政政策的有效性降低。

综上，学术界对货币政策和财政政策在宏观调控中的联合研究做了很多工作，主要集中在均衡价格的决定机制上（财政领导货币/货币领导财政）、财政货币组合的区制变化上（MS-DSGE 模型）、宏观经济政策不确定性上（不确定性指数）、财政货币政策的交互效应和效率差异上。但将财政货币组合的区制变化植入 DSGE 模型，运用 MS-DSGE 模型的相关技术来分析经济主体预期政策变化对宏观经济波动的影响的有关文献还是较少，外文文献以 Bianchi（2012、2013、2017）为代表，个别中文文献尽管涉及 MS-DSGE 模型，但在宏观政策不确定性效应的分析上还是有所欠缺，对中国财政货币政策的特殊性考虑不足，如袁靖（2015）、贾彦东和刘斌（2015）的分析视角集中在财政政策，对货币政策的取向变化考虑不足。

1.3.7　货币政策与银行风险承担

金融危机以来，学术界开始广泛关注货币政策与金融稳定的关系，特别是货币政策风险承担效应。不少观点认为美国次贷危机的根源是长期执行低利率政策，宽松的货币环境使金融机构的风险识别能力变弱，风险容忍度提高，最终形成过度的风险承担。Borio 和 Zhu（2012）总结了货币政策风险承担渠道的三大理论基础：第一，低利率使资产和抵押品价值、收入和利润都上升，减小风险感知或增加风险容忍，违约概率、违约损失率、波动率和相关性的顺周期特征使风险感知减小，风险容忍随财富点的上移而上升的一般性假设意味着风险容忍增加；第二，目标收益率具有黏性，不能随市场利率及时调整，导致政策利率下调后，必须通过扩大风险承担才能实现目标收益率；第三，央行政策透明度越高，沟通能力越强，未来不确定性越小，会压缩风险溢价，要实现预期收益，只能额外承担风险，预期央行救市会产生利率变动的不对称效应，下降对风险承担的激励大于上升对风险承担的抑制。

　　国外学者对货币政策风险承担效应在银行或贷款微观面板数据层面进行了大量的实证检验，结论都支持货币政策风险承担渠道的存在。Delis 和 Koure-tas（2011）用 2001—2008 年欧元区银行 18000 个年度观测值找到低利率显著增加银行风险承担的经验证据，且利率对风险资产的影响在权益资本更高的银行更弱，在表外项目更高的银行更强。Maddaloni 和 Peydr'o（2011）用欧元区和美国的银行信贷标准数据发现，低的短期利率会放松对家庭和公司贷款的标准，且这种放松程度会被证券化活动、低的银行资本监管、低的货币政策利率执行时间放大，但低的长期利率不会放松信贷标准。Jiménez 等（2014）从西班牙银行业监督管理机构获取贷款申请和合同数据，用一个两阶段模型先分析贷款申请的成功与否，再分析申请贷款成功后的贷款结果，发现更低的隔夜利率会使低资本化银行对事前风险企业同意更多贷款申请，且授信更多贷款，要求更少抵押，但是会有一个更高的事后违约概率。Ioannidou 等（2015）研究了玻利维亚的货币政策风险承担渠道，发现低政策利率会促使对信用历史更差、事前信用评级更低、事后表现更差的借款人的风险贷款的授信，为了单独识别风险承担，评估了新发放贷款的担保品覆盖、预期回报和风险溢价，发现回报和风险溢价更低，特别是对那些代理问题严重的银行。Dell'Ariccia 等（2016）提供了美国银行业货币政策风险承担渠道的证据，从美联储对商业贷款方面调查中获得 1997—2011 年银行对商业贷款内部评级的私密数据，发现用新贷款风险评级衡量的事前风险承担和短期利率的上升负相关，且这一关系在经济周期性越弱的地区显著性越强，在资本相对较低的银行和财务困境时期显著性越差。

　　国外学者对货币政策风险承担也进行了不少理论解释和拓展。Diamond 和 Rajan（2006）、Adrian 和 Shin（2009）认为银行更多地依赖短期资金，因而低的短期利率比低的长期利率刺激更多的风险承担。Rajan（2006）认为低利率会给金融市场带来额外的顺周期风险承担：比如保险公司一般有固定收益的承诺，当利率下降，如果停留在低利率的安全投资上，可能无法兑现承诺，因此不得不寻求风险更大的投资，这样还有机会获得更高的收益以避免违约；再比如对冲基金经理的报酬一般是管理资产的 1‰ 加上超过最低约定回报的年化收益率的 20%，当无风险利率处于高位，就算选择保守投资，报酬也可观，当无风险利率处于低位，若投资保守，可能不能超过最低约定回报，因此低利率会增加基金经理的冒险激励。Dell'Ariccia 和 Marquez（2006）认为银行间存在信息不对称，因而低政策利率会放松银行信贷标准，增强风险承担意愿。由于银行业存在严重代理问题（紧急救助和流动性援助），Adrian 和 Shin

（2010）认为低利率可能会通过提高银行净值导致银行放松贷款标准，而Acharya 和 Naqvi（2012）认为低利率可能会通过提高银行流动性导致银行放松贷款标准。Allen 和 Carletti（2010）认为银行部门的金融危机的关键成因是过低的短期（货币政策）利率和长期（政府债券）利率导致的信贷标准的过度放松，金融创新的广泛运用导致的高度证券化活动、监管标准（特别是对资本的监管标准）的放松。Borio 和 Zhu（2012）认为货币政策风险承担渠道和流动性紧密联系，相互加强，更低的风险感知和更高的风险容忍会弱化流动性约束，反过来，更低的流动性约束会支持更高的风险承担，而且金融体系的演变和审慎监管会加强风险承担渠道的重要性。

少数国外学者采用理论模型来研究货币政策风险承担。Valencia（2014）用一个动态银行模型研究低货币政策利率如何导致银行承担更多风险，以及风险承担过度的条件：当银行不能发行股份时，效应取决于冲击的大小，小幅的货币政策利率下降可能减少过度风险承担，大幅的政策利率下降会增加过度风险承担；当银行可以发行股份时，货币政策利率降低毫无疑问会增加过度风险承担，且效应会持续更长时间；资本要求比贷款价值比率上限对减少过度风险承担效果更好。Angeloni（2015）先用 VAR 模型和银行业整体时间序列数据证明风险承担渠道的存在，且在银行资金端特别显著，然后建立宏观经济模型分析银行如何内生选择资金结构（存款或资本）及风险水平，发现宽松货币政策会增加银行杠杆和风险，高风险会在稳态下增加资产价格波动和减少均衡产出。

国内学者也对货币政策风险承担效应在银行微观面板数据层面进行了大量的实证检验，结论也都支持货币政策风险承担渠道的存在。江曙霞和陈玉婵（2012）利用我国 14 家上市银行 2008 年第一季度至 2011 年第三季度的平衡面板数据，采用门限回归模型实证分析了货币政策对银行风险承担的影响，实证结果表明，紧缩的货币政策对银行风险承担具有抑制作用，且货币政策对银行风险承担的影响取决于银行资本状况。张雪兰和何德旭（2012）基于中国2000—2010 年间的 16 家上市银行的年度经济金融数据，应用动态面板系统广义矩法，考察我国货币政策立场对银行风险承担的影响，结果显示，货币政策立场显著影响银行风险承担，且受市场结构及商业银行资产负债表特征的影响。徐明东和陈学彬（2012）基于 1998—2010 年 59 家商业银行的微观数据，采用 GMM 动态面板估计方法验证了货币政策传导的银行风险承担渠道假说，实证结果显示，货币政策与银行风险承担变量呈显著负相关关系；规模越大、资本越充足的银行，其风险承担行为对货币政策的敏感性越低；扩张性货币政

策对银行风险承担的激励作用强于紧缩性货币政策的约束作用。方意等
（2012）利用我国72家商业银行2003—2010年面板数据研究了货币政策的银
行风险承担问题，实证结果表明，我国的货币政策影响了银行的风险承担，且
资本充足率在其中起重要作用。牛晓健和裘翔（2013）依据"风险承担渠道"
理论的假说，采用中国上市时间超过三年的14家上市银行的数据，利用固定
效应模型和差分广义矩估计方法，验证了在中国，低利率的政策环境会催生商
业银行的风险承担行为。张强等（2013）通过对我国14家商业银行2002—
2012年的面板数据进行实证分析，检验我国货币政策的银行风险承担渠道是
否存在，研究结果发现，扩张性的货币政策会显著引起我国银行风险承担的上
升，而银行风险承担上升也显著引起银行信贷投放的增加。刘晓欣和王飞
（2013）对我国1997—2011年121家银行实证检验我国银行业货币政策风险承
担渠道以及银行特征的异质性对货币政策的风险承担影响，研究结果表明，我
国银行的货币政策风险承担渠道是存在的，银行资本充足性以及流动性在不同
货币政策下对货币政策风险承担具有不同作用。

　　少数国内学者对货币政策风险承担效应在银行业整体时间序列层面进行实
证研究。金鹏辉等（2014a）基于月度银行业全行业的资产负债表，构建了银
行在资产及负债选择上风险承担指标，从我国银行业整体层面对货币政策和银
行风险承担行为之间的关系进行研究，发现我国宽松货币政策对银行风险承担
的鼓励体现在银行的资产选择行为上而不在银行的负债选择行为上。金鹏辉等
（2014b）用银行业贷款审批条件指数来测度银行过度风险承担行为，经实证
发现，在宽松的货币政策环境下，银行会放松贷款审批条件，从而承担过度的
风险。

　　综上，已有文献对货币政策风险承担的研究主要集中在实证检验上，且以
银行或贷款微观面板数据层面居多，其中，国外数据可得性好，银行或贷款层
面均有研究，国内数据可得性差，仅在银行层面有研究。极少数学者从银行业
整体时间序列层面对货币政策风险承担效应进行了实证研究（Angeloni，
2015；金鹏辉等，2014a、2014b）。采用理论模型来研究货币政策风险承担效
应的文献也极度缺乏（Valencia，2014；Angeloni，2015）。

1.3.8　货币政策和宏观审慎政策双支柱

　　党的十九大报告提出"健全货币政策和宏观审慎政策双支柱调控框架"，
是中央反思全球金融危机教训并结合我国国情作出的重要部署。货币政策在实

现币值稳定的同时难以确保金融稳定（Mishkin，2009）。随着我国金融体系的杠杆率、关联性和复杂性不断提升，要更好地将币值稳定和金融稳定结合起来。根据丁伯根法则，针对币值稳定和金融稳定两大经济调节目标，必须存在两个独立的经济调节政策与之对应：货币政策和宏观审慎政策。货币政策主要针对整体经济和总量问题，保持经济稳定增长和物价水平基本稳定。宏观审慎政策则直接和集中作用于金融体系，着力减缓因金融体系顺周期波动和跨市场风险传染所导致的系统性金融风险。创新和完善宏观调控方式，健全双支柱调控框架，实施有力的宏观调控，是适应、把握和引领经济发展新常态的根本要求，是促进"十三五"时期经济社会平稳健康发展的强有力保障。

从经济学理论看，经济体的内外均衡是一个内涵复杂的多维目标体系，单一政策或缺乏配合的政策组合难以谋求内外均衡的同时实现，很容易出现"米德冲突"，即政策调控同时带来一种均衡的改善和另一种均衡的破坏。解决"米德冲突"的方法便是政策的协调搭配。当前，我国经济处于转变发展方式、优化经济结构、转换增长动力的关键时期，政策目标的多维性进一步凸显，不同目标间的联系日趋复杂。因此，需要协调运用财政、货币、产业、区域等多重政策工具，多管齐下地实现我国经济的多层次均衡。就健全双支柱调控框架而言，因货币政策和宏观审慎政策在工具和目标及传导机制上存在交互影响，需要加强货币政策和宏观审慎政策的协调搭配。

动态随机一般均衡（DSGE）模型是国内外研究货币政策和宏观审慎政策协调搭配的主流模型。其建模思路是在新凯恩斯 DSGE 模型基础上合理引入金融中介部门和金融摩擦。货币政策一般考虑利率对通胀、产出反应的经典的泰勒规则或再加入信贷、房价等宏观审慎目标的扩展型泰勒规则。宏观审慎政策一般考虑逆周期资本缓冲对信贷的反应或贷款价值比对房价的反应。对不同货币政策和宏观审慎政策的组合效果的评价一般通过冲击响应、方差分解等数值模拟和基于波动率的福利分析。货币政策机构和宏观审慎机构的合作博弈与非合作博弈也是当前的研究热点。

Svensson（2012）认为货币政策机构与宏观审慎政策机构是独立的，且具有独立的政策目标，在实践中两者很难相互配合，纳什均衡才是最好的结果。Unsal（2013）构建带有实际摩擦的开放经济体的模型，分析货币政策与宏观审慎政策之间的关系，结论是引入宏观审慎监管可以明显改善福利，宏观审慎管理政策能够有效地补充货币政策的不足。Angeloni 和 Faia（2013）研究货币政策和银行资本监管的交互作用发现，基于风险的资本要求会扩大波动、减少福利，最佳政策组合是逆周期资本比率加上对资产价格或银行杠杆进行反馈的货币政策。Rubio 和 Carrasco—Gallego（2014）以福利损失函数为标准得到最优货币政策与宏观审慎政策时发现，可能存在纳什均衡无法达到一致均衡，两种政策的配合使用明显地提高了福利、增加了系统的稳定性。Angelini 等（2014）研究资本要求和货币政策的交互机制发现，资本要求的合理运用会有利于宏观经济稳定，货币政策机构和资本监管机构若缺乏合作，会导致货币政策利率和资本要求的额外波动。Tayler 和 Zilberman（2016）研究银行资本监管和货币政策的宏观审慎作用发现，面对信用冲击，逆周期资本监管在稳定物价、金融和宏观经济上比货币政策有效；面对供给冲击，宏观审慎监管加上强反通胀的货币立场最有效。Alpanda 和 Zubairy（2017）在 DSGE 模型中比较了货币政策、与住房相关的财政政策、宏观审慎监管在减少居民负债上的有效性。Paoli 和 Paustian（2017）在含有金融部门和金融摩擦的新凯恩斯模型中研究了货币政策机构和宏观审慎机构的非合作博弈情形。Malovana 和 Frait（2017）认为货币政策机构和宏观审慎政策机构的合作有利于两类政策目标的共同实现。

马勇（2013）基于中国经济的 DSGE 模型框架，通过动态地植入带有摩擦的内生性金融体系，系统考察了宏观审慎货币政策规则及其政策效果。马勇和陈雨露（2013）在一个包含内生性金融体系的 DSGE 模型框架下，系统考察了包括货币政策、信贷政策和金融监管政策在内的宏观审慎政策规则及三者之间的协调搭配问题。王爱俭和王璟怡（2014）使用动态随机一般均衡模型分析货币政策与宏观审慎政策之间的关系。胡志鹏（2014）通过构建一个涵盖居民、企业、金融机构和货币当局的 DSGE 模型来考察"稳增长"和"控杠杆"双重目标下货币当局最优政策设定。肖卫国等（2016）基于金融稳定的宏观审慎视角，运用动态随机一般均衡模型实证分析了在我国资本账户开放程度加深的背景下宏观审慎政策与货币政策的协调问题。方意（2016）研究了宏观审慎政策及其组合的有效性。程方楠和孟卫东（2017）构建了一个植入房价波动的 DSGE 模型，系统考察了宏观审慎政策与货币政策的协调搭配。罗娜和程方楠（2017）构建了一个以房价波动为基础的 DSGE 模型，以数值模拟为主要研究方法，考察了房价波动的宏观审慎政策与货币政策协调效应。童中文等（2017）在标准的新凯恩斯主义一般均衡模型中引入时变系统性风险来分析简单的逆周期审慎政策是否能降低系统性风险，并改善福利水平。黄志刚和许伟（2017）建立了一个多部门随机动态一般均衡模型，分析住房市场波动与宏观经济运行的关系，并重点探讨商品生产部门投资效率下降的背景下，不同财政政策、货币政策、供给政策和宏观审慎政策及组合的有效性。李天宇等

（2017）首先在 BGG-DSGE 模型的基础上内生银行破产机制，构建银行业系统性风险的刻画指标，而后在经典的福利损失函数中引入系统性风险因素，确立了宏观审慎政策规则，最后通过脉冲响应函数模拟演绎传导路径和政策搭配等问题。范从来和高洁超（2018）构建包含银行部门的 DSGE 模型，以"保增长、稳物价、控风险"三重目标为评价标准，研究金融冲击下资本监管与货币政策最优配合问题，并在异质性金融冲击下拓展分析结论。赵玮和赵敏娟（2018）在新凯恩斯 DSGE 模型中引入基于 Agent 的计算经济学的建模思想，构建了基于 Agent 的 DSGE 模型，从社会福利的角度探讨宏观审慎政策效应及其与货币政策的配合策略。孟宪春等（2018）认为相比信贷增速、房地产价格，广义信贷偏离可以成为宏观审慎政策更有效调控房地产市场的信号源。赵胜民和张瀚文（2018）建立一个包含偶尔束紧抵押贷款约束和宏观审慎政策的非线性 DSGE 模型，用来分析房价波动对我国宏观经济的非对称影响。程海星（2018）运用滚动回归 VAR 模型，动态地考察了不同金融周期和三种宏观审慎政策工具对金融稳定的政策效果，并通过累计脉冲响应函数分析货币政策与宏观审慎政策的配合情况。荆中博和方意（2018）利用定性向量自回归模型和历史方差分解研究 2005—2017 年我国贷款价值比、法定准备金率政策对贷款增速、房地产价格增速等金融稳定目标的有效性和靶向性。李建强（2018）构建了含有"双面信贷摩擦"、政策博弈及"事前预防"与"事后救助"等特征 DSGE 模型，讨论分析货币政策、宏观审慎政策与财政政策协调问题。徐海霞和昌守军（2019）运用一个带有抵押品约束的 DSGE 模型分析货币政策与宏观审慎监管对经济周期、福利改善和金融稳定的影响。

综合国内外相关研究，我们可以发现：金融危机后，世界各国开始在传统的货币政策单支柱框架下纳入宏观审慎政策，构成双支柱框架。学术界对双支柱框架下如何完善货币政策和宏观审慎政策的协调搭配进行了大量研究，并产生了有益的成果。但也存在一些不足之处，主要有以下五点：

第一，国内学术界为了模型简化，对货币政策普遍参照西方发达市场经济国家采用泰勒规则进行设定。然而我国当前处于货币政策转型期，数量型货币政策并未完全退出，仍发挥重要作用，价格型货币政策因利率市场化形成机制不健全也未完全成熟，尚不能完全取代数量型货币政策独立发挥作用。因此，转型期我国的货币政策应该是数量型和价格型同时存在的混合型货币政策，以往研究简单地参照泰勒规则进行设定，不太符合我国的具体国情和央行政策操作的实际情况。

第二，国内外学术界为了模型简化，对逆周期资本缓冲宏观审慎政策的设定普遍忽略了资产的风险权重结构以及风险权重的周期性变化特征。所采取的逆周期资本缓冲宏观审慎政策工具变量名义上是资本充足率，实际上是会计意义上的资本与资产比率，与宏观审慎监管概念上的资本充足率和杠杆率有本质上的不同，资本充足率是监管资本与风险加权资产比率，杠杆率是监管资本与表内外资产比率。就算为了模型构建的需要，将监管资本等同会计资本，也应对资产的风险权重结构以及风险权重的周期性变化特征予以刻画，这在模型中不难构造。

第三，国内外绝大多数研究对逆周期资本缓冲和贷款价值比两类宏观审慎政策工具分开进行讨论，在讨论房价波动时，设定贷款价值比可动态调整，资本充足率固定；在讨论信贷波动时，设定资本充足率可动态调整，贷款价值比固定。然而在实际操作中，两类宏观审慎政策工具不是非此即彼的关系，很多时候会以各种组合拳的形式出现，以有效应对系统性金融风险。宏观审慎政策的内部协调搭配也是值得研究的关键问题，可惜罕有文献涉及此类研究。

第四，对不同货币政策和宏观审慎政策的组合效果的评价，国内外绝大多数研究通过校准或贝叶斯估计得到相关结构参数值，然后进行数值模拟，讨论模型的稳态和动态，计算波动率，并对预设好的福利函数进行测算，比较不同组合的福利损失。然而这种模型设定和政策协调搭配效果的评价方法忽视了货币政策机构和宏观审慎政策机构作为理性人优化自身福利函数的主观能动性。无论货币政策机构和宏观审慎政策机构是分立还是合并状态，作为理性人有选择相关政策参数优化自身福利的强烈动机，而不是已有研究认为的政策参数是既定的，可以通过校准或根据实际数据用贝叶斯估计去拟合得到。

第五，国内已有研究在考虑货币政策和宏观审慎政策协调搭配的宏观环境中，忽视了我国财政政策的作用，特别是分税制下地方融资平台等机构的行为对宏观经济结构和系统性金融风险的影响，也没有考虑到中国特色社会主义市场经济下国有企业与民营企业的异质性问题。在模型设定中，可把中央和地方财政主导融资、地方融资平台等机构主导融资、国有企业主导融资归入一个代表性政府，研究代表性政府与一般文献中的代表性企业在融资的量价上的异质性，基于这样一个符合我国国情的宏观经济模型，分析货币政策和宏观审慎政策双支柱框架才具有实际的政策价值。

1.4 研究的内容与方法

1.4.1 最优货币中介目标的国际比较——基于 DAG–SVAR 模型

第 2 章采用"有向无环图"（Directed Acyclic Graph，DAG）技术来处理
SVAR 模型中的同期关系矩阵设置问题，基于模型中各个变量之间的无条件
相关系数、条件相关系数客观地搜寻变量之间的同期关系，避免主观偏误带来
的设置不一致性。第 2 章有四个创新：第一，首次采用 DAG–SVAR 模型来
分析各个货币政策指标对宏观经济变量（产出、物价）的贡献度；第二，以往
文献要么单独讨论简单加总货币量的有效性，要么在简单加总货币量和利率、
简单加总货币量和迪维西亚货币量、迪维西亚货币量和利率两两之间进行实证
比较，几乎没有看到将简单加总货币量、迪维西亚货币量和利率三者同时放进
同一个模型中进行比较的文献，第 2 章将三者同时和产出、物价纳入 DAG–
SVAR 模型分析，在同一个标准下对三种货币政策指标的相对重要性做出合
理推断，以供中央银行执行货币政策时参考；第三，以往涉及迪维西亚货币量
的实证文章以美国数据研究最多，单一国家的经验结论是否具有国际普适意义
也值得探究，第 2 章同时考虑公布迪维西亚货币量的美国、欧元区、英国三个
经济体，在统一框架下进行国际比较，为各个经济体的最优货币政策指标选择
提供经验证据；第四，以往实证研究的数据期间大多选在金融危机前（非零利
率时代），结论集中在利率优于简单加总货币量，迪维西亚货币量优于简单加
总货币量，包含金融危机后（零利率时代）数据期间的实证文献极少，第 2 章
的数据选取遵循最大化选择，包含"零利率"区间，结果发现利率不一定优于
简单加总货币量，迪维西亚货币量也不一定优于简单加总货币量，第 2 章的研
究结论具有很强的现实意义。

第 2 章的结构安排如下：第 2.1 节介绍迪维西亚货币量和"有向无环图"
（DAG）的基本原理，并对迪维西亚货币量的理论基础提出一些质疑；第 2.2
节用 DAG–SVAR 模型分别对美国、欧元区、英国的利率、简单加总货币量
和迪维西亚货币量对物价、产出的贡献率进行实证比较，为各经济体选择最佳
的货币中介目标提供参考；第 2.3 节是第 2 章的结论。

1.4.2 现金等价货币量与迪维西亚货币量的理论比较与在中美两国的实证分析

第3章通过理论分析和实证检验两个维度对二者进行比较，发现我国的现金等价货币量比迪维西亚货币量占优。为了检验结论是否具有国际普适性，再引入美国的数据进行实证检验，发现美国的现金等价货币量也比迪维西亚货币量占优。第3章发现了"炙手可热"的迪维西亚货币量不如"默默无闻"的现金等价货币量有效的理论和经验证据。由此可见，第3章的选题具有十分重要的理论价值。

第3章的主要贡献在以下五个方面：第一，通过更为简洁的模型推导，首次在构建原理上论证，在测度 M2 的流动性有效供给时，现金等价法的精确性明显优于迪维西亚法，丰富了货币政策中介目标理论；第二，通过完整地对现金等价货币量、迪维西亚货币量和简单加总货币量进行实证比较，使得国内学术界仅对迪维西亚货币量和简单加总货币量进行过很多实证比较，而基本没有涉及纳入现金等价货币量进行全面实证比较的薄弱之处得到丰满，得出的结论更有说服力，分析框架更为完整；第三，将中美这两个分别重视数量型和价格型货币政策的代表性经济体作为各自的参照物，使现金等价货币量比迪维西亚货币量占优这一结论具有国际普适性，并得到货币量在中国比在美国更适合作为中介目标的补充结论；第四，在货币需求函数机会成本变量的选择上，首次采用货币市场基金综合收益率取代在类似研究中习惯使用的银行同业拆借利率作为持有货币机会成本的变量指标，使得第3章在考虑各类利率在影响厂商和居民持有货币动机的相关性上更直接和紧密；第五，在测算中国迪维西亚货币量和现金等价货币量具体指标时，首次采用银行标准化理财产品作为衡量不同货币资产流动性大小的基准资产，以其收益率作为市场利率的替代，弥补了国内学术界在类似研究中采用五年期定期存款和五年期国债，以长短期无风险利率来替代相应的市场利率的技术缺陷。第3章的结论可为我国货币当局重新理解货币政策中介目标 M2 的深刻内涵，合理运用货币政策中介目标提供重要参考价值和理论依据，极有可能使得货币供应量中介目标 M2 获得新生。

第3章的技术创新则在于采用边限协整检验和自回归分布滞后协整估计来分析不同货币量的需求函数的稳定性。尽管国内一些学者也使用了边限协整检验来分析货币需求函数，但他们的分析仅限于官方（简单加总）货币量，而没有使用过该技术来判断不同货币量的需求函数的稳定性。边限协整检验和自回归分布滞后协整估计本来是独立分开的两步，前者判断协整关系存在与否，后者在确认协整关系存在的前提下进行协整系数的渐进估计，而一些学者把二者混为一谈，笼统地认为边限协整检验可以一步到位得到协整系数，这在论证逻辑中是不严谨的。第3章的分析将在厘清这前后两步的关系后再分别进行处理。此外，第3章对国内学术界在这类研究中普遍采用的货币需求函数的稳定性这一单一判断标准进行一些补充，并增加了可控性检验。

第3章的结构安排如下：第3.1节用更为简洁和改良的方式对不同货币量测度法重新进行理论推导及解释；第3.2节对中国的迪维西亚货币量和现金等价货币量数据进行具体测算，并对中美两国不同测度法下估算的货币量有效性进行实证检验和比较；第3.3节是研究结论和政策建议。

1.4.3   中美两国价格型货币政策比较——基于理性预期费雪模型

第4章的研究贡献在于以下四点。第一，构建了一个包含通货膨胀率和名义利率的最优化理性预期模型[①]，基于理性预期视角探讨均衡解的存在性和唯一性，对最小状态变量解（MSV solution）下通胀膨胀率和名义利率的长期性质和面临冲击（真实利率、货币政策冲击）时的短期性质进行解析分析，使货币政策的分析具备微观基础。第二，将理性预期模型的 MSV 解表达为状态空间模型，用极大似然估计求得所有结构参数，避免了简单计量回归中的内生性难题。第三，同时研究和比较中美两国数据，将价格型货币政策为主导的美国作为基准（benchmark），对于研究以数量型货币政策为主导的中国在价格型货币政策上的异同和不足有重要参考价值。第四，几乎所有 DSGE 模型文献都在想方设法追求均衡的唯一性，比如 Dynare 软件中不满足 BK 条件无法求解，学者可能会不断地调试参数使 BK 条件得到满足，第4章舍弃这一做法，因为宏观经济模型中理性预期均衡不唯一应该是常态，这和现实中的真实数据相关，模型的参数应该基于数据说话，对于模型均衡解不唯一的情形，第4章仅考虑不存在泡沫预期（或自我实现预期）条件下的最小状态变量解，这一假设优于通过调试参数使得均衡唯一或因为均衡不唯一而止步研究。

---

① 实质上可理解为一个简单的 DSGE 模型，学术界用于研究货币政策的复杂的 DSGE 模型也叫新凯恩斯模型，但由于无法求得解析解，不便于第4章对货币政策反应函数这一主题的研究，故第4章采用了简单模型。

第 4 章的结构安排如下：第 4.1 节构建最优化理性预期模型，探讨均衡的存在性和唯一性，求解理性预期模型，对 MSV 解的性质进行解析分析；第 4.2 节基于中美两国数据估计相关的结构参数，探讨和比较中美两国的通货膨胀率、名义利率在均衡条件下的长期性质和面临冲击下的短期波动，以及不同来源冲击对总波动的贡献程度；第 4.3 节是结论和政策建议。

1.4.4　中国宏观经济波动研究——基于 MSV 解下的新凯恩斯模型

第 5 章的研究思路和边际贡献在于：第一，引入跨期偏好冲击作为总需求冲击的代表性来源，将技术冲击作为总供给冲击的代表性来源，再考虑利率规则下的货币政策冲击，重新构建基本的新凯恩斯模型；第二，将新凯恩斯模型转化为理性预期线性差分方程组，在解析性质下讨论了均衡解的存在性和唯一性，首次采用待定系数法求得模型的 MSV 解析解，该解法具有唯一性，且不受 BK 条件的参数约束；第三，将 MSV 解析解转化为状态空间模型，利用 Eviews 软件的 Sspace 对象对结构参数进行极大似然估计，利用真实数据估计得到的参数再来判断 BK 条件是否满足，均衡解是否唯一，首次验证了中国新凯恩斯模型具有确定性均衡；第四，估计得到具备微观基础的中国版价格型货币政策反应函数，中国名义利率对通胀率反应系数 0.33，对产出缺口反应系数 1.36；第五，在 MSV 解下，讨论模型的随机模拟结果对经济周期特征的拟合程度，总供给、总需求、货币政策三类冲击对通胀率、产出缺口、名义利率等宏观经济变量的传导机制和影响大小，结果表明模拟效果好，中国总需求冲击对经济周期有持续性影响，总供给冲击和货币政策冲击对经济周期有暂时性影响，通胀波动主要来源于供给冲击，产出缺口波动主要来源于货币政策冲击，名义利率波动主要来源于总需求冲击，冲击的相对重要性与 Ireland（2004）对美国数据的研究结果相似。

第 5 章的结构安排如下：第 5.1 节重新构建新凯恩斯模型，用待定系数法求得模型的 MSV 解析解；第 5.2 节基于 MSV 解析解的参数估计、随机模拟、脉冲响应和方差分解；第 5.3 节是结论和政策建议。

1.4.5 中国可变价格型货币政策研究——基于马尔科夫区制转换费雪模型

第 6 章综合借鉴已有几篇文献关于马尔科夫区制转换理性预期模型的研究成果，在灵活价格设定下，构建马尔科夫区制转换理性预期模型，用待定系数法求得 MSV 解析解，在三种"平稳"定义下讨论均衡确定性条件，利用马尔科夫区制转换状态空间模型对相关结构参数进行极大似然估计，最后对中国可变价格型货币政策调控通胀率的效果进行定量分析，并剥离出经济主体预期未来政策变动的经济效果。创新之处在于：第一，首次将马尔科夫区制转换货币政策规则引入理性预期模型框架下进行研究，国内尚无相关研究，国内的研究和绝大多数的国外研究对货币政策的理论分析仍然停留在不变的政策规则上；第二，已有相关文献只在黏性价格设定下，对可变货币政策规则进行了定量分析，尚无相关文献在灵活价格设定下，对可变货币政策规则进行定量分析；第三，已有相关文献只考虑了供给方面冲击和需求方面冲击，尚无相关文献考虑货币政策冲击；第四，已有相关文献在参数设定上采用校准法，尚无相关研究编写出马尔科夫区制转换状态空间模型的极大似然估计代码，第 6 章的 Matlab 代码，采用极大似然估计法得到结构参数，使后续的定量分析更可靠；第五，已有相关文献对均衡确定性的讨论不完整，第 6 章同时考虑了三种"平稳"定义下的均衡确定性，更符合马尔科夫区制转换理性预期模型的应用特征。

第 6 章的结构安排如下：第 6.1 节为理论模型的构建、求解和均衡确定性讨论，第 6.2 节为马尔科夫区制转换状态空间模型算法和相关的实证分析，第 6.3 节为第 6 章的结论。

1.4.6 理性预期视角下的宏观经济政策不确定性研究——基于马尔科夫区制转换新凯恩斯模型

第 7 章可能有三方面的贡献：第一，从历年国务院政府工作报告中总结财政货币政策组合变动的规律，从中提取适合马尔科夫区制转换的政策组合变动的样本区间，即 2008—2017 年的积极财政加适度宽松货币，积极财政加稳健货币两种政策组合，使得 MS-DSGE 模型分析中国宏观政策变动有客观的现实基础，中国化的政策元素更适合中国的货币财政当局就如何更好地加强政策协调和政策公众沟通提供参考；第二，在理性预期视角下讨论宏观政策不确定性效应，比构建宏观经济政策不确定性指数做计量实证更有微观基础，因为 MS−DSGE 模型将政策不确定性因素植入经济主体的预期信息集，经济主体对未来政策不确定性的概率分布有明确的一致信念，这种信念对经济行为的影响是计量实证中的不确定指数无法刻画的；第三，用可行性强的便于操作实现的 Maih（2015）开发的 RISE 工具包，有助于 MS−DSGE 模型的推广使用，可弥补主流学术界运用的不变参数 DSGE 模型不能刻画某些参数变化效应的不足。第 7 章的研究对于政策当局有效实施预期管理有参考价值。

第 7 章的结构安排如下：第 7.1 节是符合中国宏观政策特征的马尔科夫区制转换理性预期模型（MS−DSGE 模型的线性化表达）的构建；第 7.2 节是运用 RISE 软件对 MS−DSGE 模型进行参数估计和模型求解，以及脉冲实证分析和宏观政策不确定性效应的剥离；第 7.3 节是第 7 章的结论。

1.4.7 我国货币政策风险承担渠道研究——公司金融理论模型和宏观实证检验

当前关于货币政策风险承担渠道的文献主要集中在微观实证检验上，并存在以下三点不足之处。第一，采用理论模型来研究货币政策风险承担的文献很少，比如仅有 Valencia（2014）和 Angeloni（2015），使货币政策影响风险承担的机理不够清晰，背后的经济学原理仍然停留在假说和黑箱的状态，难以使人信服。第二，在银行业整体时间序列层面对货币政策风险承担效应进行实证研究的文献也很少，比如仅有金鹏辉等（2014a、2014b）和 Angeloni（2015），使货币政策如何直接影响宏观金融体系的整体稳定性缺乏研究。第三，对货币政策风险承担效应的结构异质性缺乏研究，比如数量型货币政策和价格型货币政策对风险承担的影响是否有差异，不同类型的金融机构的风险承担行为对货币政策的反应是否不一样，金融危机前和金融危机后的货币政策风险承担效应是否有变化。第 8 章的研究工作对上述不足之处逐一进行完善。第一，运用公司金融中的资本结构理论，在无税 MM 定理的资本结构无关论中引入银行债务的破产成本和银行家对股东、储户的代理成本，重新构建商业银行最优资本结构的选择及货币政策风险承担模型，从公司金融视角证明了货币政策银行风险承担渠道的存在性。第二，将商业银行整体不良率作为宏观金融系统的整体稳定性的代理变量，用回归分析和 VAR 分析检验数量型货币政策、价格型货币政策的风险承担效应，结果发现价格型货币政策的风险承担效应存在，而数量型货币政策的风险承担效应不存在。第三，对货币政策风险承担效应的结构异质性进行研究，即分别对不同类型的商业银行整体不良率，对不同类型的货币政策，对金融危机前和金融危机后两段时间的风险承担效应进行了分析比较。

第8章的结构安排如下：第8.1节为解释货币政策风险承担微观机理的公司金融资本结构理论框架，第8.2节为商业银行体系整体的风险承担渠道的实证检验及其结构异质性分析，第8.3节为第8章的结论。

1.4.8 我国货币政策的银行风险承担效应研究——基于资产组合理论和中观层面的结构视角

第9章首先构建资产组合理论模型对货币政策银行风险承担微观机理进行解释，对现有文献缺乏理论模型分析这一不足之处进行补充；然后从中国银监会年报及网站手工收集、整理、计算中国商业银行体系分产业、分行业、分省、分机构的面板数据，对我国货币政策风险承担效应进行检验，并分析货币政策风险承担效应分产业、分行业、分省、分机构的结构性差异，对现有文献缺乏产业、行业、省级、机构等中观层面分析及其机构性差异分析进行完善。

第9章的结构安排如下：第9.1节为解释货币政策风险承担效应微观机理的资产组合理论框架，第9.2节为商业银行体系分产业、分行业、分省、分机构的货币政策风险承担渠道实证分析，第9.3节为第9章的结论。

1.4.9 我国货币政策和宏观审慎政策双支柱调控框架研究

第10章在国内外研究货币政策和宏观审慎政策协调搭配的主流宏观经济模型中，立足我国具体国情和实际，加入中国特色元素，通过对货币政策设定量价混合型规则、宏观审慎政策设定风险敏感性资本充足率监管、宏观审慎政策内部协调搭配、政策当局基于福利损失最小化来最优化政策规则、补充政府性融资主体等方面的完善，具有以下学术价值和应用价值。

第一，考虑结合我国货币政策正处于从数量型向价格型转型过程中的现实特征，立足于新凯恩斯的分析框架，试图创新性地构建转型时期数量与价格相结合的混合型货币政策规则，以弥补国内学术界直接借鉴西方利率市场化国家的泰勒规则在国内应用"水土不服"的不足之处。

第二，研究逆周期资本缓冲宏观审慎政策工具时，考虑银行信贷资产的风险权重结构以及风险权重的周期性变化特征，更符合现实中的国际和国内监管标准，以弥补国内外学术界普遍用会计上的资本与资产比率刻画宏观审慎工具有违监管精神的不足之处。

第三，在研究框架中同时考虑逆周期资本缓冲和贷款价值比两类宏观审慎政策工具，分析宏观审慎政策内部协调搭配问题，有利于宏观审慎监管的精准发力，更符合宏观审慎政策的操作实际，以弥补国内外学术界孤立研究单项宏观审慎政策工具的缺陷。

第四，考虑货币政策机构和宏观审慎政策机构独立设计各自最优化政策、统筹设计加总最优化政策两种情形，对加强货币政策和宏观审慎政策两部门沟通有重要意义，以弥补国内外学术界只考虑家庭、企业、银行的最优化行为，而忽视政策部门优化政策效果的主观能动性以及部门之间的沟通协商机制的缺陷。

第五，在常规企业部门以外，增加政府性融资主体，更符合在中国特色社会主义市场经济体中政府发挥重要作用的现实，有利于研究财政性融资、地方融资平台性融资、国有企业性融资对宏观经济结构和系统性金融风险的影响，符合国家宏观调控需要，以弥补国内已有研究仅考虑纯粹市场经济国家特征而忽视国内经济体制特殊性的不足之处。

第六，借助西方成熟市场经济体分析货币政策和宏观审慎政策协调搭配的加入金融中介部门和金融摩擦的新凯恩斯模型，对其进行中国化和现实化的改造，使其更加符合习近平新时代中国特色社会主义市场经济的特征，对于设计货币政策和宏观审慎政策协调搭配的最佳机制和方案，加强货币政策和宏观审慎政策两部门沟通和统筹行动，健全货币政策和宏观审慎政策双支柱调控框架具有重要的应用价值。

第10章的结构安排如下：第10.1节为理论模型，第10.2节为政策模拟，第10.3节为第10章的结论。

2 最优货币中介目标的国际比较
——基于 DAG–SVAR 模型

2.1 迪维西亚货币量和"有向无环图"的基本原理

2.1.1 迪维西亚货币量的基本原理及质疑

Barnett（1980）提出的迪维西亚货币量在中国研究很少，本章有必要简单介绍其基本原理。设市场中某个层次下的迪维西亚货币量包含 n 种成分的货币资产，存量依次为 m_1，m_2，$\cdots$，m_n，利率依次为 r_1，r_2，$\cdots$，r_n，除货币资产外的无风险资产的收益率为 R（一般用国债利率表示）。现实中的经济主体之所以会选择持有一部分利率较低的货币资产，而不全部持有利率较高的国债，是为了获得货币资产所特有的交易媒介职能（或流动性服务）。让渡一部分利息收益，可多获得一部分流动性，利率越低的货币资产提供流动性服务的能力越强，为了简化起见，令国债不具备交易媒介职能，不能提供流动性服务。经济主体在进行无风险资产配置时，在收益性和流动性之间权衡国债和各种货币资产的比例，使自身效用达到最大化。

货币资产 i 的使用者成本[①]为：

$$\pi_i = \frac{R - r_i}{1 + R} \tag{2.1}$$

[①] 持有利率为 r_i 的货币资产，而放弃持有利率为 R 的国债的机会成本（现值），可理解为购买货币资产 i 的流动性服务而支付的价格。

货币资产 i 的流动性服务支出为：

$$m_i \pi_i = m_i \frac{R - r_i}{1 + R} \tag{2.2}$$

所有货币资产的流动性服务支出总额为：

$$\sum_{i=1}^{n} m_i \pi_i = \sum_{i=1}^{n} m_i \frac{R - r_i}{1 + R} \tag{2.3}$$

货币资产 i 在流动性服务支出中所占份额为：

$$s_i = \frac{m_i \pi_i}{\sum_{i=1}^{n} m_i \pi_i} = \frac{m_i \dfrac{R - r_i}{1 + R}}{\sum_{i=1}^{n} m_i \dfrac{R - r_i}{1 + R}} = \frac{m_i(R - r_i)}{\sum_{i=1}^{n} m_i(R - r_i)} \tag{2.4}$$

迪维西亚货币量 D 用来衡量所有货币资产所包含的流动性服务总量，它的求解来源于 Cobb-Douglas 生产函数：

$$D = \prod_{i=1}^{n} m_i^{s_i} \tag{2.5}$$

显然，由式（2.4）可知，所有 s_i 的和为 1，满足 Cobb-Douglas 生产函数的约束条件。

与迪维西亚货币量 D 相对应的简单加总货币量 M 的表达式为：

$$M = \sum_{i=1}^{n} m_i \tag{2.6}$$

对比式（2.5）、（2.6），可见迪维西亚货币量与简单加总货币量是两种完全不同的构造，尽管前者稍显复杂，且有坚实的理论基础，并获得美国数据的较多实证支持，但笔者并不认为前者一定比后者更适合作为货币政策的中介目标，理由如下：众所周知，货币有交易媒介（用于流通）和价值储藏（用于投资）两大核心职能，前一个职能为货币所特有，后一个职能国债也具备。迪维西亚货币量仅仅是从总的货币需求中分离出交易媒介成分，而简单加总货币量是既包括交易媒介成分，也包括价值储藏成分的总的货币需求。交易媒介、价值储藏分别对应凯恩斯货币需求理论中的交易和预防性需求、投机性需求。在凯恩斯等人看来，总的货币需求与中央银行外生的货币供给决定均衡利率水平，进而影响有效需求和产出，而在迪维西亚货币量支持者看来，似乎只有交易和预防性货币需求对经济有引领作用，而投机性需求对经济没有影响，因而不具备纳入货币政策考虑的范围。可见，凯恩斯主义者比较注重利率在传导中的作用，而货币主义者比较注重货币直接对经济发挥的作用。按照迪维西亚货币量的逻辑，交易型货币有效，储蓄型货币可以被忽略，那么狭义货币就应该比广义货币有效，可现实中的多数中央银行又不断在扩充货币的定义和成分，把储蓄型准货币纳入政策参考范围，这不得不说是理论和现实的一种矛盾。究竟只是交易型的货币有效，还是考虑了储蓄型的货币同样值得参考？自迪维西亚货币量诞生以来，尚未看到在理论或实证上对其有质疑的文献，本章将在更科学的计量手段中尝试弥补学术界的这一研究空白。

2.1.2 "有向无环图"（DAG）的基本原理

变量 A、B 之间的相关性一般用相关系数度量，但单凭相关系数并不能识别因果关系的方向，也许是 A 影响 B，也许是 B 影响 A，还有可能 A、B 互不影响，只是受潜在变量 C 的共同影响。条件相关系数为因果关系的识别提供了新的思路，这也是"有向无环图"（Spirtes 等，2001）的基本假设。如果 A、B 的无条件相关系数不为 0，但对 C 为条件的相关系数为 0，说明 C 是 A、B 共同的因，A、B 之间没有因果关系。下面介绍"有向无环图"的基本原理。设有三个变量 X、Y、Z，两两之间的无条件相关系数（或 0 阶条件相关系数）为 ρ_{XY}、ρ_{XZ}、ρ_{YZ}，1 阶条件相关系数[①]为 $\rho_{XY|Z}$、$\rho_{XZ|Y}$、$\rho_{YZ|X}$。变量之间的因果关系确定时用箭头符号→表示，不确定时用小圆圈 o 表示。这三个变量的无向完全图如图 2.1 所示：

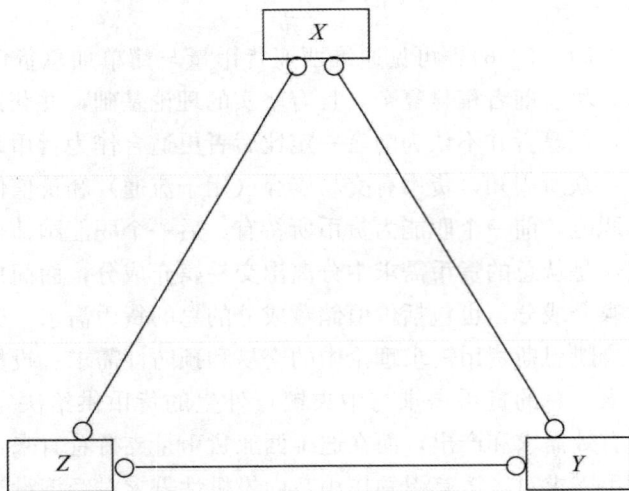

图 2.1 无向完全图

----

① 对于 n 个变量，最多可以计算到 $n-2$ 阶条件相关系数。

首先检验各个无条件相关系数是否显著异于 0。对于不是显著异于 0 的无条件相关系数，在无向完全图中去掉与之对应的连接线。

其次对于剩下的连接线，逐阶检验其对应的条件相关系数是否显著异于 0。对于不是显著异于 0 的条件相关系数，在剩余的无向图中去掉与之对应的连接线。

最后根据两个判断标准识别变量的同期因果关系方向：

（1）若 Y 与 X、Z 相连，X 与 Z 不相连，当且仅当 $\rho_{XZ|Y} \neq 0$ 时，$X \rightarrow Y \leftarrow Z$，则 X、Z 是因，Y 是果；

（2）若 Y 与 X、Z 相连，已确定 $X \rightarrow Y$，在没有其他识别信息的条件下，令 $Y \rightarrow Z$。

在具体实证过程中，一般省略详细步骤，输入 VAR 残差相关系数矩阵到软件 Tetrad-5.1.0-6 中，运行 PC 算法（Scheines 等，1998），即可输出一定显著性水平下的变量的同期因果关系。

2.2 实证过程

2.2.1 变量、数据来源和样本区间

采用 DAG-SVAR 模型，对有官方公布迪维西亚货币量的三个经济体（美国、欧元区、英国）的短期名义利率 R、简单加总货币量 $M2$、迪维西亚货币量 $D2$ 等货币政策指标对物价 P、产出 Y 等宏观经济指标的贡献程度进行实证比较。

R 为各经济体的银行间隔夜拆借利率，即美国的联邦基金利率 FFR，欧元区的 Euribor，英国的 Libor。三个经济体皆选择广义货币 $M2$ 层次下的迪维西亚货币量 $D2$，其中，美国数据来源于圣路易斯联邦储备银行（https://research. stlouisfed. org），欧元区数据来源于比利时的 bruegel 智库（http://bruegel. org/datasets/迪维西亚-dataset/），英国数据来源于英格兰银行（htp://www. bankofengland. co. uk/）。P 为 GDP 平减指数（2005 年＝1.00）。Y 为支出法 GDP（不变价）。所有数据皆是季度数据。注：除 R 外，都经过了季节调整。除迪维西亚货币量外的数据来源于中诚信数据服务平台（http://data. ccxe.

com. cn/）－世界经济数据库－经合组织－国民经济核算（季）/金融（季）。

由于各经济体公布的迪维西亚货币量的可得样本区间有差别，为了尽可能获得最大的估计样本，减少估计误差，按最大化原则对各经济体的样本区间选择如下：美国 1972Q1—2013Q2，欧元区 2001Q1—2013Q4，英国 1999Q1—2013Q4。

2.2.2　无约束的 VAR 模型和残差相关系数矩阵

相关变量的单位根检验结果见表 2.1。基准利率 R 在美国很平稳，在欧元区较平稳，在英国不平稳，利率的变动在三国都非常平稳；简单加总货币量 $M2$ 的对数值在英国很平稳，在美国和欧元区不平稳，其增长率在英国和美国非常平稳，在欧元区不平稳；迪维西亚货币量 $D2$ 的对数值在三国都不平稳，其增长率在美国非常平稳，在欧元区很平稳，在英国不平稳；物价水平 LNP 在美国非常平稳，在英国较平稳，在欧元区不平稳，通胀率在三国都很平稳；产出水平 LNY 在三国都不平稳，经济增长率 $DLNY$ 在三国都非常平稳。

表 2.1　ADF 单位根检验

变量	美国		欧元区		英国	
	检验形式	P 值	检验形式	P 值	检验形式	P 值
R	c，t，5	0.0140	0，0，1	0.0693	0，0，1	0.2145
$LNM2$	c，0，1	0.1678	c，0，2	0.3555	c，0，1	0.0423
$LND2$	c，t，1	0.4789	c，0，1	0.1504	c，0，2	0.7026
LNP	0，0，3	0.0006	c，t，0	0.7400	c，0	0.0793
LNY	c，t，0	0.4061	c，0，1	0.3647	c，0，1	0.4789
DR	0，0，4	0.0000	0，0，0	0.0002	0，0，0	0.0000
$DLNM2$	c，t，0	0.0000	0，0，0	0.2848	0，0，0	0.0000
$DLND2$	c，0，0	0.0000	c，t，0	0.0143	c，0，1	0.1209
$DLNP$	—		c，0，0	0.0001	0，0，0	0.0000
$DLNY$	0，0，1	0.0000		0.0036	0，0，0	0.0000

注：美国、欧元区、英国的最大滞后阶数分别为 13、10、10，基于 SIC 准则选择最佳滞后阶数。检验形式 c，t，p 分别表示截距项、趋势项和滞后阶数。变量前的 LN 表示取对数，D 表示取差分，DLN 表示增长率。

综合单位根检验结果，鉴于国际比较的方便和经济分析的表达习惯，分别将三个经济体的通胀率 $DLNP$、经济增长率 $DLNY$、基准利率 R、简单加总货币量增长率 $DLNM2$、迪维西亚货币量增长率 $DLND2$ 纳入无约束的 VAR 模型中，所有变量均以百分数表示。在确保模型平稳性和残差不存在自相关性的前提下，选择最小的滞后阶数，以此避免季度数据和样本区间狭窄带来的自由度无谓损失。三个经济体的 1 阶 VAR 模型的平稳性检验见图 2.2，所有 AR 特征多项式的逆根都在单位圆内，且基本上都不存在残差自相关性问题（图形因过于庞大而省略）。最后对三个经济体的数据都采用 1 阶 VAR 模型计算残差相关系数矩阵。

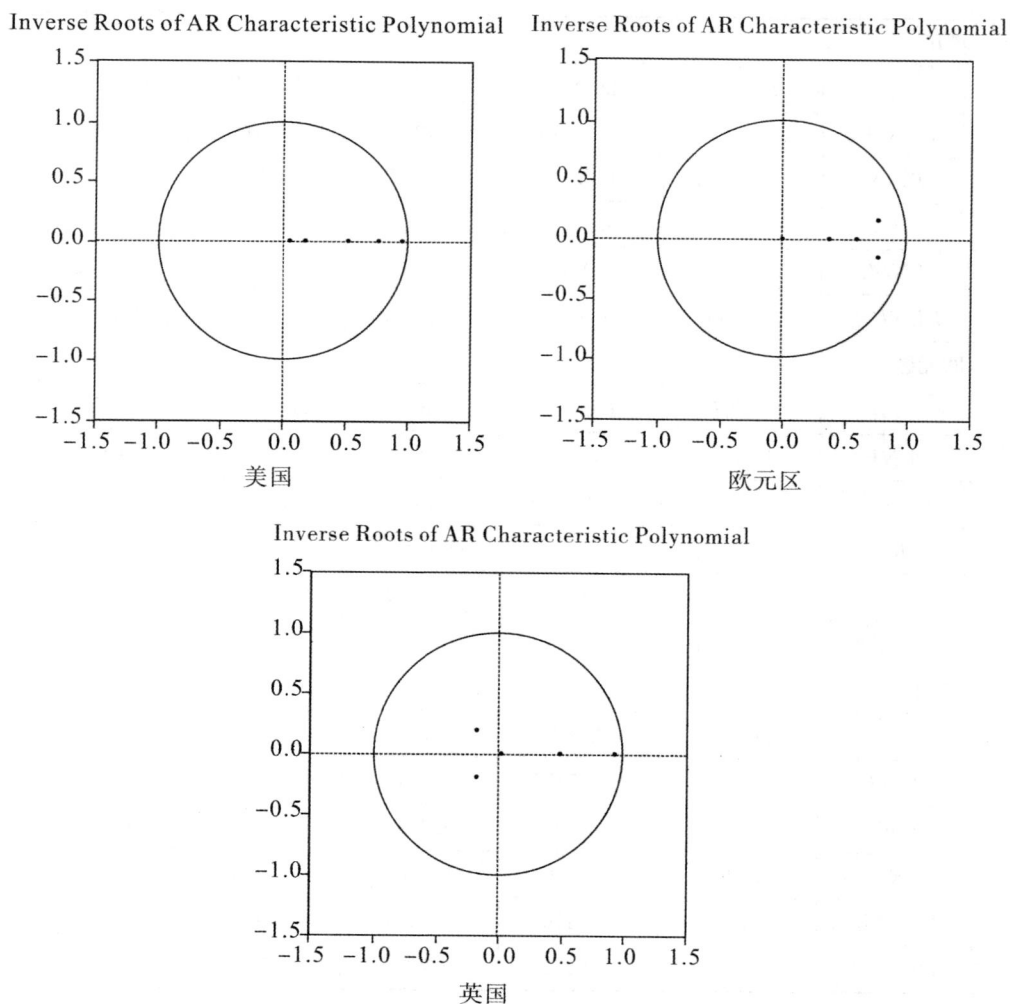

Inverse Roots of AR Characteristic Polynomial

美国

Inverse Roots of AR Characteristic Polynomial

欧元区

Inverse Roots of AR Characteristic Polynomial

英国

图 2.2　平稳性检验

无约束的 1 阶 VAR 模型的公式表达如下：

$$X_t = \mu + \phi X_{t-1} + x_t \qquad (2.7)$$

其中，$X_i = [DLNP_t \ DLNY_t \ R_t \ DLNM2_t \ DLND2_t]'$；$\mu$ 是 5×1 的向量；ϕ 是 5×5 的矩阵；x_t 是均值为 0 的 5×1 向量，其协方差矩阵 $Ex_t x_t' = \sum$。

用 Eviews 程序运行美国、欧元区、英国的上述无约束 1 阶 VAR 模型，得到各经济体的残差相关系数矩阵，见表 2.2。

表 2.2　残差相关系数矩阵

美国

	$DLNP$	$DLNY$	R	$DLNM2$	$DLND_2$
$DLNP$	1.0000	−0.2273	0.1386	−0.0434	−0.0893
$DLNY$	−0.2273	1.0000	0.1572	0.0324	−0.0253
R	0.1386	0.1572	1.0000	−0.0881	−0.2522
$DLNM2$	−0.0434	0.0324	−0.0881	1.0000	0.6953
$DLND2$	−0.0893	−0.0253	−0.2522	0.6953	1.0000

欧元区

	$DLNP$	$DLNY$	R	$DLNM2$	$DLND2$
$DLNP$	1.0000	−0.0169	−0.0904	−0.0658	−0.0221
$DLNY$	−0.0169	1.0000	0.6775	0.3238	0.1194
R	−0.0904	0.6775	1.0000	0.2712	−0.0019
$DLNM2$	−0.0658	0.3238	0.2712	1.0000	0.7355
$DLND2$	−0.0221	0.1194	−0.0019	0.7355	1.0000

英国

	$DLNP$	$DLNY$	R	$DLNM2$	$DLND2$
$DLNP$	1.0000	−0.0477	−0.2949	0.0262	−0.0543
$DLNY$	−0.0477	1.0000	0.2790	0.1416	0.2255
R	−0.2949	0.2790	1.0000	0.0929	0.2259
$DLNM2$	0.0262	0.1416	0.0929	1.0000	0.5834
$DLND2$	−0.0543	0.2255	0.2259	0.5834	1.0000

2.2.3 同期关系矩阵

式（2.7）是简化方程，由于不同变量的残差之间存在关联，其无法剥离每个变量在系统中独立的影响，然而与之对应的结构方程可以做到。令 $x_t = B\varepsilon_t$，ε_t 是 5×1 的结构误差向量，不存在序列相关，协方差矩阵是对角阵。SVAR 的公式表达如下：

$$X_t = \mu + \phi X_{t-1} + B\varepsilon_t \tag{2.8}$$

令 $A = B^{-1}$，式（2.8）可写为：

$$AX_t = A\mu + A\phi X_{t-1} + \varepsilon_t \tag{2.9}$$

5×5 的矩阵 A 刻画了所有变量的同期关系。将表 2.2 中的残差相关系数矩阵依次输入到软件 Tetrad-5.1.0-6 中，在 5% 的显著性水平下，得到三个经济体 DAG-SVAR 模型中的同期关系矩阵，见表 2.3。

表 2.3 同期关系矩阵

美国					欧元区					英国				
NA	0	0	0	0	NA	0	0	0	0	NA	0	0	0	0
NA	NA	0	0	0	0	NA	0	0	0	0	NA	0	0	0
0	NA	NA	0	0	0	NA	NA	0	0	NA	NA	NA	0	0
0	0	0	NA	0	0	0	0	NA	0	0	0	0	NA	0
0	0	NA	NA	NA	0	0	NA	NA	0	0	0	NA	NA	NA
过度识别约束 LR 检验 P 值 0.2518					过度识别约束 LR 检验 P 值 0.1937					过度识别约束 LR 检验 P 值 0.6425				

注：NA 表示待估参数不受约束，0 表示将待估参数约束为 0，过度识别约束 LR 检验的原假设是不存在过度识别约束，拒绝原假设表示存在过度识别约束。

由表 2.3 可知，所有同期关系约束都不存在过度识别约束问题。在美国，$DLND2$ 受到 $DLNM2$ 和 R 的同期影响，R 受到 $DLNY$ 的同期影响，$DLNY$ 受到 $DLNP$ 的同期影响；在欧元区，$DLND2$ 受到 $DLNM2$ 的同期影响，R 受到 $DLNY$ 的同期影响；在英国，$DLND2$ 受到 $DLNM2$ 的同期影响，R 受到 $DLNY$ 和 $DLNP$ 的同期影响。三个经济体情况相似，迪维西亚货币量增长率都是对简单加总货币量增长率的即期反应。三个经济体都是采取利率规则对宏观经济变化做出即期反应。

2.2.4 基于 DAG−SVAR 模型的预测误差方差分解

弗里德曼和伯南克等经济学家在做基于 VAR 模型的预测误差方差分解的时候，都选择两年滞后期[①]，基于 DAG−SVAR 模型的预测误差方差分解也参照上述惯例，因为考虑的滞后期过长对经济政策分析也没有太大的实际价值和意义。美国、欧元区、英国的货币政策指标银行间隔夜拆借利率 R、简单加总货币量的增长率 $DLNM2$、迪维西亚货币量的增长率 $DLND2$ 对宏观经济变量通胀率 $DLNP$、经济增长率 $DLNY$ 的贡献率见表 2.4。

表 2.4 预测误差方差分解

美国					
	$DLNP$	$DLNY$	R	$DLNM2$	$DLND2$
$DLNP$ 的方差分解	85.48	7.72	4.87	0.77	1.16
$DLNY$ 的方差分解	5.47	92.76	0.61	0.84	0.31
欧元区					
	$DLNP$	$DLNY$	R	$DLNM2$	$DLND2$
$DLNP$ 的方差分解	62.08	31.26	0.93	3.14	2.60
$DLNY$ 的方差分解	1.38	86.86	0.61	2.48	8.66
英国					
	$DLNP$	$DLNY$	R	$DLNM2$	$DLND2$
$DLNP$ 的方差分解	94.57	0.10	0.03	3.61	1.69
$DLNY$ 的方差分解	8.77	79.48	0.72	5.99	5.04

注：滞后阶数选为 8 期，因为是季度数据，所以实际滞后期为两年。

由表 2.4 可知，在美国，对物价的贡献率而言，$R > DLND2 > DLNM2$，对产出的贡献率而言，$DLNM2 > R > DLND2$；在欧元区，对物价的贡献率而言，$DLNM2 > DLND2 > R$，对产出的贡献率而言，$DLND2 > DLNM2 > R$；在英国，无论是对物价还是对产出的贡献率，$DLNM2 > DLND2 > R$。由此可见，在不同经济体，对于不同的宏观经济目标，利率、简单加总货币量、

---

① Friedman 和 Kuttner（1992，1996）用的季度数据，选的 8 个季度的滞后期；Bernanke 和 Blinder（1992）用的月度数据，选的 24 个月的滞后期。

迪维西亚货币量的优势可能各不相同。总体来看，利率在欧元区和英国的效果不如货币量，简单加总货币量在英国优于迪维西亚货币量，欧元区的简单加总货币量对物价更有效，迪维西亚货币量对产出更有效，美国的利率优于迪维西亚货币量，但对物价的调控应看重利率，而对产出的调控应看重简单加总货币量。

2.3　小结

学术界对利率和货币量谁更适合作为货币中介目标一直争论不休。随着迪维西亚货币量的提出，研究焦点逐渐转向迪维西亚货币量和简单加总货币量的实证比较，结论基本上都支持迪维西亚货币量优于简单加总货币量。金融危机爆发以来，各国实施零利率政策和量化宽松等非常规货币政策，近两年开始有学者进行迪维西亚货币量和短期名义利率的实证比较，认为前者更优。对迪维西亚货币量的理论基础提出一些质疑，并用多国数据，在统一的研究框架下考察短期名义利率、简单加总货币量、迪维西亚货币量对物价、产出的相对重要性，弥补学术界几乎只对三种指标进行两两比较的不足，为各国选择适合自身经济条件的货币中介目标提供参考。

用 DAG-SVAR 模型分别对美国、欧元区、英国的银行间隔夜拆借利率、简单加总货币量、迪维西亚货币量三种货币政策指标对物价、产出等宏观经济指标的相对重要性进行实证比较。结果表明，各经济体对于不同的货币政策最终目标适用不同的货币中介目标。在美国，对产出而言，首先简单加总货币量最适合作为中介目标，其次是联邦基金利率，最后才是迪维西亚货币量；对物价而言，首先联邦基金利率最适合作为中介目标，其次是迪维西亚货币量，最后是简单加总货币量。在欧元区，对产出而言，迪维西亚货币量优于简单加总货币量，简单加总货币量优于 Euribor；对物价而言，简单加总货币量优于迪维西亚货币量，迪维西亚货币量优于 Euribor。在英国，无论对产出还是物价而言，简单加总货币量都优于迪维西亚货币量，迪维西亚货币量都优于 Libor。总体来看，迪维西亚货币量并不是像以往文献的实证结果那样总是优于简单加总货币量，其只在欧元区的产出贡献率来源上找到了支持的证据，并在英国找到强烈的反对证据。迪维西亚货币量在美国和英国都不具备绝对的优越性。银行间隔夜拆借利率在欧元区和英国的有效性都不如货币量。简单加总货币量在三国的经济目标上都具有重要的参考价值，迪维西亚货币量仅对欧元区有参考价值，利率仅对美国可能有参考价值。可见，在后金融危机时代的零利率背景下，中央银行的量化宽松等非常规货币政策的背后有其坚实的货币量目标理论基础。

由此可见，各经济体的最佳货币中介目标可能存在差异性，这需要各国中央银行深入研究和总结本国的货币政策理论与实践的经验和教训。中国目前还没有完全实现利率市场化，货币中介目标的选择在今后一段时期内还得依靠货币量指标，然而，迪维西亚货币量在中国是否比简单加总货币量更具参考价值呢？相关研究结论应该引起中国人民银行的足够重视，希望央行能够利用自身较为完备的金融数据，开发并公布迪维西亚货币量指标，为研究者和政策执行者探究更有效的货币政策多提供一个选择机会。

3 现金等价货币量与迪维西亚货币量的理论比较与在中美两国的实证分析

3.1 各类货币量测度法的理论重塑及比较

交易媒介和价值尺度是货币最基本的职能，也是货币区别于其他金融资产的本质属性。正因为如此，流动性是衡量金融资产货币性属性的关键。假设经济体内存在各种类型不同的商品，经济个体只能生产并消费其中的一小部分。当两个经济个体相遇时，往往并不需要对方的产品。所以，若要易货交易成功，需要"需求的双重巧合"（double coincidence of wants）。在这种情形下，交易实现的费用将会非常高。而通过使用货币，只要交易双方是需求的单一巧合，交易就能成功。需求的单一巧合必然比需求的双重巧合的难度低，这节省了经济个体的时间，也就增加了经济个体的效用。由此可见，货币的流动性能使消费者节省采购和交易时间，因而增加消费者的闲暇，也能使企业节省交易成本，增加直接用于生产的投入，从而间接产生满足和增加产量。因此，可以把货币视为消费者效用函数中的一种消费品或企业生产函数中的一种投入品。消费者（企业）的资源配置主要有消费品（资本品）、货币、债券三种形式。这里的债券本是经济学分析中常借用的广义概念，指非货币资产，包括金融资产和实物资产。出于建模考虑，特指流动性仅次于货币的无违约风险金融投资品，它与后面的"基准资产"含义基本相同。债券由于不具有货币的流动性，因而不能进入效用（生产）函数。不同的货币资产都能进入效用（生产）函数。由于不同货币资产的流动性强弱不同，对于消费者和企业的影响也不一样，但从货币贡献的分析视角可概括为，流动性越强的货币资产对效用（产出）的贡献越大。在以下分析中我们设定，消费者、企业是基于终生效用和产出最大化动机来配置所持货币资产的数量和结构。因此，全社会经济主体的货币资产选择行为也就决定了 M2 的数量和结构。在这一节，我们正是根据上述理论设定，参考 Sidrauski（1967）提出的货币效用模型（money－in－the－utilityfunction，MIU），假设货币直接产生效用，将实际余额（real balance）引入瓦尔拉斯一般均衡分析框架，基于消费者跨期预期终生效用最大化来推导多种货币资产所蕴含的流动性有效供给——现金等价货币量和迪维西亚货币量。企业跨期预期终生利润最大化与消费者跨期预期终生效用最大化分析框架及结论一致，故将其省略。

消费者的效用来源于两方面：一方面是消费品 C，另一方面是 n 种具有流动性的货币资产 m_0，m_1，$\cdots$，m_{n-1}。为了使分析简化，假设市场只有一种消费品（或可理解为一揽子物品的复合消费品）。设代表性消费者在 t 时刻的效用函数如下：

$$U_t = U(C_t, m_{0,t}, m_{1,t}, \cdots, m_{n-1,t}) \tag{3.1}$$

C_t 为 t 时刻的消费，$m_{i,t}$ 为 t 时刻货币资产 i 的存量（实际值）。

假定一：n 种货币资产与消费品 C 之间具有弱可分性，即货币资产之间的边际替代率不受消费品 C 影响。

当且仅当 $m_{i,t}$ 和 $m_{j,t}$（i，$j=0$，$\cdots$，$n-1$）间的边际替代率 $\dfrac{\partial U_t / \partial m_{i,t}}{\partial U_t / \partial m_{j,t}}$ 不受 C_t 的影响，式（3.1）可写为：

$$U_t = U(C_t, f_t(m_{0,t}, m_{1,t}, \cdots, m_{n-1,t})) \tag{3.2}$$

令 $L_t = f_t(m_{0,t}, m_{1,t}, \cdots, m_{n-1,t})$，$L_t$ 就是 n 种货币资产蕴含的流动性有效供给，也为基于消费理论的货币量的表达。这与现金等价货币量原创作者的设定不同，是一种更简洁的设定。Rotemberg 等（1995）令 $L_t = f(m_{0,t}, m_{1,t}, \cdots, m_{n-1,t}, \alpha_t)$，用时变参数 α_t 来反映非现金货币资产流动性随时间的变化，而不多设参数，将这种变化直接反映到式（3.3）的 $f_{i,t}$ 中，可避免原作者晦涩难懂的数学假设及推导过程。

弱可分性意味着消费者首先在总的预算约束下做出关于货币量支出的选择，然后在总量货币约束下对不同流动性货币资产的持有结构进行选择，即消费的多少与货币资产的持有结构无关。

假定二：流动性有效供给 L_t 对 n 种货币资产都具有一次齐次性，即

$$L_t = \sum_{i=0}^{n-1} f_{i,t} m_{i,t} \tag{3.3}$$

一次齐次性意味着流动性有效供给对 n 种货币资产都是线性函数，即 t 时刻货币资产 i 对流动性有效供给 L_t 的边际贡献 $f_{i,t}$ 只与其种类 i、时刻 t 有关，与其存量 $m_{i,t}$ 的大小无关，不随其存量变化而变化。可以看出，$f_{i,t} = \partial L_t / \partial m_{it}$，$t$ 时刻一单位货币资产 i 的增加，对流动性有效供给 L_t 的贡献为 $f_{i,t}$。

设消费者在 t 时刻的预期终生效用为：

$$V = E_t \sum_{j=0}^{\infty} \beta^j U(C_{t+j}, L_{t+j}) \tag{3.4}$$

E 为期望算子，β 为跨期贴现因子，C 为消费品，L 为流动性有效供给，U 为瞬时效用函数。U 对 C、L 都是凹函数，即 $\partial^2 U / \partial C^2 < 0$，$\partial^2 U / \partial L^2 < 0$，即消费品、流动性有效供给服从边际效用递减规律。

消费者拥有的资源除了进入效用函数的消费品 C、n 种货币资产外，还有债券。假定中的债券作为投资品，它不能充当支付手段、流动性非常低，t 时刻的固定收益率为 $r_{b,t}$。我们称这种债券为基准资产 B。t 时刻 n 种货币资产 m_0，m_1，$\cdots$，m_{n-1} 的收益率分别为 $r_{0,t}$，$r_{1,t}$，$\cdots$，$r_{n-1,t}$。现金的收益率为 0，非现金货币资产的收益率为正。设 P_t 为 t 时刻的物价水平。由于货币资产、基准资产都是实际值，所以消费、货币资产、基准资产之间的单位兑换比例是 1∶1。预期终生效用式（3.4）最大化的条件是，消费的边际效用、货币资产的边际效用与基准资产的边际效用均相等。换句话说，式（3.4）的最大化条件有两个：一是消费品和基准资产的权衡（tradeoff）达到最佳水平，二是消费品和各种货币资产的权衡达到最佳水平。当消费品与基准资产、各种货币资产的权衡达到最佳水平时，基准资产与各种货币资产的权衡将自动达到最佳水平。因为由瓦尔拉斯定律可以推出，经济体系中存在几个商品市场，若其中 $n-1$ 个商品市场处于均衡状态，那么，第 n 个商品市场也必然是均衡的。

消费品和基准资产的最佳权衡关系如下：

$$U_C(C_t, L_t) = (1 + r_{b,t}) E_t \frac{P_t \beta U_C(C_{t+1}, L_{t+1})}{P_{t+1}} \tag{3.5}$$

U_C 为消费品的边际效用。式（3.5）意味着在 t 时刻减少 1 单位消费品，以市场价格 P_t 卖出，并投资于 1 单位基准资产 B，$t+1$ 时刻获得 $(1+r_{b,t})$ P_t 本息收益，再以市场价格 P_{t+1} 购买 $\frac{(1+r_{b,t}) P_t}{P_{t+1}}$ 单位消费品。t 时刻减少 1 单位消费品的效用损失（等式左边）可由 $t+1$ 时刻增加的 $\frac{(1+r_{b,t}) P_t}{P_{t+1}}$ 单位消费品的效用增量的贴现值（等式右边）弥补。此时，消费品与基准资产的权衡达到最佳水平，即减少 1 单位消费品，增加 1 单位基准资产对消费者的预期终生效用没影响。式（3.5）意味着，消费的边际效用等于基准资产的边际效用，且基准资产的边际效用仅来源于基准资产在下一期转化为消费间接产生的效用。

消费品和各种货币资产的最佳权衡关系如下：

$$U_C(C_t, L_t) = U_L(C_t, L_t)f_{i,t} + (1+r_{i,t})E_t \frac{P_t\beta U_C(C_{t+1}, L_{t+1})}{P_{t+1}} \quad (3.6)$$

U_C、U_L 分别为消费品和流动性有效供给的边际效用。式（3.6）意味着在 t 时刻减少 1 单位消费品，以市场价格 P_t 卖出，并投资于 1 单位货币资产 i，$t+1$ 时刻获得 $(1+r_{i,t})P_t$ 本息收益，再以市场价格 P_{t+1} 购买 $(1+r_{i,t})\frac{P_t}{P_{t+1}}$ 单位消费品。t 时刻减少 1 单位消费品的效用损失（等式左边）可由 t 时刻增加 $f_{i,t}$ 单位的流动性有效供给[①]的效用增量 $U_L(C_t, L_t)f_{i,t}$ 加上 $t+1$ 时刻增加的 $(1+r_{i,t})\frac{P_t}{P_{t+1}}$ 单位消费品的效用增量的贴现值 $(1+r_{i,t})E_t$ $\frac{P_t\beta U_C(C_{t+1}, L_{t+1})}{P_{t+1}}$ 弥补。此时，消费品与货币资产 i 的权衡达到最佳水平，即减少 1 单位消费品，增加 1 单位货币资产 i 对消费者的预期终生效用没影响。式（3.6）意味着，消费的边际效用等于货币资产的边际效用，且货币资产的边际效用来源于两方面：一方面是持有货币资产直接产生的效用（等式右边第一项），另一方面是货币资产在下一期转化为消费间接产生的效用（等式右边第二项）。

联合式（3.5）、（3.6），消掉 $E_t \frac{P_t\beta U_C(C_{t+1}, L_{t+1})}{P_{t+1}}$，可得到：

$$U_L(C_t, L_t)f_{i,t} = \frac{r_{b,t} - r_{i,t}}{1+r_{b,t}}U_C(C_t, L_t) \quad (3.7)$$

$\frac{r_{b,t} - r_{i,t}}{1+r_{b,t}}$ 为持有 1 单位货币资产 i 而放弃持有 1 单位基准资产的机会成本贴现值。式（3.7）意味着持有 1 单位货币资产 i 增加 $f_{i,t}$ 单位的流动性有效供给的效用增量（等式左边）与 $\frac{r_{b,t} - r_{i,t}}{1+r_{b,t}}$ 单位消费品的机会成本的效用损失（等式右边）无差异。此时，货币资产 i 与基准资产 B 的权衡达到最佳水平，即减少 1 单位货币资产 i，增加 1 单位基准资产对消费者的预期终生效用没

---

① 因为货币资产 i 是实际余额，一单位的消费减少等于一单位的实际余额 i 增加，由式（3.3）可知，流动性有效供给增加 $f_{i,t}$。

影响。

到目前为止，以上的假设及推导过程都是后面分析现金等价货币量、迪维西亚货币量测度法的有效性所共同需要的。下面的进一步推导则体现二者在理论解释上的差异。

当 $i=0$ 时，即对于现金而言，式（3.7）等于：

$$U_L(C_t, L_t)f_{0,t} = \frac{r_{b,t}}{1+r_{b,t}}U_C(C_t, L_t) \tag{3.8}$$

用式（3.7）除以式（3.8），可得到：

$$f_{i,t} = f_{0,t}\frac{r_{b,t}-r_{i,t}}{r_{b,t}} \tag{3.9}$$

可见，根据前两个假定，$f_{i,t}$ 的表达式中只含有一个未知数 $f_{0,t}$。$f_{0,t}$ 表示 t 时刻 1 单位的现金的增加，流动性有效供给的增量。

（现金等价货币量）假定三：$f_{0,t}=1$。

假定三认为现金的流动性不随时间改变，并把 1 单位现金的流动性作为度量其他货币资产流动性的标杆。这个标杆可以这样理解：在度量一揽子主权货币的总体购买力时，通常以美元计价，而现在要度量的是一揽子货币资产的流动性有效供给，以现金作计价单位。

现金货币流动性强且稳定是一个非常弱的假定，$f_{0,t}=1$ 意味着现金的流动性恒定不变，且标准化为 1，这是符合常理的。而 Rotemberg 等（1995）通过加性可分假定 $f(m_{0,t}, m_{1,t}, \cdots, m_{n-1,t}, \alpha_t) = h(m_{0,t}) + k(m_{1,t}, m_{2,t}, \cdots, \alpha_t)$，通过复杂的联合一次齐次性推出 $f_{0,t}$ 恒定不变，进而再标准化为 1。本章觉得此做法是将简单问题复杂化，换言之，现金的流动性很强且稳定几乎是公理。故本章不予采用这个推理，而采取直接假定或给定。大家会发现，这除了便于聚焦对关键问题的研究，更会使得对这个问题的研究发生质的变化。

将 $f_{0,t}=1$ 代入式（3.9），可得到

$$f_{i,t} = \frac{r_{b,t}-r_{i,t}}{r_{b,t}} \tag{3.10}$$

将式（3.10）代入式（3.3），可得到

$$L_t = \sum_{i=0}^{n-1}\frac{r_{b,t}-r_{i,t}}{r_{b,t}}m_{i,t} \equiv CE_t \tag{3.11}$$

式（3.11）为我们重新诠释的对现金等价货币量经济学含义的表达。它得到了以现金作为度量单位的 n 种货币资产所蕴含的流动性有效供给。由此可见，本章对现金等价货币量的推导比 Rotemberg 等（1995）更为简洁，没有

涉及复杂的时变参数 α_t，也少了较强的"加性可分"假定，只增加了一个与现实极为吻合的"现金的流动性不随时间改变"弱假定。在现金等价货币量的基础上，增加下面的假定四，即可推导出 Barnett（1980）的迪维西亚货币量。

（迪维西亚货币量）假定四：$f_{i,t} = \dfrac{r_{b,t} - r_{i,t}}{r_{b,t}}$ 不随时间变化，即 $\mathrm{d}f_{i,t} = 0$。

迪维西亚货币量多了一个很强的假定，$\mathrm{d}f_{i,t} = 0$ 意味着所有非现金货币资产的收益率 $r_{i,t}$ 与基准资产的收益率 $r_{b,t}$ 同比例变化，或者说所有非现金货币资产的流动性不随时间改变。我们认为这个假定过于偏离常理，与现实太不相符，因为，随着金融市场的发展和支付技术的进步，非现金货币资产的流动性越来越高。本章之所以保留这个不切实际的假定四来继续推导迪维西亚货币量，是为了论证它在经济分析逻辑上不如现金等价货币量测度法严谨。

对式（3.11）求全微分，可得到

$$\mathrm{d}L_t = \sum_{i=0}^{n-1} \frac{r_{b,t} - r_{i,t}}{r_{b,t}} \mathrm{d}m_{i,t} \tag{3.12}$$

用式（3.12）除以式（3.11），可得到：

$$\frac{\mathrm{d}L_t}{L_t} = \sum_{i=0}^{n-1} \frac{(r_{b,t} - r_{i,t})m_{i,t}}{\sum_{j=0}^{n-1}(r_{b,t} - r_{i,t})m_{j,t}} \frac{\mathrm{d}m_{i,t}}{m_{i,t}} \tag{3.13}$$

式（3.13）即为 Barnett（1980）所推的迪维西亚货币量连续情形下的表达式，可写为：

$$\mathrm{d}\ln L_t = \sum_{i=0}^{n-1} \frac{(r_{b,t} - r_{i,t})m_{i,t}}{\sum_{j=0}^{n-1}(r_{b,t} - r_{i,t})m_{j,t}} \mathrm{d}\ln m_{i,t} \tag{3.14}$$

由于实证检验的相关数据通常是按照月份、季度、年份统计频度划分的，因此需要获得式（3.14）的离散近似表达式，即托恩奎斯特指数：

$$\ln L_t - \ln L_{t-1} = \sum_{i=0}^{n-1} S_{i,t}^*(\ln m_{i,t} - \ln m_{i,t-1}) \tag{3.15}$$

其中，$S_{i,t}^* = \dfrac{S_{i,t} + S_{i,t-1}}{2}$，$S_{i,t} = \dfrac{(r_{b,t} - r_{i,t})m_{i,t}}{\sum_{j=0}^{n-1}(r_{b,t} - r_{i,t})m_{j,t}}$，式（3.15）即为迪维西亚货币量的表达式。

对比式（3.11）（3.15），可以很明显地发现，在以流动性有效供给为测度原则的货币量计算中，现金等价货币量只需要前三个假定，就可以得到 t 时刻精确的流动性有效供给 L_t 的绝对值，而迪维西亚货币量额外增加了一个很强的不切实际的假定四，却只能得到 t 时刻近似的流动性有效供给 L_t 的增长率。而且采用迪维西亚测度法计算的货币量的误差较大，误差来源于两方面：一方面是不符合现实的假定四带来的理论误差，另一方面是 t、$t-1$ 离散时间间隔带来的测量误差（周频＜月频＜季频＜年频）。

　　从以上分析中可见，与现金等价货币量相比较，迪维西亚货币量是一种费力不讨好的做法。然而，迪维西亚货币量却比现金等价货币量更受到学术界和实务界的亲睐，这种现象在很大程度上源于最初理论模型设计上的不合理，它使现金等价货币量测度法在逻辑上变得很难理解，在实证上对变量很难处理，从而导致其优越性大打折扣。本章通过对时变参数和假设条件的改进，充分展示了现金等价货币量的优越性。在对修正货币量的理论分析中，一直鲜有学者对二者的理论模型进行深入的推理比较研究，然而，不进行这样的比较就难以解释清楚选择度量货币量模型的合理性。这也是本章在理论模型的构建时专门对现金等价货币量、迪维西亚货币量度量法进行比较的目的。鉴于现金等价货币量在理论上的优势，本章做出如下推论：现金等价货币量比迪维西亚货币量更适合作为数量型货币政策中介目标。接下来对此用实证予以验证。

3.2　各类货币量测度法优劣比较的实证研究

3.2.1　各类货币量测度法的变量选择

　　中美两国中央银行关于货币层次的划分中，M2 作为货币政策中介目标具有国际共识，故本章在 M2 层次下来探讨不同货币量作为中介目标的有效性。为了便于区分中美两国各类货币量的符号，令中美两国的现金等价货币量、迪维西亚货币量、简单加总货币量分别为 $CEM2$、$DVM2$、$SSM2$、$CEM2^*$、$DVM2^*$、$SSM2^*$（不加星号为中国货币量，加星号为美国货币量）。$CEM2^*$、$DVM2^*$ 数据来自美联储网站。测度 $CEM2$、$DVM2$ 的变量交代如下。

3.2.1.1　弱可分性检验

　　由之前推导的理论模型可知，本章合理构建 M2 层次下的现金等价货币量、迪维西亚货币量的第一个重要假定是 M2 的组成部分具有弱可分性，即 M2 的持有结构不受消费大小的影响。只有在这个假设前提成立的条件下，基于微观经济消费者行为理论对 M2 的修正才具有逻辑上的合理性。

Varian（1983）开创性地研究了如何利用无参数计量经济学方法判断物品间的弱可分性。Swofford、Whitney（1987）运用该方法考察了美国（1970—1978 年）消费品、闲暇和各种货币量的数据，发现几种货币定义对于消费品和闲暇具有弱可分性的，其中最宽的一种包括通货、活期存款、支票存款和小额定期存款。包括货币市场共同基金的测度与消费和闲暇不具有这种弱可分性。相反，消费品和闲暇合在一起与货币性资产具有弱可分性，但如果单独考虑消费品，则不具有这种性质。我们关注的仅仅是前一个结论。它表明 M1 和 M2 是可以接受的货币量，而比 M2 更宽的测度则不是。因此，就他们研究的时期来看，包括 M2 以外（从而与经济中其他物品不具有弱可分性）的货币性资产的货币定义或者指数的表述是错误的。值得注意的是，包括在货币量中的符合弱可分性标准的资产，在不同的国家和时期很可能不同。另外，考虑到 20 世纪 80 年代和 90 年代货币性资产的大量创新和变化，可以包括在货币量中的资产一直处于变动中，对于许多国家来说，很可能已经超过了 M2 的范围。Belongia、Chalfant（1989）利用弱可分性进行了另一项研究。他们首先假定货币性资产与消费品是弱可分的，并在此范畴内检验弱可分性。利用 1983 年 1 月到 1986 年 2 月这一段时期的美国月度数据，他们发现有几组资产与其他物品具有弱可分性。这几组资产包括（C，DD），（C，DD，NOWS），（C，DD，NOWS，MMMF）。其中，C 是通货余额，DD 是活期存款，NOWS 是可转让提款单，MMMF 是货币市场共同基金。该结论说明美国 M2 是可以接受的货币量。因此，美国 M2 中的各种货币资产具有弱可分性，满足现金等价货币量、迪维西亚货币量理论模型的假定一，可以构建 M2 口径下的美国现金等价货币量和迪维西亚货币量。为了在同一货币层次下比较中美两国的不同货币量的有效性，我们假设中国 M2 与美国 M2 一样具备弱可分性。

3.2.1.2 货币资产及其收益率

中国人民银行所公布的 M2 包含以下五种成分：流通中的现金、（单位）活期存款、（单位）定期存款、（个人）储蓄存款、其他存款。然而随着 ATM 机、POS 机、手机银行、网上银行和刷卡消费、在线消费的普及，（个人）活期储蓄存款与（单位）活期存款流动性几乎无差异，因此我们的研究将（个人）活期储蓄存款从"（个人）储蓄存款"项目中提取出来，加入到"（单位）活期存款"项目中。具体操作方案如下：在 2004—2010 年的城乡居民储蓄存款中，活期储蓄存款的月度占比平均值为 36%，定期储蓄存款的月度占比平均值为 64%。根据中行的统计，储蓄存款的定、活比大概介于 7 : 3 与 6 : 4 之间。本章将"储蓄存款"的 35% 作为活期储蓄存款转移到"活期存款"中。最后选择的五种货币资产为：流通中的现金、（单位、个人）活期存款、（单位）定期存款、（个人）定期储蓄存款和其他存款。

流通中的现金的利率（收益率）为 0，（单位、个人）活期存款的收益率为活期存款的利率，（单位）定期存款的利率收益率为三个月、半年、一年期定期存款利率的算术平均值，（个人）定期储蓄存款的收益率为三个月、半年、一年、二年、三年和五年期定期存款利率的加权平均值。具体权重值的估算方法如下：根据在工行、农行、建行三大行对各类存款平均余额的调研，目前三个月、半年、一年、二年、三年和五年期定存储蓄平均占比为 6.7%、6.8%、56.8%、8.1%、16.6%、5%。而且由于银行业存在利率上升期短期定存增加，利率下降期长期定存增加的规律。基于我国银行存款结构在利率变化周期中变化的历史经验或规律性数据，我们在研究中分别对处于利率下降期和上升期储蓄结构变动分别赋值。目前利率正处于下降期，加权权重设为 6.7%、6.8%、56.8%、8.1%、16.6%、5%；在利率上升期，加权权重设为 7.7%、7.8%、57.8%、7.1%、15.6%、4%。利率变动周期如图 3.1 所示。其他存款的收益率为活期存款、三个月、半年、一年期定期存款利率的算术平均值。

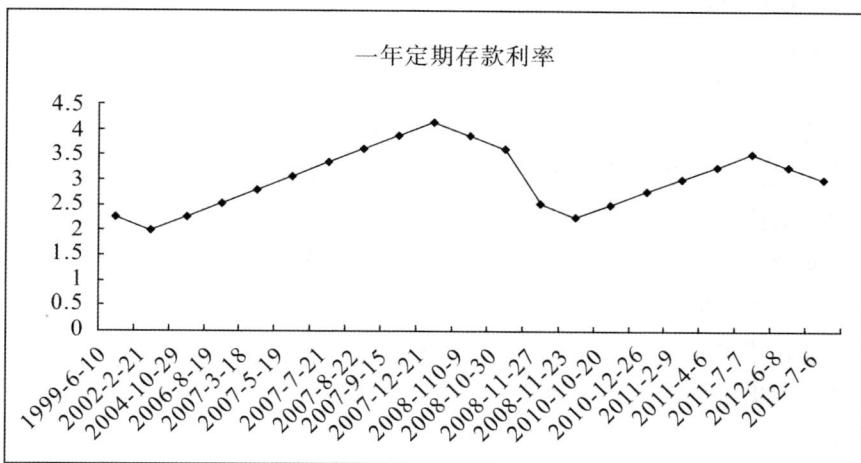

图 3.1 利率变动周期

注：利率下降期有 2004Q1～2004Q3、2008Q4～2010Q3、2012Q2～2013Q4，利率上升期有 2004Q4～2008Q3、2010Q4～2012Q1。判断利率下降期并不是从右下方曲线的顶点开始，而是由顶点后面第一个点开始，因为这个

点才是对加息通道的反转,是降息通道的起点。同理,判断利率上升期并不是从右上方曲线的底点开始,而是由底点后面第一个点开始,因为这个点才是对降息通道的反转,是加息通道的起点。

3.2.1.3 基准资产及其收益率

基准资产是流动性次于货币的无风险投资品。目前就中国 M2 的统计口径而言,五年期定期存款流动性最差,因此基准资产的选择原则上要比五年期定期存款流动性差,而且不具有违约风险。王宇伟(2009)等学者的研究将五年期国债作为近似基准资产。然而,这一选择存在经济逻辑缺陷:我国国债存在二级市场,可以通过二级市场交易来实现持有期内的利息收入,因此它的利差与流动性相关性很弱;定期存款不存在二级市场,提前支取将招致罚息。交易机制的差异导致中国所有国债品种的到期收益率必定低于五年期定期存款利率。换言之,中国所有品种国债的流动性都比五年期定期存款高,故国债不适宜作为基准资产。李正辉等(2012)在研究中直接将五年期定期存款作为基准资产,但这意味着五年期定期存款不属于 M2,在比较研究的对象中包含自己,这在经济逻辑上难以自洽。本章提出将贷款基准利率作为基准资产收益率的替代指标的研究思路。通过对中国金融现状进行分析,笔者认为,除了存款外,我国居民普遍大量购买银行理财产品。银行理财产品具有风险低、收益较高、一般不允许提前赎回等特征,其流动性明显低于五年期定期存款,这符合本章对基准资产典型属性的要求。理财产品的"刚性兑付"是业内不成文的规定,监管层要求确保兑付的初衷也是维护金融和社会稳定,防止违约导致群体性事件。然而它的缺陷是银行理财产品的品种和收益率繁多,很难确定谁作为基准资产的代表。理财产品分为标准化理财产品和非标准化理财产品,前者是典型优质贷款,且期限结构基本配平,被认为基本是无风险金融资产,后者是银监会控制比重的,认为风险较大。尽管我们难以区分,但短期理财类型产品的中标准化比重非常高。本章提出一个解决思路,由于标准化银行理财产品的资金池一般由银行优质贷款构成,故标准化理财产品收益率与优质贷款利率之间的相关程度在逻辑上是最直接和最高的。如果这一逻辑转换成立,在本章中将一年期银行贷款作为基准资产的替代品就具有逻辑上的合理性。考虑到银行和信托要参与理财产品收益的分配,这种分割机制一般会影响理财产品实际收益的 50% 左右,因此我们在实证中采用六个月贷款基准利率作为基准资产收益率的替代指标。

3.2.1.4　样本期间及数据来源

由于本章的中国货币需求函数采用货币市场基金综合收益率取代传统研究中习惯使用的银行同业拆借利率作为持有货币的机会成本变量指标，而中国只有 2004 年以后的货币市场基金收益率数据，加上中国 GDP 只有季度数据，所以我们选择的数据期间为 2004 年一季度到 2013 年四季度，共 10 年 40 个样本观测值。货币存量的数据来源于中经网统计数据库，存贷款基准利率调整的数据来源于中国人民银行官网，各种货币资产的存量、收益率及基准资产的收益率皆为季末值。

3.2.1.5　利息所得税的处理

关于资产的收益率，王宇伟（2009）、左柏云和付明卫（2009）考虑了储蓄存款利息所得税征收的问题。他们认为居民储蓄存款利息征收的利息税是从利息中直接扣除的，而企业的存款利息收入的税收并非直接从利息中扣除，所以不考虑企业利息所得税的问题。而本章认为，不应该考虑利息所得税，因为对企业、个人而言，不管他投资何种货币资产，所面临的税率差异不大，利息所得税不改变经济主体对货币资产的配置行为。

3.2.1.6　$DVM2$ 的标准化

当货币资产为名义值时，由式（3.11）得到的现金等价货币量亦为名义值，同理，由式（3.15）得到的亦为名义迪维西亚货币量的环比增长率，证明从略。也就是说，这一节我们所测度的修正货币量是名义货币量。由式（3.11）可以直接测度 $CEM2$，但在测度 $DVM2$ 时，由于式（3.15）只能得到各期的环比增长率，所以设 2004 年第一季度末的 $DVM2$ 等于 2004 年第一季度末的 $CEM2$，再根据环比增长率计算出以后各期具体的 $DVM2$。具体测度值见表 3.1。美国的 $DVM2^{*}$ 也按此法标准化为具体数值。

表 3.1　中国 2004－2013 年各个季度的三种货币量　　　单位：亿元

时期	CEM2	DVM2	SSM2	时期	CEM2	DVM2	SSM2
2004Q1	174308	174308	231654	2009Q1	388591	384079	530626
2004Q2	179276	179276	238427	2009Q2	417389	412547	568916
2004Q3	183361	183361	243756	2009Q3	430573	425579	585405
2004Q4	187771	191521	254107	2009Q4	449419	444205	606225
2005Q1	191565	192816	261444	2010Q1	479688	474123	649947
2005Q2	199386	200688	272522	2010Q2	497703	491918	673921
2005Q3	207404	208760	284052	2010Q3	512641	506661	696471
2005Q4	216406	217820	295507	2010Q4	510106	532516	725851
2006Q1	225800	227275	310490	2011Q1	526898	551740	758131
2006Q2	234917	236496	322756	2011Q2	529830	567622	780821
2006Q3	240609	243676	331865	2011Q3	524335	567792	787406
2006Q4	251753	254966	345603	2011Q4	569654	621637	851590
2007Q1	258264	267337	364093	2012Q1	589064	642843	895565
2007Q2	264428	278309	377832	2012Q2	620992	663629	924991
2007Q3	251142	289871	393098	2012Q3	644077	673760	943688
2007Q4	266053	300533	403442	2012Q4	670278	701167	974148
2008Q1	275090	310742	423054	2013Q1	705895	738426	1035858
2008Q2	286539	323678	443141	2013Q2	716547	749569	1054403
2008Q3	291506	329133	452898	2013Q3	728970	762565	1077379
2008Q4	350925	346851	475166	2013Q4	755645	790467	1106509

3.2.1.7　中美各类货币量的描述性统计

中国 2004—2013 年的季度现金等价货币量 CEM2、迪维西亚货币量 DVM2、简单加总货币量 SSM2 的变化情况见图 3.2。SSM2 测算的是流动性名义供给。CEM2、DVM2 测算的都是流动性有效供给，不过 CEM2 比 DVM2 更精确。从图 3.2 可以看出，中国的现金等价货币量和迪维西亚货币量的绝对值和增长速度都明显低于简单加总货币量，说明我国 M2 虽然存量巨大，增长很快，但是流动性有效供给并不像流动性名义供给增长那么迅速，所以物价和产出并没有以应有的幅度上升，这在一定程度上解释了中国货币之谜。在2007—2008年和2011—2013年间，中国的现金等价货币量低于迪维西亚货币量，而在其他年份二者的大小几乎一样。这说明用迪维西亚货币量度量的流动性有效供给在2007—2008年和2011—2013年间有被高估的可能，非现金的货币资产的流动性在这段期间下降了。在2007—2008年，中国经济增速在金融危机冲击下下滑，2011—2013年，中国经济开始进入"新常态"下的结构调整期，增速由超高速向中高速转变。在经济增速下行期，公众的货币需求会上升，带来货币流通速度的下降，进而表现为货币资产持有结构偏向低流动性高收益率的货币成分，从而导致流动性有效供给下降。由描述性统计分析可知，现金等价货币量比迪维西亚货币量更能精确地度量流动性有效供给，尤其在经济下行期。流动性有效供给比流动性名义供给（简单加总货币量）更能解释宏观经济的变化。

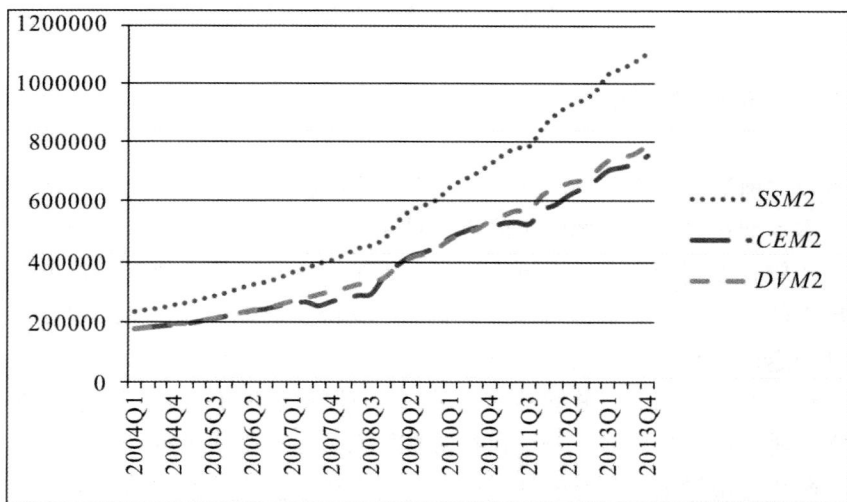

图3.2 中国不同货币量季度数据折线图

美国1959—2005年的季度现金等价货币量CEM2、迪维西亚货币量DVM2、简单加总货币量SSM2的变化情况见图3.3。从图3.3可以看出，美国现金等价货币量的波动性强于简单加总货币量，说明美国M2的流动性有效供给的时变性较强，且方向不太稳定，由于迪维西亚货币量无法反映流动性有效供给的时变性，因而看起来很平滑。由于美联储没有更新2006年以后的相关数据，我们无法对金融危机前后三者的变化关系进行比较分析。

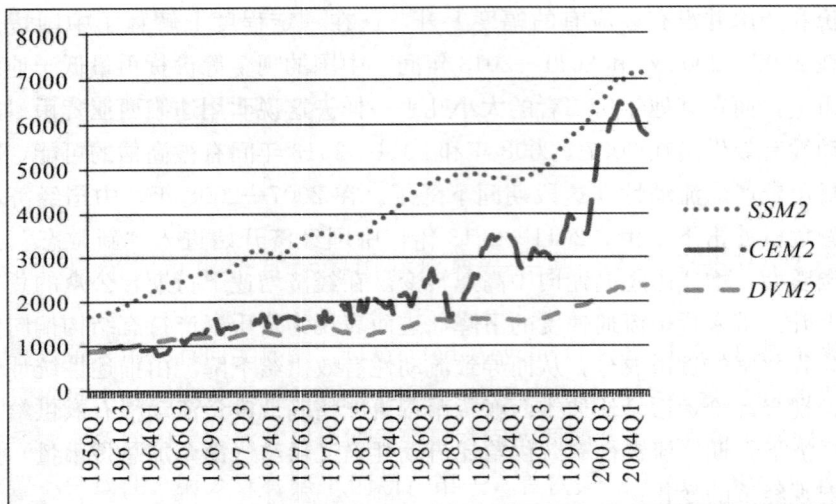

图 3.3　美国不同货币量的季度数据折线图

3.2.2　实证检验和比较

本章之前测度了中国 2004—2013 年季频的迪维西亚货币量和现金等价货币量。本章现在将对中美两国不同货币量测度法下的货币需求函数的稳定性进行实证比较，以判断不同货币量作为货币政策中介目标的有效性。货币需求函数从需求的角度来考察货币与产出、利率、物价等宏观经济变量的相关性。本章对其稳定性的判断分为两步进行：第一步是协整关系存在性检验，即判断不同货币量与产出、利率、物价是否存在长期稳定的协整关系？若存在协整关系，需再进行第二步检验；若不存在协整关系，没有必要进行第二步检验，可直接判断该货币量不具备有效性。第二步是在协整关系存在的前提下，进行协整系数和误差修正项的估计，判断这些系数在统计学意义上的可靠性和经济学上的合理性，同时满足两步的货币量的有效性最强。此外，为了使本章的研究结论更具说服力，我们还补充了对不同货币量的可控性检验。

3.2.2.1　货币需求函数的选择

货币需求函数的自变量分为规模变量和机会成本变量两类。规模变量衡量的是收入效应，本章用实际 GDP 代表。机会成本变量衡量的是替代效应，本章同时考虑非货币金融资产和实物资产对货币需求的替代，分别用市场利率和通货膨胀率代表。货币需求函数的具体表达形式有很多，但以往的相关研究较少考虑到收入变量和机会成本变量对货币需求的影响具有滞后效应，这个忽略会带来对货币需求函数估计的系统性误差。因此，本章采用自回归分布滞后模型（ARDL）来刻画货币需求函数，它的好处是可以同时稳健地估计长、短期货币需求关系。为了聚焦研究重心，我们没有选择复杂的货币需求函数。我们采用的货币需求函数的具体形式如下：

$$\ln(M_t) = a + \sum_{i=1}^{p_1} b_i \ln(M_{t-i}) + \sum_{i=0}^{p_2} c_i \ln(GDP_{t-i}) + \sum_{i=0}^{p_3} d_i \pi_{t-i} + \sum_{i=0}^{p_4} e_i MR_{t-i} + \varepsilon_t$$

$$(3.16)$$

M_t 表示货币量，M_{t-i} 表示货币量的 1 到 p_1 阶滞后，GDP_{t-i} 表示 GDP 的 0 到 p_2 阶滞后，π_{t-i} 表示通货膨胀率的 0 到 p_3 阶滞后，MR_{t-i} 表示市场利率的 0 到 p_4 阶滞后。为了区分国别，和货币量的处理方式类似（加星号表示美国，不加星号表示中国）。

3.2.2.2 数据的选取及处理

3.2.2.2.1 中国数据的选取及处理

涉及中国货币需求函数的数据期间为 2004—2013 年的季度数据。本章首次采用货币市场基金收益率作为存款持有者机会成本的市场利率的代表（采用"和讯网"列出的所有货币型基金的季末 7 日年化收益率的中位数来反映）。货币市场基金具有风险低、流动性强的特点，对货币市场工具进行组合投资，具有综合代表性，更重要的是，它是存款持有者考虑收益时理想的且可实现的替代品。我们质疑部分学者采用一年期定期存款利率或者同业拆借利率作为存款者机会成本的市场利率代表的做法，这在分析逻辑上似乎不成立。因为一年期定存利率就是货币本身的利率，将其作为机会成本变量等于用自己来比照自己。而同业拆借利率是银行等金融机构之间的利率，作为厂商和居民的经济主体无法参与，或者说，它与一般存款者无关。由于中国没有公布季度 CPI，季度 CPI 及通货膨胀率的具体算法如下：以 2004 年 1 月为基期，把以后各月的定基 CPI 计算出来，再算术平均得到季度定基 CPI，季度定基 CPI 的环比为季度通货膨胀率。CPI、GDP 数据也来源于中经网统计数据库。GDP、货币的实际值用名义值经过 X-11 季节调整后除以季度定基 CPI。

3.2.2.2.2 美国数据的选取及处理

涉及美国货币需求函数的数据期间为 1959—2005 年的季度数据。Anderson 等人（1996，1997a，1997b，2011）负责美联储货币服务指数［Monetary Services Index（MSI）Project］的具体开发，相关细节数据获得美联储支持，可是由于他们仅把现金等价货币量看作迪维西亚货币量的补充，视其地位可有可无，加上学术界也不够重视，几乎没有影响，故在 2006 年以后不再公布相关数据。但按照美联储的标准流程复制出 2006 年以后的现金等价货币量，在可操作性上显得困难重重，故本章仅研究 2006 年以前的数据。尽管如此，但就时间序列和样本量而言也足具说服力。用名义 GDP 除以实际 GDP（2009＝100），可得到以 2009 年为基期的定基物价指数。用定基物价指数的环比增长率作为通货膨胀率。名义货币量 $CEM2^*$、$DVM2^*$、$SSM2^*$ 除以定基物价指数可得到以 2009 年为基期的实际货币量 $CEM2^*$、$DVM2^*$、$SSM2^*$。我们选择联邦基金有效利率（Federal funds effective rate）作为市场利率，以上数据皆来源于美联储圣路易斯联邦储备银行官网（https://research. stlouisfed. org），货币量、GDP 数据都经过季节性调整。

在由式（3.16）ARDL 协整估计方法生成中美两国货币需求的协整关系（长期关系）和误差修正项（短期关系）之前，要先用边限协整检验确认中美两国货币需求协整关系的存在性。

3.2.2.3 单位根检验

在进行协整检验之前，首先需要进行单位根检验。本章用 ADF 对式（3.16）所涉及的变量进行单位根检验，中国数据最大滞后阶数设为 9，美国数据最大滞后阶数设为 14，基于 SIC 信息准则自动选取滞后阶数。检验结果见表 3.2。由表 3.2 可知，在 5% 的显著性水平下除了 π、MR^* 是 I（0）平稳序列，其他变量均是 I（1）单位根非平稳序列。

表 3.2　单位根检验

变量	水平值		一阶差分值	
	检验形式	P 值	检验形式	P 值
MR	c, 0, 0	0.1672	0, 0, 0	0.0000
π	c, 0, 4	0.0053		
$LNSSM2$	c, t, 1	0.5433	c, 0, 0	0.0011
$LNCEM2$	c, t, 2	0.0860	c, 0, 0	0.0013
$LNDVM2$	c, t, 2	0.3751	c, 0, 0	0.0003
$LNGDP$	c, t, 0	0.8834	c, 0, 0	0.0000
MR^*	c, 0, 5	0.0381		

续表

	水平值		一阶差分值	
π^*	c，0，1	0.1018	0，0，1	0.0000
$LNSSM2^*$	c，t，1	0.3409	c，0，0	0.0000
$LNCEM2^*$	c，t，0	0.0940	c，0，0	0.0000
$LNDVM2^*$	c，t，1	0.6875	c，0，0	0.0000
$LNGDP^*$	c，t，2	0.1095	c，0，0	0.0000

注：检验形式（c，t，p）分别表示截距项、时间趋势和滞后阶数。

3.2.2.4 协整关系存在性检验

常用的协整检验方法是 E-G 两步法和 Johansen 协整检验，但二者都要求所有变量是单位根过程［即 I（1）］，而中国通货膨胀率 π、美国市场利率 MR^* 是平稳序列［即 I（0）］，故中美两国货币需求函数都不能采用上述两种方法。本章采用 Pesaran 等（2001）提出的边限协整检验（bounds testing），该检验不论变量是 I（1）还是 I（0），其结果都有效。检验方程如下：

$$\Delta\ln(M_t) = a_0 + a_1 t + \sum_{i=1}^{p} b_i \Delta\ln(M_{t-i}) + \sum_{i=0}^{p} c_i \Delta\ln(GDP_{t-i}) + \sum_{i=0}^{p} d_i \Delta\pi_{t-i}$$
$$+ \sum_{i=0}^{p} e_i \Delta MR_{t-i} + f\ln(M_{t-1}) + g\ln(GDP_{t-1}) + h\pi_{t-1} + iMR_{t-1} + \varepsilon_t$$

$$(3.17)$$

检验分为 F 检验和 t 检验。F 检验的原假设为 $f=g=h=i=0$，t 检验的原假设为 $f=0$。大部分学者认为，F 统计量显著，即可认定协整关系的存在。然而 t 统计量显著可以加强这种认定，如果 t 统计量不显著，Pesaran 等（2001）认为协整关系是退化的协整关系（degenerate level relationship）。本章将 F 检验作为第一判断标准，t 检验作为第二判断标准。若未通过 F 检验，表明不存在协整关系；若通过 F 检验表明存在协整关系，但同时通过 F 检验和 t 检验的协整关系相对于只通过 F 检验而未通过 t 检验的协整关系更强更稳健。

模型的检验基础是 ε_t 不存在自相关，因而滞后阶数 p 应该足够大。为了减少过度参数化，因而滞后阶数 p 应该足够小。对于 p 的恰当选择需要同时考虑残差是否自相关以及是否过度参数化。本章将优先考虑残差不存在自相关条件下的 AIC、SBC 较大的滞后阶数 p。当考虑时间趋势项时，即 $a_1 \neq 0$，中美两国模型的残差自相关情况严重，检验结果不佳，因此本章仅考虑不存在时间趋势项的情形，即 $a_1 = 0$。

3.2.2.4.1 中国协整关系存在性检验

中国货币需求与产出、通货膨胀率、市场利率的协整检验结果见表 3.3。由表 3.3 可知，三个货币量的 F 统计量在 1% 的显著性水平下都是显著的，说明三者都与产出、通货膨胀率、市场利率存在协整关系。但是，$CEM2$ 的 t 统计量在 1% 的显著性水平下显著，$SSM2$、$DVM2$ 的 t 统计量不显著，说明 $CEM2$ 的协整关系是加强的，而 $SSM2$、$DVM2$ 的协整关系是退化的，即 $CEM2$ 的协整关系更稳健。

表 3.3　边限协整检验（中国）

货币量	最优滞后阶数 p	F 统计量	t 统计量
$SSM2$	1	14.61***	−2.49
$CEM2$	4	7.18***	−4.47***
$DVM2$	1	12.10***	−2.34

注：Pesaran 等（2001）给出的 3 个自变量 1% 的 F 统计量临界值范围（4.29，5.61），高于上限为显著，低于下限为不显著，在中间为不确定，t 统计量的推断类似，10% 的 t 统计量临界值范围（−2.57，−3.46），5% 的 t 统计量临界值范围（−2.86，−3.78），1% 的 t 统计量临界值范围（−3.43，−4.37）。*** 表示在 1% 的水平上显著。

3.2.2.4.2 美国协整关系存在性检验

美国货币需求与产出、市场利率的协整检验结果见表 3.4。需要特别说明的是，在式（3.17）的每一个回归方程中，通货膨胀率 π^* 的当期值及滞后值都不显著，为了更精确地判断协整关系，本章剔除美国货币需求函数机会成本变量中的通胀率因素，仅考虑市场利率因素。也就是式（3.16）、（3.17）都剔除通胀率变量 π^*。由表 3.4 可知，美国货币量 $SSM2^*$、$DVM2^*$ 的 F 统计量都不显著，说明 $SSM2^*$、$DVM2^*$ 与产出、市场利率不存在长期稳定的协整关系；而货币量 $CEM2^*$ 的 F 统计量和 t 统计量在 5% 的显著性水平下显著，说明 $CEM2^*$ 与产出、市场利率存在加强的协整关系。

表 3.4　边限协整检验（美国）

货币量	最优滞后阶数 p	F 统计量	t 统计量
$SSM2^*$	4	3.71	−2.95
$CEM2^*$	1	5.63**	−4.03**

续表

货币量	最优滞后阶数 p	F 统计量	t 统计量
$DVM2^*$	4	1.26	-1.44

注：Pesaran 等（2001）给出的 2 个自变量 5% 的 F 统计量临界值范围（3.79，4.85），高于上限为显著，低于下限为不显著，在中间为不确定，t 统计量的推断类似，10% 的 t 统计量临界值范围（−2.57，−3.21），5% 的 t 统计量临界值范围（−2.86，−3.53），1% 的 t 统计量临界值范围（−3.43，−4.10）。** 表示在 5% 的水平上显著。

3.2.2.4.3　中美两国协整关系存在性比较

由表 3.3、3.4 可知，中国的三种货币量的 F 统计量的显著程度都要优于对应的美国的三种货币量，说明不管是哪一种测度法下的货币量，在中国与宏观经济变量的相关性比在美国与宏观经济变量的相关性都更稳定。也就是说，货币量作为中介目标更适合中国而不是美国，这和现实中两国中央银行采取迥异的货币中介目标现象相符合。中国以数量型目标为主，美国以价格型目标为主。美国金融市场发达，影响货币需求的因素比中国多，导致其货币流通速度很不稳定，数量型目标的有效性减弱。然而，关于中介目标有效性的国别差异不是本章的研究重点，这里不宜继续深入和展开。

3.2.2.5　协整系数和误差修正项的估计

根据对中美两国各自货币量系列协整关系存在性的检验结果，我们可以确信，对于美国的货币需求函数稳定性而言，现金等价货币量优于简单加总货币量和迪维西亚货币量。在接下来的协整系数和误差修正项的估计中，我们只报告具备协整关系的现金等价货币量的结果，对于不具备协整关系的简单加总货币量和迪维西亚货币量不予报告。然而，我们看到的结果是，中国的现金等价货币量是加强的协整关系，简单加总货币量和迪维西亚货币量是退化的协整关系，按照大多数学者的观点，加强和退化的协整关系都表明协整关系的存在，因此，单纯依靠协整关系存在性检验来判断有效性似乎不具有很强的说服力。对此，我们对三个货币量的协整关系和误差修正项估计的结果予以报告和比较。

在证实协整关系存在的前提下，本章采用 Pesaran、Shin（1999）提出的自回归分布滞后模型（the autoregressive distributed lag，ARDL），即式（3.16）来进行协整系数和误差修正项的估计。ARDL 协整估计在同时包含 I（1）、I（0）变量，或者包含内生变量，以及小样本的条件下都适合。协整关系以及误差修正项的估计由 microfit4.1 软件运行得到。

3.2.2.5.1　中国的结果

中国三个货币量的结果见表 3.5。由表 3.5 可知，$CEM2$ 的协整关系中的系数及显著程度都要大于 $SSM2$、$DVM2$，且系数的符号与预期符号一致，即市场利率和通货膨胀率的上升会使实际货币需求下降，实际收入的上升会使实际货币需求上升，$CEM2$ 的长期货币需求函数可靠。而 $SSM2$、$DVM2$ 中的 MR 系数不显著，且为正，与经典的货币经济理论不符合，说明 $SSM2$、$DVM2$ 的协整关系（长期货币需求函数）不可靠。这和边限协整检验中得到的 $SSM2$、$DVM2$ 的协整关系退化程度大于 $CEM2$ 的结论是一致的，在经济意义上，这表明 $CEM2$ 的长期需求关系更可靠。另外，从误差修正项来看，$CEM2$ 的误差修正系数大于 $SSM2$、$DVM2$，说明 $CEM2$ 的短期货币需求函数可以更加快速地向长期均衡状态靠拢，短期货币需求函数更稳定。从货币需求函数的稳定性来看，$CEM2$ 比 $SSM2$、$DVM2$ 更加适合作为中国的货币政策中介目标。

表 3.5　协整关系及误差修正项（中国）

	$LNSSM2$	$LNCEM2$	$LNDVM2$
（$p1$，$p2$，$p3$，$p4$）	（1，1，0，3）	（2，1，4，4）	（1，0，0，3）
C	−0.615 [0.168]	−1.68 [0.001]	−0.961 [0.019]
$LNGDP$	1.24 [0.000]	1.34 [0.000]	1.24 [0.000]
MR	0.006 [0.553]	−0.07 [0.001]	0.005 [0.645]
π	−0.15 [0.000]	−0.27 [0.000]	−0.13 [0.000]
ECM（−1）	−0.22 [0.001]	−0.27 [0.000]	−0.25 [0.001]

注：［　］内为 P 值。C 为常数项。C、$LNGDP$、MR、π 为协整关系中对应的系数。ECM（−1）为误差修正模型中的误差调整系数。由于在误差修正模型中，我们只关注误差调整系数，故省略模型结果的展示。

3.2.2.5.2　美国的结果

美国现金等价货币量的结果见表 3.6。由表 3.6 可知，美国现金等价货币量的协整关系中的收入弹性为 1.21，利率半弹性为 −0.02，误差修正项为 −0.12，在 10% 的显著性水平下都显著，正负符号也满足经济学理论，说明美国现金等价货币量具备作为中介目标的条件。美国的简单加总货币量和迪维西亚货币量没有通过边限协整检验，故没有讨论的必要。

表 3.6 协整关系及误差修正项（美国）

	$(p1, p2, p4)^*$	C^*	$LNGDP^*$	MR^*	ECM$(-1)^*$
$LNCEM2^*$	$(1, 0, 2)$	$-2.91\ [0.001]$	$1.21\ [0.000]$	$-0.02\ [0.092]$	$-0.12\ [0.000]$

注： [．] 内为 P 值。C 为常数项。C、$LNGDP$、MR 为协整关系中对应的系数。ECM(-1) 为误差修正模型中的误差调整系数。由于在误差修正模型中，我们只关注误差调整系数，故省略模型结果的展示。

3.2.2.5.3 中美两国结果的比较

由表 3.5、3.6 可知，尽管对中美两国而言，现金等价货币量的协整系数和误差修正项的大小及显著程度相比本国其他两种货币量都是最优的，但现金等价货币量在中国的有效性显然优于美国：货币的收入弹性在中国是 1.34，大于美国的 1.21；利率半弹性在中国是 -0.07，绝对值大于美国的 -0.02；误差修正项在中国是 -0.27，绝对值大于美国的 -0.12。

3.2.2.6 可控性检验

货币需求函数的稳定性是从需求的角度来考察不同测度法下货币量的有效性，可控性检验则是从供给的角度来考察央行对不同货币量的控制能力。中央银行操作调控工具的直接对象和掌握调控力度的观测指标是操作目标，货币政策由操作目标传导至中介目标，最后传导至并调整最终目标。因此，研究中介目标的可控性，应首先考察其与操作目标是否具备稳定的相关关系。本章借鉴货币理论经典的表述，认为基础货币最适合作为操作目标。

本章用相应货币量的货币乘数的单位根检验来判断其与基础货币相关关系的稳定性。货币乘数等于名义 $SSM2$、$CEM2$、$DVM2$ 除以名义储备货币。令中国 $SSM2$、$CEM2$、$DVM2$ 对应的货币乘数为 $SSMM$、$CEMM$、$DVMM$，美国 $SSM2^*$、$CEM2^*$、$DVM2^*$ 对应的货币乘数为 $SSMM^*$、$CEMM^*$、$DVMM^*$。中国的基础货币为中央银行资产负债表中的"储备货币"，数据来源于中国人民银行官网。美国的基础货币来源于美联储圣路易斯联邦储备银行官网（https://research.stlouisfed.org）。两国的三种测度法下的货币量数据前面已经交代，这里不再赘述。本章的分析逻辑是，在三类不同方法测度的货币量中，谁对应的货币乘数最为平稳，那么这个货币量在通过基础货币层面来实现的可控制性最强。

3.2.2.6.1 中国的结果

由表 3.7 可知，在 1% 的显著性水平下，$CEMM$、$SSMM$ 平稳，$DVMM$

不平稳，且相对而言，$CEMM$ 比 $SSMM$ 平稳（单位根 P 值更小），这说明在通过调控基础货币从而控制货币供应量方面，用 $CEM2$ 来反映中国央行对 M2 的控制程度更加稳定和准确。

表 3.7　货币乘数单位根检验（中国）

货币乘数	检验形式	P 值
$SSMM$	c，t，4	0.0077
$CEMM$	c，t，4	0.0063
$DVMM$	c，t，0	0.2793

注：检验形式（c，t，p）分别表示截距项、时间趋势和滞后阶数。

3.2.2.6.2　美国的结果

由表 3.8 可知，在 5% 的显著性水平下，$CEMM^*$ 平稳，$SSMM^*$、$DVMM^*$ 不平稳，这说明在通过调控基础货币从而控制货币供应量方面，用 $CEM2^*$ 来反映美联储对 M2 的控制程度更加稳定和准确。

表 3.8　货币乘数单位根检验（美国）

货币乘数	检验形式	P 值
$SSMM^*$	c，0，3	0.5652
$CEMM^*$	c，t，0	0.0494
$DVMM^*$	c，t，3	0.4148

注：检验形式（c，t，p）分别表示截距项、时间趋势和滞后阶数。

3.2.2.6.3　中美两国结果的比较

由表（3.7）、（3.8）可知，尽管对中美两国而言，中央银行通过基础货币对现金等价货币量的控制能力都要强于迪维西亚货币量和简单加总货币量，但就每一种测度法下的货币量而言，中国的货币乘数都要比美国平稳（对应 P 值更小）。这说明，中国央行对每一种货币量的控制能力都要强于美联储。

3.3　小结

本章对不同货币量的测度法进行了理论上的比较，并计算了中国 2004—

2013 年季频的现金等价货币量和迪维西亚货币量。以国际学术界通用的货币需求函数的稳定性作为判定不同货币量作为货币政策中介目标有效性的重要标准，本章对中美两国的现金等价货币量、迪维西亚货币量、简单加总货币量进行实证比较。为了使结论更具说服力，本章还增加了可控性检验。

边限协整检验结果显示，中国的现金等价货币量与产出、通货膨胀率、市场利率等经济变量之间存在着加强的协整关系，而简单加总货币量、迪维西亚货币量与产出、通货膨胀率、市场利率等经济变量仅存在退化的协整关系；美国的现金等价货币量与产出、市场利率具备加强的协整关系，而简单加总货币量、迪维西亚货币量与产出、市场利率不存在协整关系。无论在哪一种测度法下，所计算的货币量在中国都比在美国更有效。

进一步的 ARDL 协整估计结果显示，中国的现金等价货币量与产出、通货膨胀率、市场利率等经济变量之间的协整系数和误差修正项的大小及显著程度都要优于简单加总货币量、迪维西亚货币量，且符号与预期一致，证实了中国现金等价货币量的长、短期货币需求函数都比简单加总货币量、迪维西亚货币量更稳定；美国的现金等价货币量与产出、市场利率的协整系数和误差修正项在 10% 的水平下都显著，且符号与预期一致。这说明美国现金等价货币量的长、短期货币需求函数稳定。但就中美两国比较而言，现金等价货币量更适合中国。

可控性检验结果显示，在以基础货币作为央行操作目标的条件下，中美两国的现金等价货币量都比各自的迪维西亚货币量、简单加总货币量具备更强的可控性，而且每一种测度法下的货币量在中国都比在美国具备更强的可控性。

综上所述，中美两国的现金等价货币量的货币需求函数都比各自国家的迪维西亚货币量、简单加总货币量的需求函数稳定，说明现金等价货币量作为货币政策中介目标的有效性强于迪维西亚货币量、简单加总货币量，现金等价货币量的优越性具有一定的普适性。但就中美两国而言，货币量更适合作为中国的中介目标。可控性检验得到上述同样的结论。可惜现金等价货币量的出现并没有引起学术界和实务界足够的关注和重视，导致当前研究的热点聚焦在效果更差的迪维西亚货币量身上，这不得不说是学术界一个较大的缺憾。本章的研究价值之一就在于弥补了这一缺憾。

在没有更理想的货币政策中介目标出现之前，学术界和包括美联储和中国央行在内的世界各国中央银行不是简单地指责货币供应量指标的不足，而是应该认真分析这个数量型中介指标存在的合理性以及背后的原因，尝试现有各种"扬长避短"的修正测度法。在本章的实证检验结果显现后，笔者特别希望我国央行重视现金等价货币量作为货币政策中介目标的理论基础和实践价值，重新审视和比较现金等价货币量与迪维西亚货币量的优劣，尝试将现金等价货币量作为简单加总货币量这一货币政策中介目标的重要补充参考指标，甚至是替代指标，这将有利于改善我国央行的货币政策调控效果。

4 中美两国价格型货币政策比较
——基于理性预期费雪模型

4.1 理论模型

本章的理论基石是 Woodford（2003）中的具有名义资产的资产定价模型，但做了简化，创新之处在于：第一，本章引入了持续性的货币政策冲击（包括可能的产出缺口变动带来的名义利率变化，可能的通胀目标变动带来的名义利率变化，其他货币政策冲击），而原文中假定中央银行只对通货膨胀做出反应，没有目标变化和控制失误，也就是不存在货币政策冲击；第二，本章的设定允许非零的通货膨胀稳态，而原文的设定只能分析零通胀稳态；第三，本章用更为简单直接的模型推导得出水平形式的费雪方程，模型的内生变量是通胀率、名义利率的水平值，而原文在零通胀稳态附近的对数线性化得到模型的内生变量是通胀率、名义利率对稳态值的百分比偏离；第四，本章考虑了模型的非确定性均衡情景，而原文只考虑了模型的确定性均衡；第五，本章同时考虑了通胀率、名义利率的均衡性质，而原文只考虑了通胀率的均衡性质。本章的理论模型对 Woodford（2003）进行了必要的修正和完善，在一定程度上使其更贴近现实，模型的解释力更强。下面是具体的理论模型构建和分析。

假设经济中有无穷多个同质的消费者，且所有消费者连续分布在 ［0，1］之间，则我们可以通过考虑一个代表性消费者的最优行为来刻画整个经济体的最优行为。代表性消费者的目标函数如下：

$$\max E_0 \{ \sum_{t=0}^{\infty} \beta^t u(C_t; \xi_t) \}$$

新时代完善我国货币政策调控体系研究

$$s.t. \; P_t C_t + E_t[Q_{t,t+1} A_{t+1}] \leqslant A_t + P_t Y_t \tag{4.1}$$

E 为期望算子，$0<\beta<1$ 为贴现因子，各期效用 u 由经济中单一复合产品的消费水平 C_t 和外生的随机扰动 ξ_t 决定。对于任何给定的 ξ_t 的实现值，$\partial u(C_t;\xi_t)/\partial C_t>0$，$\partial^2 u(C_t;\xi_t)/\partial C_t^2<0$，即消费具有不满足性（多多益善），且消费的边际效用递减。P_t 为单一产品的货币价格，Y_t 为单一产品的外生禀赋（可能是随机的），A_t 为状态依存证券在 t 期的支付，A_t 是一个随机变量，它的值依赖于 t 期的世界状态。$Q_{t,t+1}$ 为随机贴现因子（或资产定价核）。对于无风险贴现债券 B_{t+1} 而言，它在 $t+1$ 期的任何状态下都支付 B_{t+1}，它在 t 期的价格为：

$$B_{t+1}/(1+i_t) = E_t[Q_{t,t+1} B_{t+1}] = E_t[Q_{t,t+1}]B_{t+1} \tag{4.2}$$

i_t 为无风险短期（一期）名义利率。式（4.2）等号左右两边同时除以 B_{t+1}，可得：

$$1/(1+i_t) = E_t[Q_{t,t+1}] \tag{4.3}$$

通过使跨期消费的边际替代率等于相对价格，可得到如下一阶条件：

$$\frac{u_c(C_t;\xi_t)}{\beta u_c(C_{t+1};\xi_{t+1})} = \frac{P_t}{Q_{t,t+1}P_{t+1}} \tag{4.4}$$

u_c 为 u 关于消费水平的偏导数。对 $t\geqslant0$ 的每期的每个可能状态，以及在给定 t 期已经出现的状态的条件下，对于 $t+1$ 期可能会出现的状态而言，条件（4）都必须成立。联立式（4.3）、（4.4），可得：

$$1+i_t = E_t\Big[\frac{u_c(C_t;\xi_t)}{\beta u_c(C_{t+1};\xi_{t+1})}\frac{P_{t+1}}{P_t}\Big] \tag{4.5}$$

由市场出清条件可得：

$$C_t = Y_t \tag{4.6}$$

将式（4.6）代入式（4.5），可得：

$$1+i_t = E_t\Big[\frac{u_c(Y_t;\xi_t)}{\beta u_c(Y_{t+1};\xi_{t+1})}\frac{P_{t+1}}{P_t}\Big] \tag{4.7}$$

对式（4.7）等号左右两边同时取自然对数，可得：

$$\ln(1+i_t) = E_t\Big[\ln\frac{u_c(Y_t;\xi_t)}{\beta u_c(Y_{t+1};\xi_{t+1})} + \ln\frac{P_{t+1}}{P_t}\Big] \tag{4.8}$$

令 $\pi_t=\frac{P_t-P_{t-1}}{P_{t-1}}$。当 x 足够小的时候，由泰勒公式可知，$\ln(1+x)\approx x$，式（4.8）可变形为：

$$i_t = E_t\Big[\ln\frac{u_c(Y_t;\xi_t)}{\beta u_c(Y_{t+1};\xi_{t+1})} + \pi_{t+1}\Big] = E_t\pi_{t+1} + r_t \tag{4.9}$$

84

其中，$r_t = E_t \ln \dfrac{u_c\ (Y_t;\ \xi_t)}{\beta u_c\ (Y_{t+1};\ \xi_{t+1})} = E_t\ \left[\dfrac{u_c\ (Y_t;\ \xi_t)\ -\beta u_c\ (Y_{t+1};\ \xi_{t+1})}{\beta u_c\ (Y_{t+1};\ \xi_{t+1})} \right]$,

代表性消费者的跨期边际替代率的对数期望扮演了（事前）真实利率的角色。因为
$\{Y_t, \xi_t\}$ 是给定的外生过程，所以 r_t 也是一个外生给定的过程。式（4.9）是典
型的费雪方程：名义利率 i_t 等于预期的通货膨胀率 $E_t\pi_{t+1}$ 加上真实利率 r_t。

到目前为止，i_t、π_t 两个内生变量只对应了一个方程（4.9），因而无法
求解名义利率 i_t、通货膨胀率 π_t 的具体演变路径。为此，我们需要设定一个
以名义利率为操作目标的货币政策规则。在本章的研究框架下，中央银行仅对
通胀缺口的变动进行反应，不考虑对产出缺口的变动进行反应，因为本章设定
产出为外生变量，产出不受政策影响，考虑产出缺口的变动没有意义，这和同
时考虑通胀缺口和产出缺口变动的一般的泰勒规则不同，理由有三点：第一，
为了在理性预期均衡研究框架下集中和独立研究利率规则对通货膨胀率的作用
机制，抽象掉现实中可能存在的名义刚性对产出的作用机制在学术研究假设上
具备一定的合理性；第二，通货膨胀目标制越来越受到各国中央银行的重视，
且中央银行政策目标的第一要务始终是控制通货膨胀率，因而单独考虑通胀缺
口变动的利率政策也具备一定的现实意义；第三，就算中央银行在实际政策操
作中考虑了产出缺口的变动，我们将其隐含在随机扰动项中，作为政策冲击的
一部分。本章考虑一个简单的线性规则如下：

$$i_t = \bar{i} + \varphi_\pi (\pi_t - \pi_t^*) + \upsilon_t \tag{4.10}$$

π_t^* 为 t 期的可能时变的通胀目标，$\varphi_\pi > 0$ 为名义利率对通胀缺口的反应
系数，υ_t 为外生扰动（包含可能的产出缺口项 $\varphi_x x_t$，x_t 为产出缺口，$\varphi_x > 0$
为名义利率对产出缺口的反应系数），对式（4.10）做一个简单的数学变换，
可得：

$$i_t = \bar{i} + \varphi_\pi \pi_t - \varphi_\pi \pi_t^* + \upsilon_t = \bar{i} + \varphi_\pi \pi_t + u_t \tag{4.11}$$

其中，$u_t = -\varphi_\pi \pi_t^* + \upsilon_t$，定义 u_t 为货币政策冲击，度量中央银行货币
政策反应函数的总的外生扰动。货币政策冲击包含三项：可能的产出缺口变动
带来的名义利率变化、可能的通胀目标变动带来的名义利率变化、其他货币政
策冲击。

假设真实利率 r_t 和货币政策冲击 u_t 各自服从一个 AR（1）过程，即

$$r_t = \rho_r r_{t-1} + \varepsilon_t^r \tag{4.12}$$

$$u_t = \rho_u u_{t-1} + \varepsilon_t^u \tag{4.13}$$

ε_t^r 为独立同分布的正态过程，均值为 0，方差为 σ_r^2，ε_t^u 为独立同分布的

正态过程，均值为 0，方差为 σ_u^2，在所有时间区间上，扰动项 ε_t^r、ε_t^u 相互独立，即 $E\left(\varepsilon_t^r, \varepsilon_s^u\right)=0$，$t$，$s=1$，$2$，$\cdots$，$T$。$-1<\rho_r<1$，$-1<\rho_u<1$。

由式（4.9）、（4.11）、（4.12）、（4.13）构成模型的理性预期均衡方程组如下：

$$
\begin{cases}
i_t = E_t \pi_{t+1} + r_t \\
i_t = \bar{i} + \varphi_\pi \pi_t + u_t \\
r_t = \rho_r r_{t-1} + \varepsilon_t^r \\
u_t = \rho_u u_{t-1} + \varepsilon_t^u
\end{cases} \tag{4.14}
$$

由式（4.14）的前两个方程可得：

$$
\varphi_\pi \pi_t = E_t \pi_{t+1} + r_t - u_t - \bar{i} \tag{4.15}
$$

接下来的问题是如何求解线性理性预期差分方程（4.15）。

命题1：当 $\varphi_\pi > 1$ 时，式（4.15）有唯一稳定的理性预期均衡解。

将式（4.15）不断向前迭代，我们可以得到：

$$
\pi_t = \lim_{T \to \infty}\left\{\varphi_\pi^{-(T+1)} E_t\left[E_{t+T}\left(\pi_{t+T+1}\right)\right] + \sum_{i=0}^{T} \varphi_\pi^{-(i+1)} E_t\left(r_{t+i} - u_{t+i} - \bar{i}\right)\right\} \tag{4.16}
$$

因为 $E_t\left[E_{t+T}\left(\pi_{t+T+1}\right)\right] = E_t\left(\pi_{t+T+1}\right)$，$E_t r_{t+i} = \rho_r^i r_t$，$E_t u_{t+i} = \rho_u^i u_t$，式（4.16）等价于：

$$
\pi_t = \frac{r_t}{\varphi_\pi - \rho_r} - \frac{u_t}{\varphi_\pi - \rho_u} - \frac{\bar{i}}{\varphi_\pi - 1} \tag{4.17}
$$

因为 $\varphi_\pi - \rho_r > 0$，$\varphi_\pi - \rho_u > 0$，$\varphi_\pi - 1 > 0$，结合式（4.14）的后两个方程，所以若 t 期的真实利率 r_t 上升 1 个百分点，均衡时的通货膨胀率在 t 期上升 $\dfrac{1}{\varphi_\pi - \rho_r}$ 个百分点，$t+i$ 期上升 $\dfrac{\rho_r^i}{\varphi_\pi - \rho_r}$ 个百分点；若 t 期的名义利率冲击 u_t 上升 1 个百分点，均衡时的通货膨胀率在 t 期下降 $\dfrac{1}{\varphi_\pi - \rho_u}$ 个百分点，$t+i$ 期下降 $\dfrac{\rho_u^i}{\varphi_\pi - \rho_u}$ 个百分点；达到稳态时的通货膨胀率为 $-\dfrac{\bar{i}}{\varphi_\pi - 1}$。由式（4.12）可得真实利率的无条件方差为 $\mathrm{Var}\left(r_t\right) = \dfrac{\sigma_r^2}{1 - \rho_r^2}$，由式（4.13）可得名义利率冲击的无条件方差为 $\mathrm{Var}\left(u_t\right) = \dfrac{\sigma_u^2}{1 - \rho_u^2}$，那么通货膨胀率的无条件方差为

$$
\mathrm{Var}\left(\pi_t\right) = \frac{\mathrm{Var}\left(r_t\right)}{\left(\varphi_\pi - \rho_r\right)^2} + \frac{\mathrm{Var}\left(u_t\right)}{\left(\varphi_\pi - \rho_u\right)^2} = \frac{\sigma_r^2}{\left(1 - \rho_r^2\right)\left(\varphi_\pi - \rho_r\right)^2}
$$

$+\dfrac{\sigma_u^2}{(1-\rho_u^2)(\varphi_\pi-\rho_u)^2}$。

将式（4.17）代入式（4.14）的第二个方程，可得均衡时的名义利率为：

$$i_t=\frac{\varphi_\pi r_t}{\varphi_\pi-\rho_r}-\frac{\rho_u u_t}{\varphi_\pi-\rho_u}-\frac{\overline{i}}{\varphi_\pi-1} \tag{4.18}$$

因为$\varphi_\pi-\rho_r>0$，$\varphi_\pi-\rho_u>0$，$\varphi_\pi-1>0$，当$\rho_u>0$，结合式（4.14）的后两个方程，若t期的真实利率r_t上升1个百分点，均衡时的名义利率在t期上升$\dfrac{\varphi_\pi}{\varphi_\pi-\rho_r}$个百分点，$t+i$期上升$\dfrac{\varphi_\pi\rho_r^i}{\varphi_\pi-\rho_r}$个百分点；若$t$期的名义利率冲击$u_t$上升1个百分点，均衡时的名义利率在$t$期下降$\dfrac{\rho_u}{\varphi_\pi-\rho_u}$个百分点，$t+i$期下降$\dfrac{\rho_u^{i+1}}{\varphi_\pi-\rho_u}$个百分点；达到稳态时的名义利率为$-\dfrac{\overline{i}}{\varphi_\pi-1}$。名义利率的无条件方差为$Var(i_t)=\dfrac{\varphi_\pi^2 Var(r_t)}{(\varphi_\pi-\rho_r)^2}+\dfrac{\rho_u^2 Var(u_t)}{(\varphi_\pi-\rho_u)^2}=\dfrac{\varphi_\pi^2\sigma_r^2}{(1-\rho_r^2)(\varphi_\pi-\rho_r)^2}$

$+\dfrac{\rho_u^2\sigma_u^2}{(1-\rho_u^2)(\varphi_\pi-\rho_u)^2}$。

命题2：当$0<\varphi_\pi<1$时，式（4.15）有无穷多个稳定的理性预期均衡解，其中，式（4.17）仍然是式（4.15）的一个稳定的理性预期均衡解，McCallum（1983）称该解为最小状态变量解。

带有理性预期的宏观经济均衡模型经常会出现均衡解不唯一的情形，但这并不是理性预期理论上的先天不足，因为适应性预期等出现均衡解不唯一的现象会更严重。针对理性预期均衡解不唯一现象，McCallum（1983）提出MSV求解法，假定经济主体的预期不存在泡沫（与基本面不相关的因素或心理因素）和爆炸解，存在唯一的均衡解，该均衡解是最小状态变量集的线性函数。式（4.15）包含两个外生变量r_t、u_t，还有常数项，因此它的最小状态变量集为$\{r_t,u_t,1\}$，利用待定系数法求解式（4.15）的MSV解，设$\pi_t=Ar_t+Bu_t+C$，并代入式（4.15），可得

$$\varphi_\pi(Ar_t+Bu_t+C)=A\rho_r r_t+B\rho_u u_t+C+r_t-u_t-\overline{i} \tag{4.19}$$

式（4.19）等号左右两边的r_t、u_t前面的系数要相等，且常数项要相等，得到

$$\begin{cases}\varphi_\pi A=A\rho_r+1\\\varphi_\pi B=B\rho_u-1\\\varphi_\pi C=C-\overline{i}\end{cases} \tag{4.20}$$

求解三元一次方程组（4.20），可得

$$
\begin{cases}
A = \dfrac{1}{\varphi_\pi - \rho_r} \\[2mm]
B = -\dfrac{1}{\varphi_\pi - \rho_u} \\[2mm]
C = -\dfrac{\bar{i}}{\varphi_\pi - 1}
\end{cases}
\tag{4.21}
$$

式（4.15）的 MSV 解恰好为式（4.17），而且不依赖于 $\varphi_\pi > 1$，在 $0 < \varphi_\pi < 1$ 时也成立。然而，当 $0 < \varphi_\pi < 1$ 时，式（4.15）除了 MSV 解满足均衡条件外，还有无穷多个稳定的均衡解存在，下面列出两种典型的通解结构：

$$
\pi_t = \frac{r_t}{\varphi_\pi - \rho_r} - \frac{u_t}{\varphi_\pi - \rho_u} - \frac{\bar{i}}{\varphi_\pi - 1} + D\varphi_\pi^t
\tag{4.22}
$$

$$
\begin{cases}
\pi_t = \dfrac{r_t}{\varphi_\pi - \rho_r} - \dfrac{u_t}{\varphi_\pi - \rho_u} - \dfrac{\bar{i}}{\varphi_\pi - 1} + w_t \\[2mm]
w_t = \varphi_\pi w_{t-1} + (m\varepsilon_t^r + n\varepsilon_t^u + \gamma_t)
\end{cases}
\tag{4.23}
$$

其中，D、m、n 为任意实数，$\{\gamma_t\}_{t=2}^{\infty}$ 是独立同分布的有界随机过程，独立于 ε_t^r、ε_t^u，均值为 0。因为 $0 < \varphi_\pi < 1$，所以 $D\varphi_\pi^t$、w_t 是有界过程。式（4.22）、（4.23）也是式（4.15）的稳定的理性预期均衡解。MSV 解只是其中一个特解，是在经济主体没有泡沫（$D\varphi_\pi^t$、w_t 等与基本状态 $\{r_t, u_t, 1\}$ 无关的因素可称为泡沫）预期前提下的解。当 $\varphi_\pi > 1$ 时，不存在泡沫预期（若存在，则解为爆炸型），因此有唯一稳定的理性预期均衡解（即 MSV 解）。

中央银行名义利率对通胀率的反应系数 φ_π 决定了本模型的均衡性质。当 $\varphi_\pi > 1$，由命题 1 可知本模型有确定性的均衡，当 $0 < \varphi_\pi < 1$，由命题 2 可知本模型有不确定性的均衡。中央银行为了有效地控制政策结果，应该毫不犹豫地选择确定性均衡情形，即名义政策利率对当期通胀率的反应系数应该大于 1，因为在不确定性均衡情形下，公众可能会产生央行无法预测的泡沫预期，也就谈不上央行能够有效地引导公众通胀预期了，政策结果充满了不确定性。在不确定性均衡下，分析含有泡沫预期的解显得缺乏意义，现在假定经济主体不受心理因素影响，仅通过基本面形成预期，也就是只考虑 MSV 解的性质。MSV 解的形式由式（4.17）、（4.18）给出，和确定性均衡下解的形式一致。

若 $\varphi_\pi - \rho_r > 0$，$\varphi_\pi - \rho_u > 0$，$\rho_u > 0$，真实利率、名义利率冲击对均衡时的通胀率、名义利率的影响方向和确定性均衡下的情形是相同的。若 $\varphi_\pi - \rho_r < 0$，真实利率对均衡时的通胀率和名义利率的影响为负。若 $\varphi_\pi - \rho_u < 0$，名义利

率冲击对均衡时的通胀率和名义利率的影响为正，这种与货币政策初衷相悖的结果是我们不愿意看到的，它意味着紧缩的货币政策不但没有降低通胀率，反而促使通胀率的进一步上升。通货膨胀率、名义利率的稳态水平和无条件方差的形式和确定性均衡下的情形是相同的。

4.2　实证分析

本章基于所构建的理性预期模型的 MSV 均衡解来实证分析中美两国的货币政策和通货膨胀，因为 MSV 均衡解不需要对参数做任何限制，便于用实际数据进行参数估计，识别均衡的确定性或不确定性。MSV 均衡解由式（4.17）、（4.18）、（4.12）、（4.13）组成的方程组给出：

$$\begin{cases} \pi_t = \dfrac{r_t}{\varphi_\pi - \rho_r} - \dfrac{u_t}{\varphi_\pi - \rho_u} - \dfrac{\bar{i}}{\varphi_\pi - 1} \\[2mm] i_t = \dfrac{\varphi_\pi r_t}{\varphi_\pi - \rho_r} - \dfrac{\rho_u u_t}{\varphi_\pi - \rho_u} - \dfrac{\bar{i}}{\varphi_\pi - 1} \\[2mm] r_t = \rho_r r_{t-1} + \varepsilon_t^r \\[2mm] u_t = \rho_u u_{t-1} + \varepsilon_t^u \end{cases} \tag{4.24}$$

式（4.24）实质上是一个状态空间模型，前两个方程是信号方程（signal equation），通货膨胀率、名义利率为可观测变量，后两个方程是状态方程（state equation），（事前）真实利率、货币政策冲击为不可观测变量。

4.2.1　数据说明

所有变量均为月度数据，因为 Shibor 数据从 2006 年 10 月才开始统计，为了数据期限的统一性，所有数据期间选取为 2006 年 10 月至 2016 年 4 月，共 115 个样本点。中国的通货膨胀率为居民消费价格指数（CPI）的当月同比增速（%），中国的名义利率为上海银行间同业拆放利率（Shibor）隔夜品种的当月算术平均值（%）[数据来源：中诚信数据服务平台（http://data.ccxe.com.cn/）]。美国的通货膨胀率为居民消费价格指数（CPIAUCSL）的当月同比增速（%），美国的名义利率为联邦基金有效利率（FEDFUNDS）的月度值（％）［数据来源：美联储经济数据库（https://research. stlouisfed. org/fred2）］。

4.2.2 平稳性检验

本章采用 ADF 检验法来检验变量是否存在单位根。变量的右上标有国别，CN 表示中国，US 表示美国。检验结果见表 4.1。在 10％的显著性水平下，所有变量都是平稳的序列。

表 4.1 单位根检验

变量名称	检验形式	t 统计量	P 值
π_t^{CN}	(c, 0, 3)	−3.120899	0.0278
i_t^{CN}	(c, 0, 0)	−4.314544	0.0007
π_t^{US}	(c, 0, 1)	−3.259292	0.0192
i_t^{US}	(c, 0, 1)	−2.856449	0.0538

注：检验形式（c，t，p）分别表示截距项，时间趋势和滞后阶数，最大滞后阶数选为 10，基于 SIC 选择最佳滞后阶数。

4.2.3 参数估计

本章采用 Eviews 中的 Sspace 对象来估计式（4.24）的结构参数。相关指令如下：

@signal pi＝r/(c(2)−c(3))−u/(c(2)−c(4))−c(1)/(c(2)−1)

@signal i＝c(2)×r/(c(2)−c(3))−c(4)×u/(c(2)−c(4))−c(1)/(c(2)−1)

@state r＝c(3)×r(−1)+［var＝exp(c(5))］

@state u＝c(4)×u(−1)+［var＝exp(c(6))］

其中，pi＝π，c(1)＝$\bar{i}$，c(2)＝φ_π，c(3)＝ρ_r，c(4)＝ρ_u，exp(c(5))＝σ_r^2，exp(c(6))＝σ_u^2。

中美两国的结构参数在状态空间模型（Kalman 滤波）下的极大似然估计结果见表 4.2。

表4.2 参数估计

	中国					美国			
	系数	标准误	z统计量	P值		系数	标准误	z统计量	P值
C(1)	1.42702	0.24136	5.91224	0	C(1)	−4.29727	2.70690	−1.58752	0.11240
C(2)	0.31613	0.05783	5.46596	0	C(2)	3.61444	2.09025	1.72919	0.08380
C(3)	0.91118	0.03392	26.85717	0	C(3)	0.98011	0.01253	78.19352	0
C(4)	−0.62464	0.09748	−6.40733	0	C(4)	0.15788	0.01710	9.23031	0
C(5)	−1.26874	0.38828	−3.26757	0.00110	C(5)	−4.36513	0.37260	−11.71510	0
C(6)	0.66809	0.26886	2.48491	0.01300	C(6)	2.93296	1.26099	2.32591	0.02000

4.2.4 结果分析

从表4.2可以看出，除了美国的 i 在12%的显著性水平下显著外，其余参数都在10%的显著性水平下显著，考虑到一些统计或计算误差，我们可以认定这些参数值均为可靠估计值。美国名义利率对通货膨胀率的反应系数 $\varphi_\pi = 3.61 > 1$，由命题1可知，美国的通货膨胀率和名义利率有确定性的理性预期均衡；中国名义利率对通货膨胀率的反应系数 $\varphi_\pi = 0.32$，由命题2可知，中国的通货膨胀率和名义利率有不确定性的理性预期均衡，出于研究可行性，本章仅研究公众没有泡沫预期下的MSV解。中美两国的真实利率冲击具有持久性，ρ_r 值分别为0.91、0.98，美国的持久性更强。中国的货币政策冲击呈现震荡（正负交替）衰减特性，ρ_u 值为−0.62，美国的货币政策冲击呈现单调衰减特性，ρ_u 值为0.16，衰减更快。真实利率冲击的标准差 σ_r 在中美两国各为0.53、0.11，货币政策冲击的标准差 σ_u 在中美两国各为1.40、4.33，可见与美国相比，中国的真实利率冲击波动更大，货币政策冲击波动更小。根据估计的参数值，我们先计算模型中的各个内生变量的稳态水平和无条件标准差（相关公式见理论模型部分），并与变量对应的现实数据的样本均值和样本标准差进行比较分析。模型中变量的稳态值相当于模型经济中变量的长期均值，模型中变量的无条件标准差相当于模型经济中变量的长期波动率。若模型的均值－标准差特性与真实数据相关统计特征保持一致，则模型经济很好地刻画了现实经济。模型和真实数据的均值－标准差特征见表4.3。

表 4.3　均值－标准差

中国			美国		
	π	i		π	i
样本均值	2.992174	2.357357	样本均值	1.805028	0.968870
样本标准差	2.241677	0.928514	样本标准差	1.484018	1.719663
稳态值	2.086696	2.086696	稳态值	1.643663	1.643663
无条件标准差	2.879605	1.370252	无条件标准差	1.287953	0.805028

　　由表 4.3 可知，真实数据中，中国的通货膨胀率和名义利率的样本均值都高于美国，模型中，中国的通货膨胀率和名义利率的稳态值也都高于美国。真实数据中，中国的通货膨胀率的样本标准差高于美国，模型中，中国的通货膨胀率的无条件标准差也高于美国。唯一和现实有出入的地方在于，模型中，中国名义利率的无条件标准差高于美国，而真实数据中，中国名义利率的标准差小于美国。原因可能有两点：第一，2008 年 10 月美国的名义利率跌破 1 个百分点，直到 2016 年 4 月一直维持在 0～1％之间，若单独考虑金融危机后的名义利率样本标准差，则为 0.109854，和模型结果保持一致，若单独考虑 2006 年 10 月到 2008 年 9 月，则为 1.400959，和模型结果相悖，可见美国名义利率在金融危机前后有异常跳跃；第二，众所周知，中国当前的货币政策调控还是以数量型工具为主，价格型工具为辅，按规则应该调整利率的时候有可能出于其他方面的综合考虑用调整货币货币量的方式予以替代，导致名义利率的波动小于美国。从货币政策的目标（本章为控制通货膨胀）来看，在理性预期均衡下，美国的通货膨胀率的水平值和波动率都比中国小，说明美国的利率规则操作模式比中国更合理。从大部分中央银行的损失函数（通胀波动率和名义利率波动率的增函数）来看，在模型中，美国的通胀波动率和政策利率的波动率长期而言都比中国要小，因此美联储的损失函数长期均值比中国人民银行要小，美国的操作模式比中国更优。

　　以上是对中美两国货币政策长期效果的比较。下面用脉冲响应图来分析中美两国的通货膨胀率、名义利率的短期波动。中国的脉冲响应图如图 4.1 所示。美国的脉冲响应图如图 4.2 所示。由图 4.1 可知，在中国，1％的真实利率冲击，当期的通货膨胀率下降 1.68 个百分点，当期的名义利率下降 0.53 个百分点，以后各期的通货膨胀率和名义利率都会下降，但下降的幅度逐期变小，在第 40 期，通货膨胀率和名义利率各自下降 0.04、0.01 个百分点，真实利率冲击的影响基本消失；1％的货币政策冲击，当期的通货膨胀率下降 1.06

个百分点，当期的名义利率上升 0.66 个百分点，第 2 期的通货膨胀率上升 0.66 个百分点，第 2 期的名义利率下降 0.41 个百分点，以此类推，以后各期的通货膨胀率和名义利率呈现震荡衰减的特性，且后一期的通货膨胀率的变化恰好等于前一期名义利率的变化，在第 10 期，货币政策冲击的影响基本消失。由图 4.2 可知，在美国，1% 的真实利率冲击，当期的通货膨胀率上升 0.38 个百分点，当期的名义利率上升 1.37 个百分点，以后各期的通货膨胀率和名义利率都会上升，但上升的幅度逐期变小，在第 40 期，通货膨胀率和名义利率各自上升 0.17、0.63 个百分点，可见真实利率冲击的影响消失很慢，真实利率冲击的持久性强于中国，对通货膨胀率和名义利率的影响方向和中国相反；1% 的货币政策冲击，当期的通货膨胀率和名义利率各自下降 0.289、0.046 个百分点，以后各期的通货膨胀率和名义利率都会下降，但下降的幅度逐期变小，在第 5 期，货币政策冲击的影响基本消失，可见货币政策冲击的持久性弱于中国，但对通货膨胀率和名义利率的影响均为负，政策效果优于中国，因为中国货币政策冲击对通货膨胀率的影响只在当期为负，以后各期正负交替，政策效果逐期反转，很不稳定。

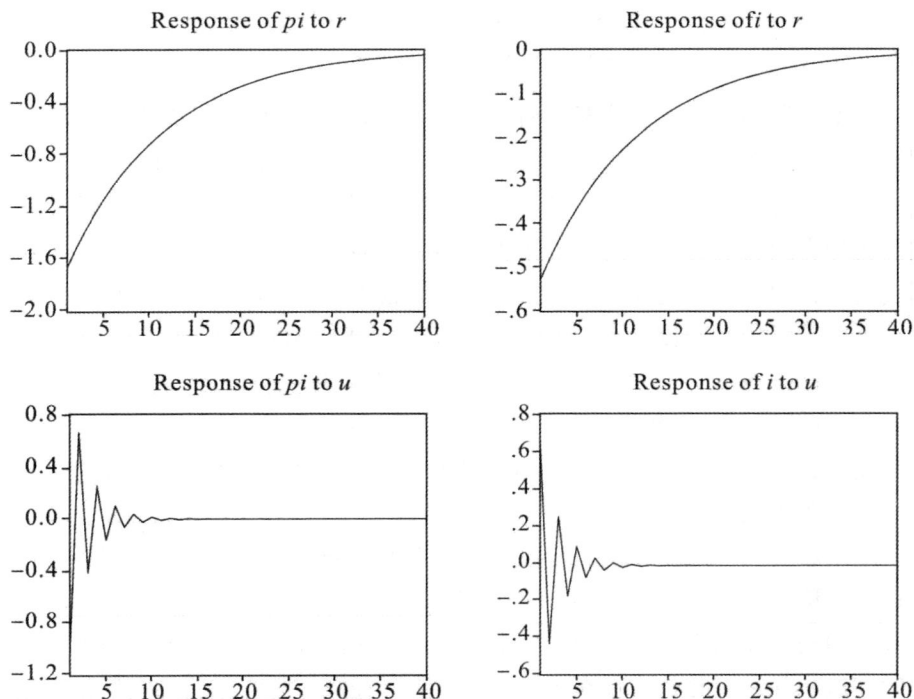

图 4.1 中国脉冲响应图（1% 的冲击，pi 为通胀率）

Response of *pi* to *r*

Response of *i* to *r*

Response of *pi* to *u*

Response of *i* to *u*

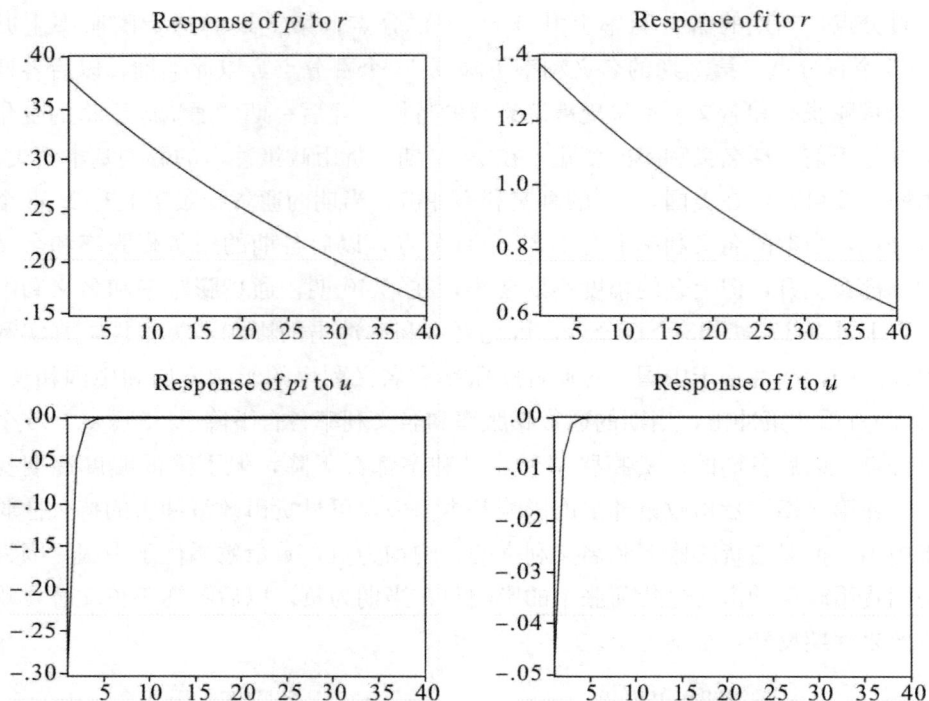

图 4.2　美国脉冲响应图（1%的冲击，*pi* 为通胀率）

在本章所构建的理性预期均衡模型中，通货膨胀率 π_t、名义利率 i_t 为可观测变量，真实利率 r_t 为事前预期值，不可观测，货币政策冲击 u_t 由模型内生决定，也是不可观测的。对于不可观测的状态变量 r_t、u_t，本章通过状态空间模型得到它们在样本期内的平滑估计值，如图 4.3 所示。由图 4.3 可知，真实利率在中国的波动较大，在美国的波动较小；货币政策冲击在中国的波动较小，在美国的波动较大。中国的真实利率在样本期内大部分时间为负，小部分时间（2008 年 12 月—2010 年 4 月，2015 年 4 月—2016 年 1 月）为正。美国的真实利率在 2006 年 10 月—2008 年 4 月为正，之后一直维持为负，说明美联储在金融危机后一直引导公众形成负的真实利率预期，以刺激消费和投资。在经济进入新常态前（2006—2011 年），中国 GDP 年均增长率 11%，这段时间用名义利率规则度量的货币政策冲击大部分为负，表明货币政策立场偏松；在经济进入新常态后（2011—2015 年），中国 GDP 年均增长率 7.26%，这段时间用名义利率规则度量的货币政策冲击大部分为正，表明货币政策立场偏紧。这和现实情况是比较吻合的，因为中国经济在新常态前的高增长需要依赖宽松的货币环境，在新常态后的中高速增长已不再过度依赖货币政策，更加注重经济结构的调整和优化。美国的货币政策冲击大部分时间为负，但从2015年开始为正，这和现实中的美联储加息预期增强是一致的。

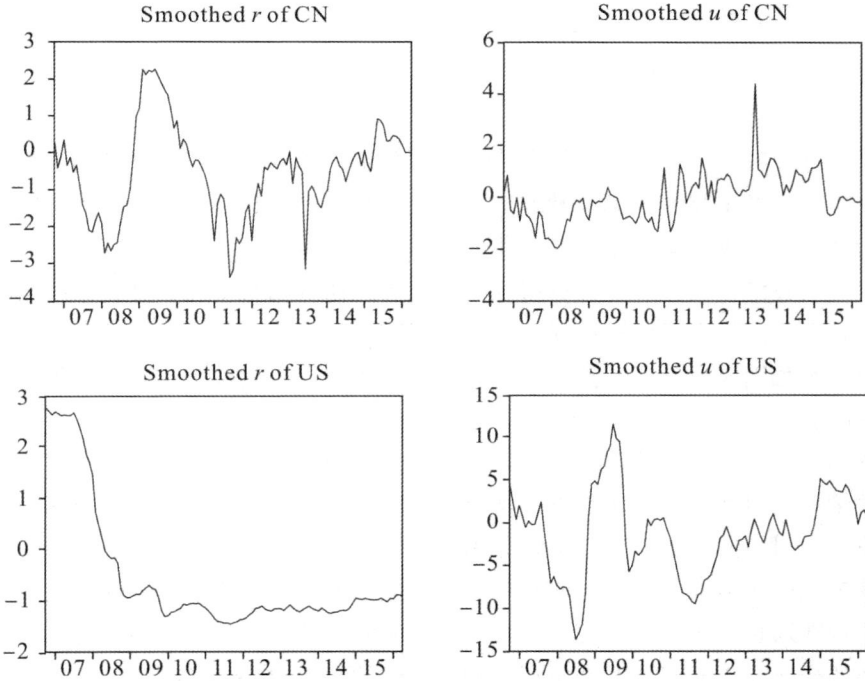

图 4.3　中美真实利率、货币政策冲击的平滑估计值（CN 为中国，US 为美国）

中美两国通货膨胀率 π_t、名义利率 i_t 的模型预测误差方差分解可以识别真实利率 r_t、货币政策冲击 u_t 在通货膨胀率和名义利率的模型预测误差方差上的贡献程度，便于比较两类基本冲击的相对重要性。由式（4.24）可知，通货膨胀率和名义利率的预测误差分别为：

$$\pi_{t+i} - E_t \pi_{t+i} = \frac{r_{t+i} - E_t r_{t+i}}{\varphi_\pi - \rho_r} - \frac{u_{t+i} - E_t u_{t+i}}{\varphi_\pi - \rho_u}$$

$$= \frac{\varepsilon^r_{t+i} + \rho_r \varepsilon^r_{t+i-1} + \cdots + \rho_r^{i-1} \varepsilon^r_{t+1}}{\varphi_\pi - \rho_r} - \frac{\varepsilon^u_{t+i} + \rho_u \varepsilon^u_{t+i-1} + \cdots + \rho_u^{i-1} \varepsilon^u_{t+1}}{\varphi_\pi - \rho_u} \tag{4.25}$$

$$i_{t+i} - E_t i_{t+i} = \varphi_\pi \frac{r_{t+i} - E_t r_{t+i}}{\varphi_\pi - \rho_r} - \rho_u \frac{u_{t+i} - E_t u_{t+i}}{\varphi_\pi - \rho_u}$$

$$= \varphi_\pi \frac{\varepsilon^r_{t+i} + \rho_r \varepsilon^r_{t+i-1} + \cdots + \rho_r^{i-1} \varepsilon^r_{t+1}}{\varphi_\pi - \rho_r} - \rho_u \frac{\varepsilon^u_{t+i} + \rho_u \varepsilon^u_{t+i-1} + \cdots + \rho_u^{i-1} \varepsilon^u_{t+1}}{\varphi_\pi - \rho_u}$$

$$\tag{4.26}$$

式（4.25）、（4.26）的方差分别为：

$$Var(\pi_{t+i} - E_t\pi_{t+i}) = \frac{\sigma_r^2(1 + \rho_r^2 + \cdots + \rho_r^{2(i-1)})}{(\varphi_\pi - \rho_r)^2} + \frac{\sigma_u^2(1 + \rho_u^2 + \cdots + \rho_u^{2(i-1)})}{(\varphi_\pi - \rho_u)^2}$$

$$(4.27)$$

$$Var(i_{t+i} - E_t i_{t+i}) = \varphi_\pi^2 \frac{\sigma_r^2(1 + \rho_r^2 + \cdots + \rho_r^{2(i-1)})}{(\varphi_\pi - \rho_r)^2} + \rho_u^2 \frac{\sigma_u^2(1 + \rho_u^2 + \cdots + \rho_u^{2(i-1)})}{(\varphi_\pi - \rho_u)^2}$$

$$(4.28)$$

式（4.27）、（4.28）等号右边第一项分别为通货膨胀率、名义利率第 i 期预测误差方差由真实利率贡献的部分；式（4.27）、（4.28）等号右边第二项分别为通货膨胀率、名义利率第 i 期预测误差方差由货币政策冲击贡献的部分。根据式（4.27）、（4.28）计算得到中美两国的通货膨胀率和名义利率的预测误差方差分解图。中国的预测误差方差分解图如图 4.4 所示。美国的预测误差方差分解图如图 4.5 所示。由图 4.4 可知，在中国，真实利率和货币政策冲击对通货膨胀率的方差贡献分别占 56%、44%，真实利率和货币政策冲击对名义利率的方差贡献分别占 25%、75%。由图 4.5 可知，在美国，真实利率和货币政策冲击对通货膨胀率的方差贡献分别占 2.3%、97.7%，真实利率和货币政策冲击对名义利率的方差贡献分别占 92%、8%。由此可见，中国的货币政策冲击效应更多地体现在名义利率的变化上，而美国的货币政策冲击效应更多地体现在通货膨胀率的变化上。中国的真实利率冲击效应更多地体现在通货膨胀率的变化上，而美国的真实利率冲击效应更多地体现在名义利率的变化上。就控制通货膨胀率的货币政策目标来看，美国的货币政策比中国的货币政策占优。

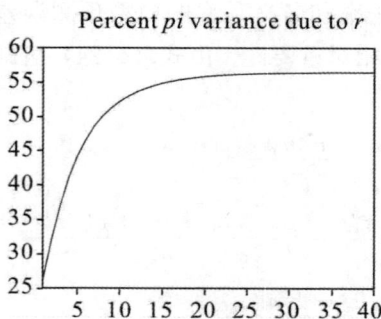

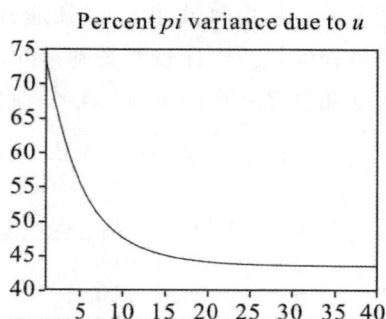

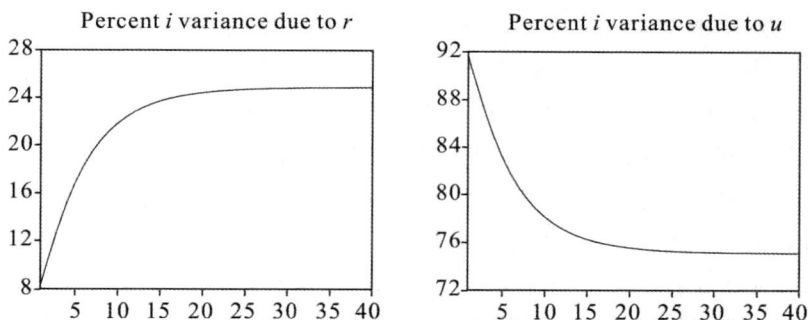

图 4.4　中国预测误差方差分解图（pi 为通胀率）

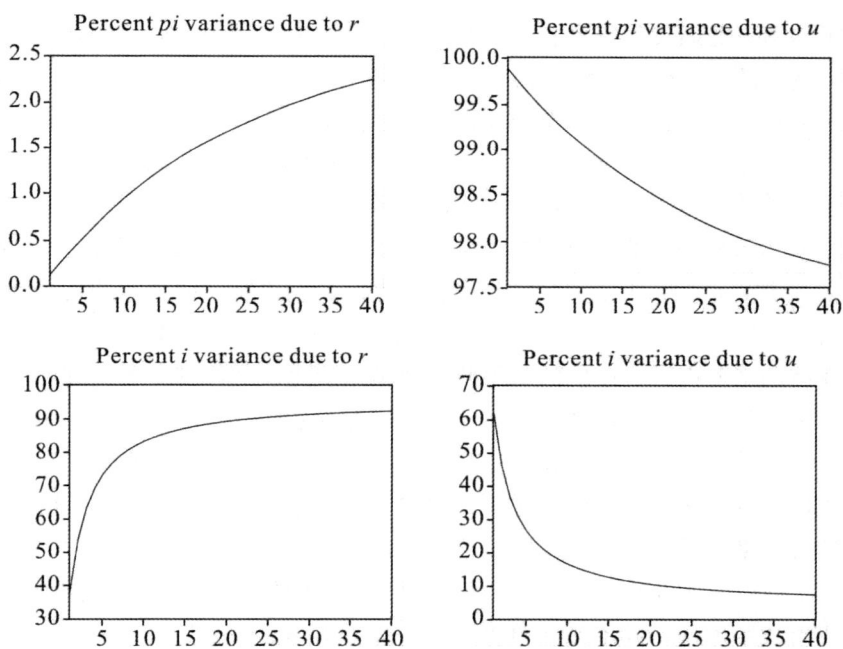

图 4.5　美国预测误差方差分解图（pi 为通胀率）

4.3　小结

随着我国利率市场化的完成，我国货币政策的调控模式将由数量型主导向价格型主导转变是大势所趋，也是学术界和实务界的共识。在这种现实背景下，以价格型货币政策主导的美国作为比较基准，研究中国过去价格型货币政策的效果对于中央银行进行政策转变具有重要的参考价值。

针对当前学术界对货币政策反应函数研究的局限性，包括参数估计的内生性问题，缺乏微观基础等，本章基于最优化模型推导出费雪方程，联立简单泰勒规则构成理性预期均衡。探讨了理性预期均衡解的存在性和唯一性问题。当中央银行的政策利率对通货膨胀率的反应系数大于 1 时，存在确定性均衡（有唯一稳定的均衡解）；当中央银行的政策利率对通货膨胀率的反应系数小于 1 时，存在不确定性均衡（有无穷多个稳定的均衡解）。为了在统一标准下进行解析分析，定义了最小状态变量解（MSV 解），即经济主体只基于经济基本面形成预期，不存在泡沫预期（或自我实现预期）条件下的解。在 MSV 解下，探讨了均衡下的通货膨胀率和名义利率这两个内生变量的长期性质和面临真实利率、货币政策冲击时的短期波动特征。基于中美两国可观测数据，将 MSV 解表达为状态空间模型，基于极大似然估计法求得两国的相关结构参数。美国名义利率对通货膨胀率反应敏感，是确定性的均衡；中国名义利率对通货膨胀率反应不敏感，是不确定的均衡。实证结果发现，就长期效果而言，美国的通货膨胀率和名义利率的均值和波动率都小于中国；就短期波动而言，美国的货币政策冲击对通货膨胀率和名义利率有合意的影响机制，而中国的货币政策冲击对通货膨胀率和名义利率的影响极不稳定，处于正负交替、震荡递减的状态；就波动来源而言，中国的货币政策冲击效应更多地体现在名义利率的变化上，而美国的货币政策冲击效应更多地体现在通货膨胀率的变化上。中国的真实利率冲击效应更多地体现在通货膨胀率的变化上，而美国的真实利率冲击效应更多地体现在名义利率的变化上。就控制通货膨胀率的货币政策目标来看，美国的价格型货币政策比中国的价格型货币政策占优。

本章基于一个简单的理性预期模型得出美国的价格型货币政策比中国的价格型货币政策占优，并不是简单否定中国货币当局的政策效果，而是从侧面反映了一个事实，那就是在利率尚未完全市场化的阶段，价格型货币政策的效果会受到限制，由于在本章选取的样本期间内，我国还是数量型货币政策占主导，因而央行的政策利率对通货膨胀率反应不足，并不意味着央行控制通胀的决心不够，而是可能通过了其他数量型工具在调控。中国学者们自 2002 年开始用中国数据研究泰勒规则到现在，有不少的研究成果。本章的政策价值在于提供了一个简单的通胀目标制下价格型货币政策的分析框架。我国价格型货币政策的明天有赖于市场利率进一步发挥资金配置的作用，特别是直接融资市场需要进一步扩大广度和深度。

5 中国宏观经济波动研究
——基于 MSV 解下的新凯恩斯模型

5.1 理论模型

本章在 Gali（2008）的基础上引入了跨期偏好冲击和最终产品生产商，运用边际分析法和对数线性化法重新推导了新凯恩斯模型。与 Gali（2008）显著不同的是：第一，本章将产出缺口定义为黏性价格下的实际产出对黏性价格下的稳态产出的对数偏离，而原文将产出缺口定义为黏性价格下的实际产出对灵活价格下的均衡产出的对数偏离，本章的设定将总供给冲击（价格冲击）显性化，产出缺口纯粹化，便于分析供给侧结构性冲击在我国经济波动中的作用机制；第二，本章突破了传统 BK 条件的参数限制，运用待定系数法求解新凯恩斯模型的最小状态变量（MSV）解，该解法有唯一结果，有效回避了 BK 解法有可能面临均衡解不唯一的情形，而原文在 BK 条件的参数限制下求解确定性均衡，分析过程有遗漏，不够全面。下面是具体的理论模型推导和求解过程。本章考虑四类经济主体：家庭、最终产品生产商、中间产品生产商、中央银行。

5.1.1 家庭

假设一个永久生存的代表性家庭追求终生效用最大化，即

$$E_0 \sum_{t=0}^{\infty} d_t \beta^t U(C_t, N_t) \tag{5.1}$$

家庭面临的预算约束为：

$$P_t C_t + E_t[Q_{t,t+1} F_{t+1}] \leqslant F_t + W_t N_t + T_t \tag{5.2}$$

其中，C_t 为最终产品的消费；N_t 为劳动；U 为效用函数；β 为贴现因子；d_t 为外生的跨期偏好冲击[①]，$\ln d_t = (1-\rho_d)\ln d + \rho_d \ln d_{t-1} + \varepsilon_t^d$，$\varepsilon_t^d$ 为独立同分布的正态过程，均值为 0，方差为 σ_d^2。E 为期望算子，W_t 为名义工资，F_t 为金融资产，T_t 为中间产品生产商的利润，$Q_{t,t+1}$ 为资产定价核（或随机贴现因子），P_t 为最终产品的价格。

上述最优化问题要求边际替代率等于相对价格。关于当期消费和当期劳动的一阶条件为：

$$\frac{U_C(C_t, N_t)}{U_N(C_t, N_t)} = \frac{P_t}{-W_t} \tag{5.3}$$

关于当期消费和下一期消费的一阶条件为：

$$\frac{d_t U_C(C_t, N_t)}{\beta d_{t+1} U_C(C_{t+1}, N_{t+1})} = \frac{P_t}{Q_{t,t+1} P_{t+1}} \tag{5.4}$$

其中，U_C 为消费的边际效用，U_N 为劳动的边际效用。假设效用函数的具体形式为：

$$U(C_t, N_t) = \frac{C_t^{1-\sigma}}{1-\sigma} - \frac{N_t^{1+\varphi}}{1+\varphi} \tag{5.5}$$

将式（5.5）代入式（5.3）、（5.4），可得：

$$\frac{C_t^{-\sigma}}{-N_t^{\varphi}} = \frac{P_t}{-W_t} \tag{5.6}$$

$$\frac{d_t C_t^{-\sigma}}{\beta d_{t+1} C_{t+1}^{-\sigma}} = \frac{P_t}{Q_{t,t+1} P_{t+1}} \tag{5.7}$$

设无风险利率为 i_t，根据无套利定价原理有：

$$1/(1+i_t) = E_t[Q_{t,t+1}] \tag{5.8}$$

联立式（5.7）、（5.8），可得：

$$E_t\left[\frac{\beta d_{t+1} C_{t+1}^{-\sigma} P_t}{d_t C_t^{-\sigma} P_{t+1}}\right] = \frac{1}{1+i_t} \tag{5.9}$$

对式（5.6）、（5.9）取对数，可得：

$$\ln W_t - \ln P_t = \sigma \ln C_t + \varphi \ln N_t \tag{5.10}$$

$$\ln C_t = E_t[\ln C_{t+1}] - \frac{1}{\sigma}\{\ln(1+i_t) - E_t[\ln P_{t+1} - \ln P_t] + \ln\beta + E_t[\ln d_{t+1} - \ln d_t]\} \tag{5.11}$$

---

① 本章的总需求冲击的来源。

令通货膨胀率 $\pi_t = \dfrac{P_t - P_{t-1}}{P_{t-1}}$，$\hat{d}_t = \ln d_t - \ln d$，$\Delta \hat{d}_t = \hat{d}_t - \hat{d}_{t-1}$，当 x 足够小，有 $\ln(1+x) = x$，式（5.11）可化简为：

$$\ln C_t = E_t[\ln C_{t+1}] - \frac{1}{\sigma}\{i_t - E_t[\pi_{t+1}] + \ln\beta + E_t[\Delta\hat{d}_{t+1}]\} \quad (5.12)$$

5.1.2 最终产品生产商[①]

完全竞争的厂商将连续分布在 [0，1] 区间的中间产品合成最终产品，合成技术为：

$$Y_t = \left(\int_0^1 Y_t(i)^{\frac{\epsilon-1}{\epsilon}} \mathrm{d}i\right)^{\frac{\epsilon}{\epsilon-1}} \quad (5.13)$$

其中，Y_t 为最终产品，$Y_t(i)$ 为中间产品，ϵ 为中间产品的替代弹性，完全竞争要求最终产品生产商的利润为零，即收入等于成本：

$$P_t Y_t = \int_0^1 P_t(i) Y_t(i)\mathrm{d}i \quad (5.14)$$

其中，$P_t(i)$ 为中间产品的价格，对式（5.14）等号左右两边关于 $Y_t(i)$ 求导，整理可得：

$$Y_t(i) = \left(\frac{P_t(i)}{P_t}\right)^{-\epsilon} Y_t \quad (5.15)$$

将式（5.15）代入式（5.14），消掉 Y_t，整理可得：

$$P_t = \left[\int_0^1 P_t(i)^{1-\epsilon}\mathrm{d}i\right]^{\frac{1}{1-\epsilon}} \quad (5.16)$$

5.1.3 中间产品生产商[②]

垄断竞争的中间产品厂商在 [0，1] 区间连续分布，生产技术为：

$$Y_t(i) = A_t N_t(i)^{1-\alpha} \quad (5.17)$$

---

① 最终产品生产商的引入可简化 Galí（2008）、Walsh（2010）、Woodford（2003）关于复合消费品的设定，采用边际分析法直观求得最终产品生产商对中间产品的需求和最终产品的定价，与传统拉格朗日法不同。

② 在求解中间产品厂商的最优定价行为时，本章并未引入 Galí（2008）、Walsh（2010）等中的边际成本概念，采用直接求解法，求解过程与已有文献显著不同。

其中，A_t 为技术冲击[①]，$\ln A_t = (1-\rho_A)\ln A + \rho_A \ln A_{t-1} + \varepsilon_t^A$，$\varepsilon_t^A$ 为独立同分布的正态过程，均值为 0，方差为 σ_A^2。假设存在 Calvo（1983）式的价格黏性，在任意时期 t，任意厂商 i 只有 $1-\theta$ 的概率能将其所生产的中间产品价格调整到最优水平 $P_t^*(i)$，剩余 θ 的概率维持上一期的价格水平 $P_{t-1}(i)$ 不变，则中间厂商的最优定价应该确保若该价格长期有效，贴现利润和达到最大，即

$$\max_{P_t^*(i)} \sum_{k=0}^{\infty} \theta^k E_t \{ Q_{t,t+k} [P_t^*(i) Y_{t+k}(i) - W_{t+k} N_{t+k}(i)] \}$$

(5.18)

$$s.t.\ Y_{t+k}(i) = \left(\frac{P_t^*(i)}{P_{t+k}} \right)^{-\varepsilon} Y_{t+k} \text{ 和 } Y_{t+k}(i) = A_{t+k} N_{t+k}(i)^{1-\alpha}$$

其中，$Q_{t,t+k}$ 为式（5.7）决定的随机贴现因子，$Q_{t,t+k} = \beta^k (d_{t+k}/d_t)(C_{t+k}/C_t)^{-\sigma}(P_t/P_{t+k})$。很容易看出，任意厂商 i 的最优定价 $P_t^*(i)$ 相同，令 $P_t^*(i) = P_t^*$，最优化问题式（5.18）的一阶条件为：

$$\sum_{k=0}^{\infty} \theta^k E_t \{ Q_{t,t+k} [(1-\varepsilon) Y_{t+k}(i) + \frac{W_{t+k} N_{t+k}(i)}{1-\alpha} \frac{\varepsilon}{P_t^*}] \} = 0$$

(5.19)

$$s.t.\ Y_{t+k}(i) = \left(\frac{P_t^*}{P_{t+k}} \right)^{-\varepsilon} Y_{t+k} \text{ 和 } Y_{t+k}(i) = A_{t+k} N_{t+k}(i)^{1-\alpha}$$

设 $S(t) \subset [0,1] = I$ 为维持上一期的价格水平不变的厂商集合，均匀占比 θ，则全集 I 中 $S(t)$ 的补集 $I - S(t)$ 为调整价格到最优水平的厂商集合，均匀占比 $1-\theta$，由式（5.16）可得：

$$P_t = \left[\int_{S(t)} P_{t-1}(i)^{1-\varepsilon} di + \int_{I-S(t)} P_t^{*\ 1-\varepsilon} di \right]^{\frac{1}{1-\varepsilon}}$$

$$= \left[\int_{S(t)} P_{t-1}^{\ 1-\varepsilon} di + \int_{I-S(t)} P_t^{*\ 1-\varepsilon} di \right]^{\frac{1}{1-\varepsilon}}$$

$$= \left[\theta (P_{t-1})^{1-\varepsilon} + (1-\theta)(P_t^*)^{1-\varepsilon} \right]^{\frac{1}{1-\varepsilon}}$$

(5.20)

产品市场出清条件为：

$$C_t = Y_t$$

(5.21)

劳动市场出清条件为：

$$N_t = \int_0^1 N_t(i) di$$

(5.22)

首先刻画模型的稳态。零通胀稳态要求 $\pi_t = 0$，$P_{t+k} = P_t = P_{t-1} = P$，再

---

① 本章总供给冲击的来源。

由式（5.20）可知，$P_t^*(i) = P_t^* = P$。由式（5.21）可知，$C_{t+k} = C_t = Y_{t+k} = Y_t = Y$，$d_{t+k} = d_t = d$，则 $Q_{t,t+k} = \beta^k$。由式（5.12）可知，$i_t = i = -\ln\beta$。由式（5.15）可知，$Y_{t+k}(i) = Y_t(i) = Y$。$A_{t+k} = A_t = A$。由式（5.17）可知，$N_{t+k}(i) = N_t(i) = N$。由式（5.22）可知，$N_{t+k} = N_t = N$。由式（5.10）可知，$W_t = W$。由式（5.19）可知，$(1-\varepsilon)Y + \dfrac{WN}{1-\alpha}\dfrac{\varepsilon}{P} = 0$。由式（5.17）可知，$Y = AN^{1-\alpha}$。由式（5.10）可知，$\ln W - \ln P = \sigma\ln Y + \varphi\ln N$。

对式（5.19）在稳态附近进行一阶泰勒展开，可得：

$$\sum_{k=0}^{\infty} \theta^k \beta^k E_t\left\{(1-\varepsilon)Y_{t+k}(i) + \frac{N}{1-\alpha}\frac{\varepsilon}{P}W_{t+k} + \frac{W}{1-\alpha}\frac{\varepsilon}{P}N_{t+k}(i) + \frac{WN}{1-\alpha}\frac{\varepsilon}{-P^2}P_t^*\right\} = 0$$

利用稳态条件 $(1-\varepsilon)Y + \dfrac{WN}{1-\alpha}\dfrac{\varepsilon}{P} = 0$，上式可化简为：

$$\sum_{k=0}^{\infty} \theta^k \beta^k E_t\left\{\frac{Y_{t+k}(i)}{Y} - \frac{W_{t+k}}{W} - \frac{N_{t+k}(i)}{N} + \frac{P_t^*}{P}\right\} = 0 \qquad (5.23)$$

定义产出缺口[①] $\widehat{Y}_{t+k}(i) = \dfrac{Y_{t+k}(i)}{Y} - 1 = \ln Y_{t+k}(i) - \ln Y$ 为 $Y_{t+k}(i)$ 对稳态值 Y 的对数偏离，符号 ^（读作 hat）加在其他变量上也有类似定义，不再赘述。式（5.23）与下式等价：

$$\sum_{k=0}^{\infty} \theta^k \beta^k E_t\left\{\widehat{Y}_{t+k}(i) - \widehat{W}_{t+k} - \widehat{N}_{t+k}(i) + \widehat{P}_t^*\right\} = 0 \qquad (5.24)$$

由式（5.22）可知 $N_{t+k} = \displaystyle\int_0^1 N_{t+k}(i)\,\mathrm{d}i$，进行适当变换，可得：

$$\widehat{N}_{t+k} = \int_0^1 \widehat{N}_{t+k}(i)\,\mathrm{d}i \qquad (5.25)$$

由式（5.10）、（5.21）可知 $\ln W_{t+k} - \ln P_{t+k} = \sigma\ln Y_{t+k} + \varphi\ln N_{t+k}$，减去对应稳态，可得：

---

① Gali（2008）、Walsh（2010）、Woodford（2003）将产出缺口定义为黏性价格下的实际产出对灵活价格下的均衡产出的对数偏离，而本章将产出缺口重新定义为黏性价格下的实际产出对黏性价格下的稳态产出的对数偏离，更具理论和现实合理性，因为模型的假设条件应该具备一致性，不能前后矛盾，既然假定存在价格黏性，那就不存在可以实现的灵活价格下的均衡产出，此外，经济现实和直觉告诉我们，黏性价格比灵活价格更加符合现实，所以才有货币非中性以及货币调控的存在意义，在实证经济学中，产出缺口通常采用 HP 滤波方法得到，本章的设定可以更好地对接计量经济学，便于做实证分析。

$$\widehat{W}_{t+k} - \widehat{P}_{t+k} = \sigma \widehat{Y}_{t+k} + \varphi \widehat{N}_{t+k} \tag{5.26}$$

对式（5.19）的约束条件对数线性化，可得：

$$\widehat{Y}_{t+k}(i) = -\varepsilon(\widehat{P}_t^* - \widehat{P}_{t+k}) + \widehat{Y}_{t+k} \tag{5.27}$$

$$\widehat{Y}_{t+k}(i) = \widehat{A}_{t+k} + (1-\alpha)\widehat{N}_{t+k}(i) \tag{5.28}$$

结合式（5.27）、（5.28），可得：

$$\widehat{N}_{t+k}(i) = [-\varepsilon(\widehat{P}_t^* - \widehat{P}_{t+k}) + \widehat{Y}_{t+k} - \widehat{A}_{t+k}]/(1-\alpha) \tag{5.29}$$

将式（5.29）代入式（5.25），可得：

$$\widehat{N}_{t+k} = \widehat{N}_{t+k}(i) = [-\varepsilon(\widehat{P}_t^* - \widehat{P}_{t+k}) + \widehat{Y}_{t+k} - \widehat{A}_{t+k}]/(1-\alpha) \tag{5.30}$$

将式（5.30）代入式（5.26），可得：

$$\widehat{W}_{t+k} = \widehat{P}_{t+k} + \sigma \widehat{Y}_{t+k} + \varphi[-\varepsilon(\widehat{P}_t^* - \widehat{P}_{t+k}) + \widehat{Y}_{t+k} - \widehat{A}_{t+k}]/(1-\alpha)$$
$$\tag{5.31}$$

将式（5.27）、（5.31）、（5.29）代入式（5.24），整理可得：

$$\sum_{k=0}^{\infty} \theta^k \beta^k E_t \{ (1 - \sigma - \frac{\varphi+1}{1-\alpha}) \widehat{Y}_{t+k} + \frac{\varphi+1}{1-\alpha} \widehat{A}_{t+1}$$

$$+ (1 - \varepsilon + \frac{\varphi+1}{1-\alpha}\varepsilon)(\widehat{P}_t^* - \widehat{P}_{t+k} \} = 0 \tag{5.32}$$

对式（5.32）进行简单变换，可得：

$$-(1 - \varepsilon + \frac{\varphi+1}{1-\alpha}\varepsilon)(\widehat{P}_t^* - \widehat{P}_{t-1})$$

$$= (1 - \beta\theta) \sum_{k=0}^{\infty} \theta^k \beta^k E_t \{ (1 - \sigma - \frac{\varphi+1}{1-\alpha}) \widehat{Y}_{t+k} + \frac{\varphi+1}{1-\alpha} \widehat{A}_{t+k} \tag{5.33}$$

$$-(1 - \varepsilon + \frac{\varphi+1}{1-\alpha}\varepsilon)(\widehat{P}_{t+k} - \widehat{P}_{t-1} \}$$

将式（5.33）往前推一期，可得：

$$-(1 - \varepsilon + \frac{\varphi+1}{1-\alpha}\varepsilon)(\widehat{P}_{t+1}^* - \widehat{P}_t)$$

$$= (1 - \beta\theta) \sum_{k=0}^{\infty} \theta^k \beta^k E_{t+1} \{ (1 - \sigma - \frac{\varphi+1}{1-\alpha}) \widehat{Y}_{t+k+1} + \frac{\varphi+1}{1-\alpha} \widehat{A}_{t+k+1} \tag{5.34}$$

$$-(1 - \varepsilon + \frac{\varphi+1}{1-\alpha}\varepsilon)(\widehat{P}_{t+k+1} - \widehat{P}_t \}$$

对式（5.34）等号左右两边同时乘以 $\beta\theta$，并基于 t 时刻信息集求条件期望，因为 $E_t E_{t+1} = E_t$，$\pi_t = \widehat{P}_t - \widehat{P}_{t-1}$，可得：

$$-\beta\theta(1-\varepsilon+\frac{\varphi+1}{1-\alpha}\varepsilon)E_t(\widehat{P}_{t+1}^*-\widehat{P}_t)$$

$$=(1-\beta\theta)\sum_{k=0}^{\infty}\theta^{k+1}\beta^{k+1}E_t\{(1-\sigma-\frac{\varphi+1}{1-\alpha})\widehat{Y}_{t+k+1}+\frac{\varphi+1}{1-\alpha}\widehat{A}_{t+k+1} \quad (5.35)$$

$$-(1-\varepsilon+\frac{\varphi+1}{1-\alpha}\varepsilon)(\widehat{P}_{t+k+1}-\widehat{P}_t\}$$

将式（5.33）减去（5.35），可得：

$$-(1-\varepsilon+\frac{\varphi+1}{1-\alpha}\varepsilon)[(\widehat{P}_t^*-\widehat{P}_{t-1})-\beta\theta E_t(\widehat{P}_{t+1}^*-\widehat{P}_t)]$$

$$=(1-\beta\theta)[(1-\sigma-\frac{\varphi+1}{1-\alpha})\widehat{Y}_t+\frac{\varphi+1}{1-\alpha}\widehat{A}_t]-(1-\varepsilon+\frac{\varphi+1}{1-\alpha}\varepsilon)\pi_t$$

$$(5.36)$$

对式（5.20）进行对数线性化，可得：

$$\pi_t=(1-\theta)(\widehat{P}_t^*-\widehat{P}_{t-1}) \quad (5.37)$$

将式（5.37）代入式（5.36），可得：

$$\pi_t=\beta E_t\pi_{t+1}-\frac{(1-\beta\theta)(1-\theta)}{\theta(1-\varepsilon+\frac{\varphi+1}{1-\alpha}\varepsilon)}[(1-\sigma-\frac{\varphi+1}{1-\alpha})\widehat{Y}_t+\frac{\varphi+1}{1-\alpha}\widehat{A}_t]$$

$$(5.38)$$

将式（5.21）代入（5.12），减去对应稳态，可得：

$$\widehat{Y}_t=E_t\widehat{Y}_{t+1}-\frac{1}{\sigma}(i_t-E_t\pi_{t+1}+E_t\Delta\widehat{d}_{t+1}+\ln\beta) \quad (5.39)$$

5.1.4 中央银行

中央银行采用的利率规则如下：

$$i_t=-\ln\beta+\varphi_\pi\pi_t+\varphi_y\widehat{Y}_t+u_t^M \quad (5.40)$$

联立式（5.38）、（5.39）、（5.40），进行参数化简，可得本章的新凯恩斯模型：

$$\begin{cases} \pi_t=\beta E_t\pi_{t+1}+\kappa\widehat{Y}_t+u_t^S \\ \widehat{Y}_t=E_t\widehat{Y}_{t+1}-\frac{1}{\sigma}(i_t-E_t\pi_{t+1}+\ln\beta)+u_t^D \\ i_t=-\ln\beta+\varphi_\pi\pi_t+\varphi_y\widehat{Y}_t+u_t^M \end{cases} \quad (5.41)$$

式（5.41）第一个方程为新凯恩斯菲利普斯曲线，第二个方程为动态 IS

方程，其中，$\kappa = -\dfrac{(1-\beta\theta)(1-\theta)}{\theta(1-\varepsilon+\dfrac{\varphi+1}{1-\alpha}\varepsilon)}(1-\sigma-\dfrac{\varphi+1}{1-\alpha}) > 0$，$u_t^S =$

$-\dfrac{(1-\beta\theta)(1-\theta)}{\theta(1-\varepsilon+\dfrac{\varphi+1}{1-\alpha}\varepsilon)}\dfrac{\varphi+1}{1-\alpha}\hat{A}_t$ 为总供给冲击（或价格冲击），$u_t^D = -\dfrac{1}{\sigma}E_t\Delta\hat{d}_{t+1}$

为总需求冲击，u_t^M 为货币政策冲击，三类外生冲击各自服从 AR（1）过程：

$$\begin{cases} u_t^S = \rho_S u_{t-1}^S + \varepsilon_t^S \\ u_t^D = \rho_D u_{t-1}^D + \varepsilon_t^D \\ u_t^M = \rho_M u_{t-1}^M + \varepsilon_t^M \end{cases} \qquad (5.42)$$

$|\rho_S| < 1$，$|\rho_D| < 1$，$|\rho_M| < 1$，随机扰动项 ε_t^S、ε_t^D、ε_t^M 各为独立同分布的正态过程，且彼此不相关，均值都为零，方差分别为 σ_S^2、σ_D^2、σ_M^2。

由式（5.41）可得理性预期线性差分方程组：

$$\begin{pmatrix} 1 & -\kappa \\ \varphi_\pi & \sigma+\varphi_y \end{pmatrix}\begin{pmatrix} \pi_t \\ \hat{Y}_t \end{pmatrix} = \begin{pmatrix} \beta & 0 \\ 1 & \sigma \end{pmatrix}E_t\begin{pmatrix} \pi_{t+1} \\ \hat{Y}_{t+1} \end{pmatrix} + \begin{pmatrix} u_t^S \\ -u_t^M+\sigma u_t^D \end{pmatrix} \qquad (5.43)$$

式（5.43）可化为：

$$\begin{pmatrix} \pi_t \\ \hat{Y}_t \end{pmatrix} = \frac{1}{\varphi_y+\sigma+\kappa\varphi_\pi}\begin{pmatrix} \kappa+\beta(\varphi_y+\sigma) & \kappa\sigma \\ -(\beta\varphi_\pi-1) & \sigma \end{pmatrix}E_t\begin{pmatrix} \pi_{t+1} \\ \hat{Y}_{t+1} \end{pmatrix}$$

$$+ \frac{1}{\varphi_y+\sigma+\kappa\varphi_\pi}\begin{pmatrix} \varphi_y+\sigma & \kappa \\ -\varphi_\pi & 1 \end{pmatrix}\begin{pmatrix} u_t^S \\ -u_t^M+\sigma u_t^D \end{pmatrix} \qquad (5.44)$$

令 $\begin{pmatrix} \pi_t \\ \hat{Y}_t \end{pmatrix} = A_T E_t\begin{pmatrix} \pi_{t+1} \\ \hat{Y}_{t+1} \end{pmatrix} + B_T\begin{pmatrix} u_t^S \\ -u_t^M+\sigma u_t^D \end{pmatrix}$，$A_T$、$B_T$ 对应式（5.44）中

的相关矩阵参数。

命题 1：当且仅当 A_T 的两个特征根都在单位圆内[①]，式（5.44）有唯一

---

① 此为主流宏观经济学 DSGE 模型求解（一般使用 dynare 软件）之必要前提，即所谓的 BK 条件（Blanchard 和 Kahn，1980）。若 BK 条件不满足，研究者们通常会调试参数使其满足（无论是参数校准，还是参数估计），这是一种"人为"的确定性均衡，尽管得到的模型性质优良，但在一定程度上丧失了客观性和真实性，基于该模型的分析结论的可信度大打折扣，"有违"科学精神。那是不是只要基于真实数据的参数不满足 BK 条件，我们就应该舍弃该模型，放弃研究呢？其实不是，BK 条件不满足意味着存在无穷多个均衡解，这是数学意义上的结论，但对于经济学研究而言，我们不应该囿于这个限制，可以选择最具经济逻辑的一个解，即 McCallum（1983）提出的 MSV（最小状态变量）解，这是假定经济主体不存在预期泡沫，只基于经济基本面的状态做出的理性预期。

的确定性均衡解；否则，式（5.44）有无穷多个不确定性均衡解。

关于理性预期模型均衡解的存在性和唯一性问题，McCallum（1983）进行了较为深入的总结和分析，他认为均衡解的不确定性（存在多个均衡解的情况）是一种正常的经济学现象，并提出用待定系数法求解具有最小状态变量集的解，即 MSV 解。这种解法一般不会出现多解的情形，从而保证了均衡解求解结果的唯一性。MSV 解的经济学含义是假定经济主体不受心理因素的影响而产生预期泡沫，仅基于经济基本面的最小状态集合做出理性预期。这是一种理想情形，但符合经济学研究惯例，因为经济模型的建立本身就较为理想。

命题 2：当 A_T 的两个特征根都在单位圆内，式（5.44）有唯一解，且该解与 MSV 解相等；当 A_T 有一个或两个特征根在单位圆外，式（5.44）有无穷多个解，但 MSV 解是其中具有最小状态变量集的解。

式（5.43）仅含有 u_t^S、u_t^D、u_t^M 三个外生变量，无常数项，按 McCallum（1983）的定义，最小状态变量集为 $\{u_t^S, u_t^D, u_t^M\}$，设 $\pi_t = A_\pi u_t^S + B_\pi u_t^D + C_\pi u_t^M$，$\widehat{Y}_t = A_y u_t^S + B_y u_t^D + C_y u_t^M$，$A_\pi$、$B_\pi$、$C_\pi$、$A_y$、$B_y$、$C_y$ 为待定系数，代入式（5.43），整理可得：

$$\begin{cases} (1-\beta\rho_S)A_\pi = \kappa A_y + 1 \\ (1-\beta\rho_D)B_\pi = \kappa B_y \\ (1-\beta\rho_M)C_\pi = \kappa C_y \\ (\rho_S - \varphi_\pi)A_\pi = [\sigma(1-\rho_S)+\varphi_y]A_y \\ (\rho_D - \varphi_\pi)B_\pi = [\sigma(1-\rho_D)+\varphi_y]B_y - \sigma \\ (\rho_M - \varphi_\pi)C_\pi = [\sigma(1-\rho_M)+\varphi_y]C_y + 1 \end{cases} \tag{5.45}$$

求解六元一次线性方程组式（5.45），可得：

$$\begin{cases} A_\pi = \dfrac{[\sigma(1-\rho_S)+\varphi_y]}{[\sigma(1-\rho_S)+\varphi_y](1-\beta\rho_S)-\kappa(\rho_S-\varphi_\pi)} \\ A_y = \dfrac{(\rho_S - \varphi_\pi)}{[\sigma(1-\rho_S)+\varphi_y](1-\beta\rho_S)-\kappa(\rho_S-\varphi_\pi)} \\ B_\pi = \dfrac{\sigma\kappa}{[\sigma(1-\rho_D)+\varphi_y](1-\beta\rho_D)-\kappa(\rho_D-\varphi_\pi)} \\ B_y = \dfrac{\sigma(1-\beta\rho_D)}{[\sigma(1-\rho_D)+\varphi_y](1-\beta\rho_D)-\kappa(\rho_D-\varphi_\pi)} \\ C_\pi = \dfrac{-\kappa}{[\sigma(1-\rho_M)+\varphi_y](1-\beta\rho_M)-\kappa(\rho_M-\varphi_\pi)} \\ C_y = \dfrac{-(1-\beta\rho_M)}{[\sigma(1-\rho_M)+\varphi_y](1-\beta\rho_M)-\kappa(\rho_M-\varphi_\pi)} \end{cases} \tag{5.46}$$

由式（5.40）可知，$i_t = -\ln\beta + A_i u_t^S + B_i u_t^D + C_i u_t^M$，待定系数 A_i、B_i、C_i 由下式给出：

$$
\begin{cases}
A_i = \varphi_\pi A_\pi + \varphi_y A_y = \dfrac{\varphi_\pi [\sigma(1-\rho_S)+\varphi_y] + \varphi_y(\rho_S - \varphi_\pi)}{[\sigma(1-\rho_S)+\varphi_y](1-\beta\rho_S) - \kappa(\rho_S - \varphi_\pi)} \\[3mm]
B_i = \varphi_\pi B_\pi + \varphi_y B_y = \dfrac{\varphi_\pi \sigma\kappa + \varphi_y \sigma(1-\beta\rho_D)}{[\sigma(1-\rho_D)+\varphi_y](1-\beta\rho_D) - \kappa(\rho_D - \varphi_\pi)} \\[3mm]
C_i = \varphi_\pi C_\pi + \varphi_y C_y + 1 = \dfrac{-\varphi_\pi \kappa - \varphi_y(1-\beta\rho_M)}{[\sigma(1-\rho_M)+\varphi_y](1-\beta\rho_M) - \kappa(\rho_M - \varphi_\pi)} + 1
\end{cases}
$$
$$(5.47)$$

最终我们得到本章的新凯恩斯模型式（5.41）的 MSV 解如下：

$$
\begin{cases}
\pi_t = A_\pi u_t^S + B_\pi u_t^D + C_\pi u_t^M \\[2mm]
\widehat{Y}_t = A_y u_t^S + B_y u_t^D + C_y u_t^M \\[2mm]
i_t = -\ln\beta + A_i u_t^S + B_i u_t^D + C_i u_t^M
\end{cases}
$$
$$(5.48)$$

从整个 MSV 解的求解过程中，我们可以看出，MSV 解不受传统 BK 条件的参数限制，在整个参数空间都适用，是一种更完备的理性预期模型求解方法。新凯恩斯模型经济的运行可由式（5.48）和式（5.42）来刻画。

5.2　实证分析

本章的上一节重新构建了新凯恩斯模型，讨论了均衡解的存在性和唯一性，并用待定系数法求解了该模型的 MSV 显性解。这一节将对模型的结构参数借助状态空间模型进行极大似然估计，基于估计得到的参数进行数值模拟、脉冲响应和方差分解等实证分析。

式（5.48）和式（5.42）可构成一个状态空间模型，通货膨胀率 π_t、产出缺口 $\widehat{Y}_t$、名义利率 i_t 是可观测变量[①]，因而式（5.48）是信号方程（signal equation），总供给冲击 u_t^S、总需求冲击 u_t^D、货币政策冲击 u_t^M 是不可观测变量，因而式（5.42）是状态方程（state equation）。

---

① 产出缺口虽不能直接观测，但学术界有多种测度方法，本章采用最常见的 HP 滤波法。

5.2.1 数据来源及处理

模型和数据的时期间隔为季度间隔。从同花顺 iFinD 数据库提取以下宏观数据：中国 1998 年一季度到 2016 年一季度 GDP 当季值（单位：亿元），1998 年 1 月到 2016 年 3 月 CPI 当月环比值（单位：%），1998 年 1 月到 2016 年 3 月银行间同业拆借 7 天加权平均利率当月值（单位：%）。以 1997 年 12 月为基期，令 CPI（1997/12）=100，根据月度环比 CPI 数据计算得到 1998 年 1 月—2016 年 3 月的月度定基 CPI，将月度定基 CPI 进行季内算术平均得到 1998 年一季度到 2016 年一季度的季度定基 CPI，季度定基 CPI 先通过 X11 方法进行季节性调整后，再取其对数差分等于季度通货膨胀率 π_t（单位：%）。将季度 GDP 的名义值除以季度定基 CPI 得到季度 GDP 的实际值，先对其取自然对数，再用 X11 方法进行季节性调整，最后用 HP 滤波（$\lambda=1600$）得到季度产出缺口 $\widehat{Y}_t$（单位：%）。将 7 天加权平均利率的月度值进行季内算术平均后除以 4 得到 1998 年一季度到 2016 年一季度的季度[①]名义利率 i_t（单位：%）。

5.2.2 描述性统计和单位根检验

本章采用 ADF 检验法来检验可观测变量 π_t、$\widehat{Y}_t$、i_t 是否存在单位根。描述性统计和单位根检验结果见表 5.1。

表 5.1 描述性统计和单位根检验

变量名称	均值	标准差	检验形式	t 统计量	P 值
π_t	0.476234	0.766750	(c, 0, 0)	−4.213143	0.0012
$\widehat{Y}_t$	3.92E−12	1.423034	(c, 0, 0)	−4.007880	0.0024
i_t	0.742483	0.310242	(c, 0, 0)	−5.154623	0.0000

注：检验形式（c，t，p）分别表示截距项、时间趋势和滞后阶数，最大滞后阶数选为 11，基于 SIC 选择最佳滞后阶数。

由表 5.1 可知，在 1% 的显著性水平下，所有可观测变量都是平稳序列。现实经济中，季度通胀率的长期水平为 0.5%，产出缺口的长期水平为 0，名

---

① 利率数据一般为年化利率，除以 4 才得到季度利率。

义利率的长期水平为 0.7%。就波动率而言，产出缺口最大，其次是通胀率，最后是名义利率。由稳态条件 $i=-\ln\beta$ 和 i_t 的均值为 0.7，校准得到 $\beta=0.5$。本章所构建的新凯恩斯模型要求 π_t、$\widehat{Y}_t$ 的稳态值为 0，相应地要求 π_t、$\widehat{Y}_t$ 的数据均值为 0，由表 5.1 可知，$\widehat{Y}_t$ 的均值为 0，符合模型设定，π_t 的均值为 0.5，不符合模型设定，需要在计量模型中予以调整，加上已经通过校准得到的贴现因子 $\beta=0.5$，实际的计量模型形式如下：

$$\begin{cases} \pi_t = 0.5 + A_\pi u_t^S + B_\pi u_t^D + C_\pi u_t^M \\ \widehat{Y}_t = A_y u_t^S + B_y u_t^D + C_y u_t^M \\ i_t = 0.7 + A_i u_t^S + B_i u_t^D + C_i u_t^M \\ u_t^S = \rho_S u_{t-1}^S + \varepsilon_t^S \\ u_t^D = \rho_D u_{t-1}^D + \varepsilon_t^D \\ u_t^M = \rho_M u_{t-1}^M + \varepsilon_t^M \end{cases} \tag{5.49}$$

5.2.3　参数估计

本章采用 Eviews 中的 Sspace 对象来估计式（5.49）中的结构参数（β 已校准除外）。定义参数向量 c：c（1）$=\kappa$，c（2）$=\sigma$，c（3）$=\varphi_\pi$，c（4）$=\varphi_y$，c（5）$=\rho_S$，c（6）$=\rho_D$，c（7）$=\rho_M$，exp（c（8））$=\sigma_S^2$，exp（c（9））$=\sigma_D^2$，exp（c（10））$=\sigma_M^2$. pi$=\pi_t$，yhat$=\widehat{Y}_t$，i$=i_t$，us$=u_t^S$，ud$=u_t^D$，um$=u_t^M$. 相关 eviews 程序指令如下：

@signal pi=0.5+((c(2)*(1−c(5))+c(4))/((c(2)*(1−c(5))+c(4))*(1−0.5*c(5))−c(1)*(c(5)−c(3))))*us+(c(2)*c(1)/((c(2)*(1−c(6))+c(4))*(1−0.5*c(6))−c(1)*(c(6)−c(3))))*ud+(−c(1)/((c(2)*(1−c(7))+c(4))*(1−0.5*c(7))−c(1)*(c(7)−c(3))))*um

@signalyhat=((c(5)−c(3))/((c(2)*(1−c(5))+c(4))*(1−0.5*c(5))−c(1)*(c(5)−c(3))))*us+(c(2)*(1−0.5*c(6))/((c(2)*(1−c(6))+c(4))*(1−0.5*c(6))−c(1)*(c(6)−c(3))))*ud+(−(1−0.5*c(7))/((c(2)*(1−c(7))+c(4))*(1−0.5*c(7))−c(1)*(c(7)−c(3))))*um

@signal i=0.7+((c(3)*(c(2)*(1−c(5))+c(4))+c(4)*(c(5)−c(3)))/((c(2)*(1−c(5))+c(4))*(1−0.5*c(5))−c(1)*(c(5)−c(3))))*us+((c(3)*c

(2)*c(1)+c(4)*c(2)*(1−0.5*c(6)))/((c(2)*(1−c(6))+c(4))*(1−0.5*c
(6))−c(1)*(c(6)−c(3))))*ud+(−(c(3)*c(1)+c(4)*(1−0.5*c(7)))/((c
(2)*(1−c(7))+c(4))*(1−0.5*c(7))−c(1)*(c(7)−c(3)))+1)*um

  @state us=c(5)*us(−1)+[var=exp(c(8))]

  @state ud=c(6)*ud(−1)+[var=exp(c(9))]

  @state um=c(7)*um(−1)+[var=exp(c(10))]

  采用 Marquardt 极大似然估计方法，得到结构参数的估计结果见表 5.2。

表 5.2   结构参数估计

κ	σ	φ_π	φ_y	ρ_S	ρ_D	ρ_M	σ_S	σ_D	σ_M
0.07	0.14	0.33	1.36	0.00	0.97	0.56	0.75	0.88	1.53

  注：由于我国宏观数据的有效样本区间较短，10 个结构参数仅对应 73 个观测值，使得极大似然估计的统计显著性受到一定影响，这与我国大样本宏观数据可获得性较差的客观现实相关，尽管如此，所估计的参数结果相对于主观性较强的校准和贝叶斯估计方法仍具备一定的客观性和真实性，就仿真的参考意义而言值得进一步研究。

  由表 5.2 可知，新凯恩斯菲利普斯曲线中通胀率对产出缺口的反应系数 κ 为 0.07，若产出相对于稳态水平上升 1%，通胀率仅会上升 0.07%，当期通胀率对预期通胀率的反应系数 β 为 0.5，若预期通胀率上升 1%，当期通胀率会上升 0.5%，说明通胀率更多地依赖通胀预期而不是产出缺口。我国居民的总体相对风险厌恶系数 σ 为 0.14，相对较小。我国央行政策利率对通胀的反应系数 0.33，明显小于对产出缺口的反应系数 1.36，说明我国价格型货币政策调控更关注产出而不是物价。总供给冲击波动率 0.75 最小，且不具有持续性；总需求冲击波动率 0.88 较小，但持续性很强，衰减很慢，每期衰减 3%；货币政策冲击波动率 1.53 最大，但持续性较弱，衰减较快，每期衰减 44%。据此可以粗略判断我国宏观经济受总供给冲击影响较小，主要受总需求冲击和货币政策冲击的影响，但二者大小不易判断，需后文的方差分解详细解释。

  根据式（5.46）、（5.47）和表 5.2，得到简化参数的估计结果见表 5.3。

表 5.3   简化参数估计

A_π	B_π	C_π	A_y	B_y	C_y	A_i	B_i	C_i
0.9848	0.0149	−0.0695	−0.2167	0.1096	−0.7147	0.0303	0.1540	0.0051

  由表 5.3 可知，总供给冲击对通胀率的影响为正，对产出缺口的影响为负，对利率的影响为正；总需求冲击对对通胀率、产出缺口、利率的影响都为

正；货币政策名义利率冲击对通胀率、产出缺口的影响都为负，对名义利率的影响为正。三类冲击对宏观经济变量的影响方向与经济理论和经济直觉相符。

根据式（5.49）和表5.2、表5.3，可得我国新凯恩斯模型的最终解（MSV 解）如下：

$$\begin{cases} \pi_t = 0.5 + 0.9848 \times u_t^S + 0.0149 \times u_t^D - 0.0695 \times u_t^M \\ \widehat{Y}_t = -0.2167 u_t^S + 0.1096 \times u_t^D - 0.7147 \times u_t^M \\ i_t = 0.7 + 0.0303 \times u_t^S + 0.1540 \times u_t^D + 0.0051 \times u_t^M \\ u_t^S = \varepsilon_t^S \sigma_S = 0.75 \\ u_t^D = 0.97 \times u_{t-1}^D + \varepsilon_t^D \sigma_D = 0.88 \\ u_t^M = 0.56 \times u_{t-1}^M + \varepsilon_t^M \sigma_M = 1.53 \end{cases} \quad (5.50)$$

5.2.4　均衡的存在性和唯一性检验

因为 $A_T = \dfrac{1}{\varphi_y + \sigma + \kappa\varphi_\pi} \begin{bmatrix} \kappa + \beta(\varphi_y + \sigma) & \kappa\sigma \\ -(\beta\varphi_\pi - 1) & \sigma \end{bmatrix} = \begin{pmatrix} 0.5384 & 0.0064 \\ 0.5482 & 0.0919 \end{pmatrix}$，$A_T$ 的两个特征根分别为 0.5461 和 0.0842，均位于单位圆内，根据命题1和命题2，我国的新凯恩斯模型有唯一的确定性均衡解，且该解与 MSV 解相等。

5.2.5　随机模拟

根据式（5.50）随机模拟 2100 个数据点，舍弃前 100 个数据点，保留后2000 个数据点，基于 2000 个模拟数据点计算得到模型的均值和标准差，与真实数据的均值和标准差进行比较，见表5.4。

表 5.4　均值－标准差分析

变量名称	真实数据均值	真实数据标准差	模拟数据均值	模拟数据标准差
π_t	0.476234	0.766750	0.523339	0.746844
$\widehat{Y}_t$	3.92E−12	1.423034	0.043279	1.12227
i_t	0.742483	0.310242	0.713081	0.193984

由表5.4可知，基于估计所得的新凯恩斯模型的模拟数据在数字特征上与

现实数据基本吻合，说明该模型对我国现实宏观经济的运行机制刻画较为合理，不存在较大的设定偏误。因此基于该模型的政策分析具备一定的参考价值。

5.2.6 脉冲响应分析

根据式（5.50）计算脉冲响应图，见图 5.1、图 5.2、图 5.3，pi 为通胀率，y 为产出缺口，i 为名义利率，us 为总供给冲击，ud 为总需求冲击，um 为货币政策冲击。

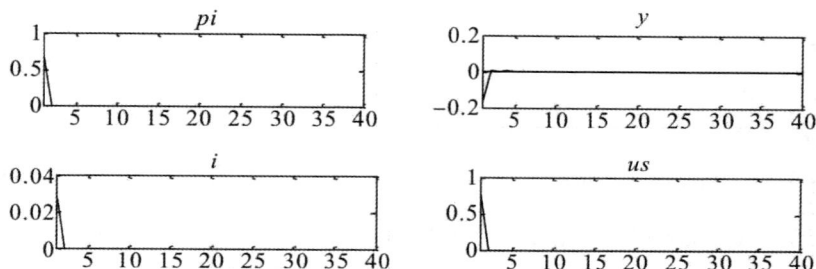

图 5.1　一个标准差总供给冲击的脉冲响应图

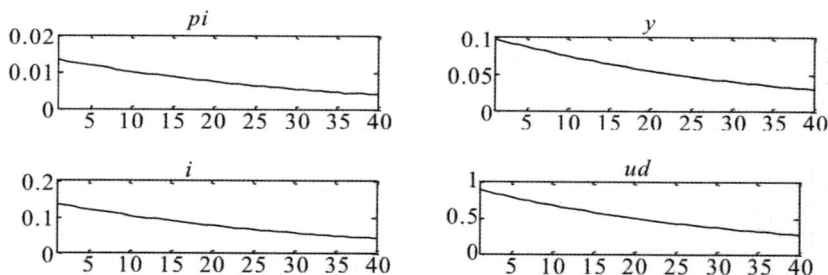

图 5.2　一个标准差总需求冲击的脉冲响应图

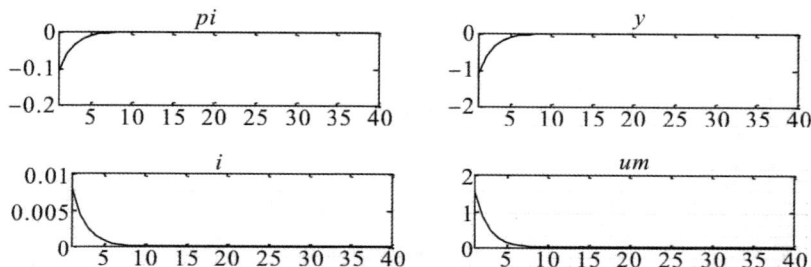

图 5.3　一个标准差货币政策冲击的脉冲响应图

由图 5.1 可知，在一个标准差的总供给冲击下，当期的通胀率上升 0.7386 个百分点，产出缺口下降 0.1625 个百分点，利率上升 0.0227 个百分点，下一期各变量恢复至稳态，总供给冲击对通胀率和产出缺口影响较大，对利率影响很小。由图 5.2 可知，在一个标准差的总需求冲击下，当期的通胀率、产出缺口、利率各上升 0.0131、0.0965、0.1355 个百分点，这些变动以后每期都衰减 3%，总需求冲击对通胀率和产出缺口影响较小，对利率影响较大。由图 5.3 可知，在一个标准差的货币政策冲击下，当期的通胀率和产出缺口各下降 0.1063、1.0935 个百分点，利率上升 0.0078 个百分点，这些变动以后每期都衰减 44%，货币政策冲击对产出缺口和通胀率影响较大，对利率的影响较小。可以看出，我国的价格型货币政策对经济增长的调控效果最佳，其次是通胀率。

5.2.7　方差分解分析

对式（5.50）求无条件方差，可得：

$$
\begin{cases}
\mathrm{Var}(\pi_t) = 0.9848^2 \times \mathrm{Var}(u_t^S) + 0.0149^2 \times \mathrm{Var}(u_t^D) + (-0.0695)^2 \times \mathrm{Var}(u_t^M) \\
\mathrm{Var}(\hat{Y}_t) = (-0.2167)2\mathrm{Var}(u_t^S) + 0.1096^2 \times \mathrm{Var}(u_t^D) + (-0.7147)^2 \times \mathrm{Var}(u_t^M) \\
\mathrm{Var}(i_t) = 0.0303^2 \times \mathrm{Var}(u_t^S) + 0.1540^2 \times \mathrm{Var}(u_t^D) + 0.0051^2 \times \mathrm{Var}(u_t^M) \\
\mathrm{Var}(u_t^S) = \sigma_S^2 = 0.75^2 \\
\mathrm{Var}(u_t^D) = 0.97^2 \times \mathrm{Var}(u_{t-1}^D) + \sigma_D^2 = 0.97^2 \times \mathrm{Var}(u_t^D) + 0.88^2 \\
\mathrm{Var}(u_t^M) = 0.56^2 \times \mathrm{Var}(u_{t-1}^M) + \sigma_M^2 = 0.56^2 \times \mathrm{Var}(u_t^M) + 1.53^2
\end{cases}
$$

$$(5.51)$$

由式（5.51）可得内生的宏观经济变量通胀率、产出缺口、利率的方差分解结果，见表 5.5。

表 5.5　方差分解

变量	总方差	方差贡献			方差贡献占比		
		u_t^S	u_t^D	u_t^M	u_t^S	u_t^D	u_t^M
π_t	0.564912	0.54553	0.002909	0.016473095	0.96569	0.00515	0.02916
$\hat{Y}_t$	1.925832	0.026414	0.157398	1.742020057	0.013716	0.08173	0.904554
i_t	0.311361	0.000516	0.310756	8.87046E−05	0.001659	0.998056	0.000285

由表 5.5 可知，总供给冲击占了通胀率波动来源的绝大部分，总需求冲击占了名义利率波动来源的绝大部分，货币政策冲击占了产出缺口波动来源的绝大部分。这说明我国中央银行的价格型货币政策的变动主要受总需求冲击的影响，而价格型货币政策的作用主要体现在产出缺口的调控上，对通胀率的调控

效果较弱，通胀率的波动主要受总供给冲击的影响。各类冲击对经济周期的相对重要性与 Ireland（2004）对美国数据的研究结果相似。

5.3 小结

本章重新构建了新凯恩斯模型，突破传统 BK 条件的参数限制，用待定系数法求得 MSV 解析解，将 MSV 解析解表达为状态空间模型，基于极大似然估计得到结构参数值。中国泰勒规则型货币政策反应函数得到结构性估计，名义利率对通胀率反应系数 0.33，对产出缺口反应系数 1.36，中国价格型货币政策能在本章的新凯恩斯模型框架下得到确定性均衡，从均衡的唯一性上看，中央银行的价格型货币政策具备较好的稳定宏观经济的效果。基于估计所得的新凯恩斯模型的模拟数据在数字特征上与现实数据基本吻合，说明该模型对我国现实宏观经济的运行机制刻画较为合理，不存在较大的设定偏误。因此基于该模型的政策分析具备一定的参考价值。脉冲响应结果表明，总供给冲击只在当期产生影响，对通胀率和产出缺口的影响方向相反，总需求冲击对经济周期有长期持续性影响，对通胀率和产出缺口的影响方向相同，货币政策冲击对经济周期有短期持续性影响，对通胀率和产出缺口的影响方向相同。冲击的影响方向符合凯恩斯模型对宏观经济波动的传统解释，但冲击的持久性有别于美国数据结果，美国数据结果一般认为总供给冲击具有持久性（Blanchard，1989）。方差分解结果表明，通胀波动主要来源于供给冲击，产出缺口波动主要来源于货币政策冲击，名义利率波动主要来源于总需求冲击，冲击的相对重要性与 Ireland（2004）对美国数据的研究结果相似。

中国的通胀率波动主要受供给侧影响，产出缺口波动主要受货币政策影响，名义利率波动主要受需求侧影响，蕴含如下政策启示：中国的价格型货币政策对稳增长有重要作用，应进一步营造利率市场化环境，发挥价格型货币政策的作用，中国的通胀率稳定有赖于供给侧结构性改革的顺利实施，中国的基准利率稳定有赖于市场制度的进一步完善和市场主体的进一步理性。总的来说，中国的政策利率对通胀的反应程度偏低，对产出缺口的反应偏高，中央银行如何权衡物价和产出这两个冲突性的政策目标，使社会福利达到最优，这是关于最优货币政策的研究课题，也是未来新的研究热点。

6 中国可变价格型货币政策研究
——基于马尔科夫区制转换费雪模型

6.1 理论模型

假定不存在价格黏性，考虑一个禀赋经济，代表性经济人最大化终生效用如下：

$$E_0 \sum_{t=0}^{\infty} \beta^t e^{a_t} \frac{C_t^{1-\gamma}}{1-\gamma} \qquad (6.1)$$

代表性经济人面临的预算约束为：

$$P_t C_t + B_t = P_t Y_t + (1+i_{t-1})B_{t-1} \qquad (6.2)$$

其中，E 是数学期望算子，$\beta \in (0, 1)$ 是主观贴现因子，a_t 是偏好冲击，C_t 是消费，$\gamma > 0$ 是相对风险厌恶系数，Y_t 是禀赋，P_t 是消费品的价格，B_t 是单期无风险名义债券的持有量，i_t 是债券的名义利率。假设禀赋按不变的速度增长，即 $Y_{t+1}/Y_t = \lambda$。假设偏好冲击服从平稳的随机过程 AR（1）：

$$a_t = \rho_a a_{t-1} + \varepsilon_t^a \qquad (6.3)$$

其中，$\rho_a \in (-1, 1)$，ε_t^a 是独立同分布的正态过程，均值为 0，方差为 σ_a^2。

模型的一阶条件要求当期 1 单位货币的消费所带来的效用与用这 1 单位货币去购买单期无风险债券，并在下一期消费所带来的预期效用相等，即

$$\frac{e^{a_t} C_t^{-\gamma}}{P_t} = E_t \left[\beta \frac{e^{a_{t+1}} C_{t+1}^{-\gamma}}{P_{t+1}} (1+i_t) \right] \qquad (6.4)$$

产品市场出清条件为：

$$C_t = Y_t \qquad (6.5)$$

将式（6.5）代入式（6.4），可得：

$$\frac{e^{a_t}Y_t^{-\gamma}}{P_t} = E_t\left[\beta\frac{e^{a_{t+1}}Y_{t+1}^{-\gamma}}{P_{t+1}}(1+i_t)\right] \tag{6.6}$$

因为 $Y_{t+1}/Y_t = \lambda$，令通货膨胀率 $\pi_t = (P_t - P_{t-1})/P_{t-1}$，式（6.6）可变形为：

$$1 = E_t\left[\beta(1+i_t)e^{a_{t+1}-a_t}\lambda^{-\gamma}\frac{1}{\pi_{t+1}+1}\right] \tag{6.7}$$

对式（6.7）取自然对数，可得：

$$0 = \ln\beta - \gamma\ln\lambda + \ln(1+i_t) - E_t\ln(\pi_{t+1}+1) + E_t a_{t+1} - a_t \tag{6.8}$$

由式（6.3）可知 $E_t a_{t+1} = \rho_a a_t$ 和稳态条件 $a = 0$。当 x 足够小的时候，由泰勒公式可知，$\ln(1+x) \approx x$。式（6.8）减去对应的稳态，整理可得：

$$i_t = i - \pi + E_t\pi_{t+1} + (1-\rho_a)a_t \tag{6.9}$$

其中，i 是名义利率 i_t 的稳态，π 是通货膨胀率 π_t 的稳态。

在不存在价格黏性的假设前提下，中央银行的货币政策规则主要是考虑如何让名义利率对通货膨胀率进行合理反应。在不同的经济状态下，中央银行对通货膨胀率的容忍程度可能有所不同，名义利率对通货膨胀率的反应系数也可能有所不同。假设经济存在两种状态，用 $s_t \in \{1, 2\}$ 反映经济所处的状态，在状态 1 下，名义利率对通胀率的反应系数是 φ_1，在状态 2 下，名义利率对通胀率的反应系数是 φ_2，$\varphi_1 > \varphi_2$。经济所处状态 s_t 的转移概率矩阵如下：

$$Q_s = \begin{bmatrix} q_{11} & q_{12} \\ q_{21} & q_{22} \end{bmatrix} \tag{6.10}$$

其中，$q_{ij} = \text{Prob}(s_{t+1} = j \mid s_t = i)$，$i, j \in \{1, 2\}$，$q_{11} + q_{12} = 1$，$q_{21} + q_{22} = 1$。

为了刻画货币政策规则的这种非线性特征，本章设定中央银行采用的马尔科夫区制转换（MS）泰勒型利率规则由下式给出：

$$\begin{cases} i_t = i_1 + \varphi_1\pi_t + u_t \text{ 当 } s_t = 1 \\ i_t = i_2 + \varphi_2\pi_t + u_t \text{ 当 } s_t = 2 \end{cases} \tag{6.11}$$

货币政策冲击 u_t 服从平稳的随机过程 AR（1）：

$$u_t = \rho_u u_{t-1} + \varepsilon_t^u \tag{6.12}$$

其中，$\rho_u \in (-1, 1)$，ε_t^u 是独立同分布的正态过程，均值为 0，方差为 σ_u^2。

6.1.1 MSRE 模型

假设经济主体对央行的货币政策立场按马尔科夫链转换有理性预期，即在每种状态（区制）下，经济主体都预期到当期的货币政策立场不会长久保持，维持不变的概率小于1，且以大于0的概率会转换到另一个货币政策立场，对未来政策可能变动的预期会改变当期的经济行为。联立式（6.9）、（6.11），可得马尔科夫区制转换理性预期（MSRE）模型：

$$\begin{cases} i_1 + \varphi_1 \pi_t + u_t = i - \pi + E_t \pi_{t+1} + (1 - \rho_a)a_t, 当 s_t = 1 \\ i_2 + \varphi_2 \pi_t + u_t = i - \pi + E_t \pi_{t+1} + (1 - \rho_a)a_t, 当 s_t = 2 \end{cases} \quad (6.13)$$

参照 Davig 和 Leeper（2007）的做法定义内生变量 $\pi_{1t} = \pi_t$（$s_t = 1$），$\pi_{2t} = \pi_t$（$s_t = 2$），$i_{1t} = i_t$（$s_t = 1$），$i_{2t} = i_t$（$s_t = 2$）。它们分别为状态1、2下的通胀率，状态1、2下的名义利率。定义 $E_{1t} \pi_{t+1} = E_t \pi_{t+1}$（$s_t = 1$）、$E_{2t} \pi_{t+1} = E_t \pi_{t+1}$（$s_t = 2$）。它们分别为状态1、2下的通胀预期，且有：

$$\begin{cases} E_{1t} \pi_{t+1} = q_{11} E_t \pi_{1t+1} + q_{12} E_t \pi_{2t+1} \\ E_{2t} \pi_{t+1} = q_{21} E_t \pi_{1t+1} + q_{22} E_t \pi_{2t+1} \end{cases} \quad (6.14)$$

外生变量 u_t、a_t 不受经济状态 s_t 的影响。由式（6.13）、（6.14）可得：

$$\begin{cases} i_1 + \varphi_1 \pi_{1t} + u_t = i - \pi + q_{11} E_t \pi_{1t+1} + q_{12} E_t \pi_{2t+1} + (1 - \rho_a)a_t \\ i_2 + \varphi_2 \pi_{2t} + u_t = i - \pi + q_{21} E_t \pi_{1t+1} + q_{22} E_t \pi_{2t+1} + (1 - \rho_a)a_t \end{cases}$$
$$(6.15)$$

将式（6.15）写为矩阵形式：

$$\begin{bmatrix} \varphi_1 & 0 \\ 0 & \varphi_2 \end{bmatrix} \begin{bmatrix} \pi_{1t} \\ \pi_{2t} \end{bmatrix} = \begin{bmatrix} q_{11} & q_{12} \\ q_{21} & q_{22} \end{bmatrix} E_t \begin{bmatrix} \pi_{1t+1} \\ \pi_{2t+1} \end{bmatrix} + \begin{bmatrix} i - \pi + (1 - \rho_a)a_t - u_t - i_1 \\ i - \pi + (1 - \rho_a)a_t - u_t - i_2 \end{bmatrix}$$
$$(6.16)$$

对于上式这类理性预期线性差分方程组而言，可能存在多个均衡解，但 McCallum（1983）提出的最小状态变量（MSV）解是其中性质最好的一个解，其他的解会增大内生宏观经济变量波动的强度和持久度（Farmer 等，2009a，2009b）。式（6.16）的最小状态变量集为 $\{1, a_t, u_t\}$，用待定系数法求解式（6.16）的 MSV 解，设

$$\pi_{1t} = A_1 + B_1 a_t + C_1 u_t \quad (6.17)$$

$$\pi_{2t} = A_2 + B_2 a_t + C_2 u_t \quad (6.18)$$

由式（6.3）、（6.12）可得：

$$E_t \pi_{1t+1} = A_1 + B_1 \rho_a a_t + C_1 \rho_u u_t \quad (6.19)$$

$$E_t \pi_{2t+1} = A_2 + B_2 \rho_a a_t + C_2 \rho_u u_t \quad (6.20)$$

将式（6.17−6.20）代入式（6.15），整理可得：

$$\begin{cases}
\varphi_1 A_1 = q_{11} A_1 + q_{12} A_2 + i - \pi - i_1 \\
\varphi_2 A_2 = q_{21} A_1 + q_{22} A_2 + i - \pi - i_2 \\
\varphi_1 B_1 = q_{11} B_1 \rho_a + q_{12} B_2 \rho_a + (1 - \rho_a) \\
\varphi_2 B_2 = q_{21} B_1 \rho_a + q_{22} B_2 \rho_a + (1 - \rho_a) \\
\varphi_1 C_1 = q_{11} C_1 \rho_u + q_{12} C_2 \rho_u - 1 \\
\varphi_2 C_2 = q_{21} C_1 \rho_u + q_{22} C_2 \rho_u - 1
\end{cases} \tag{6.21}$$

求解上式六元一次方程组，可得：

$$\begin{cases}
A_1 = \dfrac{(i - \pi - i_2) q_{12} + (i - \pi - i_1)(\varphi_2 - q_{22})}{(\varphi_1 - q_{11})(\varphi_2 - q_{22}) - q_{12} q_{21}} \\[4mm]
A_2 = \dfrac{q_{21}}{\varphi_2 - q_{22}} \dfrac{(i - \pi - i_2) q_{12} + (i - \pi - i_1)(\varphi_2 - q_{22})}{(\varphi_1 - q_{11})(\varphi_2 - q_{22}) - q_{21} q_{12}} + \dfrac{i - \pi - i_2}{\varphi_2 - q_{22}} \\[4mm]
B_1 = \dfrac{(1 - \rho_a)(q_{12} \rho_a + \varphi_2 - q_{22} \rho_a)}{(\varphi_1 - q_{11} \rho_a)(\varphi_2 - q_{22} \rho_a) - q_{12} q_{21} \rho_a^2} \\[4mm]
B_2 = \dfrac{q_{21} \rho_a}{\varphi_2 - q_{22} \rho_a} \dfrac{(1 - \rho_a)(q_{12} \rho_a + \varphi_2 - q_{22} \rho_a)}{(\varphi_1 - q_{11} \rho_a)(\varphi_2 - q_{22} \rho_a) - q_{12} q_{21} \rho_a^2} + \dfrac{1 - \rho_a}{\varphi_2 - q_{22} \rho_a} \\[4mm]
C_1 = \dfrac{-(q_{12} \rho_u + \varphi_2 - q_{22} \rho_u)}{(\varphi_1 - q_{11} \rho_u)(\varphi_2 - q_{22} \rho_u) - q_{12} q_{21} \rho_u^2} \\[4mm]
C_2 = \dfrac{q_{21} \rho_u}{\varphi_2 - q_{22} \rho_u} \dfrac{-(q_{12} \rho_u + \varphi_2 - q_{22} \rho_u)}{(\varphi_1 - q_{11} \rho_u)(\varphi_2 - q_{22} \rho_u) - q_{12} q_{21} \rho_u^2} + \dfrac{-1}{\varphi_2 - q_{22} \rho_u}
\end{cases}$$

$$\tag{6.22}$$

除了考虑经济基本面的（fundamental）状态变量 a_t、u_t 外，再增加一个额外的心理预期状态变量 w_t，该变量会对均衡通胀产生非理性扰动，利用 MSV 解即可构造式（6.16）的全部可行解：

$$\pi_{1t} = A_1 + B_1 a_t + C_1 u_t + w_{1t} \tag{6.23}$$

$$\pi_{2t} = A_2 + B_2 a_t + C_2 u_t + w_{2t} \tag{6.24}$$

其中，w_{1t}、w_{2t} 分别为状态 1、2 下的心理预期变量，且满足以下条件：

$$\begin{bmatrix} \varphi_1 & 0 \\ 0 & \varphi_2 \end{bmatrix} \begin{bmatrix} w_{1t} \\ w_{2t} \end{bmatrix} = \begin{bmatrix} q_{11} & q_{12} \\ q_{21} & q_{22} \end{bmatrix} E_t \begin{bmatrix} w_{1t+1} \\ w_{2t+1} \end{bmatrix} \tag{6.25}$$

经济学家对理性预期模型的均衡解的讨论排除了爆炸解（explosive behavior）的情形，将所有可行的均衡解限定为"平稳"时间序列。关于解的平稳性有三种常见定义：有界平稳（bounded stability）、均值有界平稳（bounded in mean stability）、均值-协方差有界平稳（bounded in mean-square stability）。这三种定义对于线性理性预期模型而言是等价的，但对于 MSRE 模型而言不是等价的（Farmer 等，2009a）。本章将在这三种定义下讨论所构建的 MSRE 模型均衡解的确定性。若可行的均衡解不唯一，一般为无穷多个，则称均衡不确定（indeterminate）；若可行的均衡解唯一，一般为 MSV 解，则称均衡确定（determinate）。

定义 1：n 维过程 x_t 有界平稳是指存在一个实数 $N > 0$，使得对所有的 t，$\| x_t \| < N$，其中，$\| \cdot \|$ 为任意定义良好的范数。

因为外生变量 a_t、u_t 是有界平稳的，所以式（6.16）的 MSV 解式（6.17）、（6.18）也是有界平稳的。要使式（6.16）的均衡确定，满足式（6.25）的 w_{1t}、w_{2t} 必须有唯一有界解，且该解为零。根据二维理性预期线性差分方程组的知识，必须有以下条件成立：$M = \begin{bmatrix} 1/\varphi_1 & 0 \\ 0 & 1/\varphi_2 \end{bmatrix} \begin{bmatrix} q_{11} & q_{12} \\ q_{21} & q_{22} \end{bmatrix}$ 的两个特征根都位于单位圆内[①]。

定义 2：n 维过程 x_t 均值有界平稳是指存在一个 n 维向量 μ，使得 $\lim_{t \to \infty} E_0 [x_t] = \mu$。

因为外生变量 a_t、u_t 是均值有界平稳的，所以式（6.16）的 MSV 解式（6.17）、（6.18）也是均值有界平稳的。要使式（6.16）的均衡确定，满足式（6.25）的 w_{1t}、w_{2t} 必须有唯一均值有界解，且解为零。满足式（6.25）的解集可表达为：

$$\begin{cases} w_{1t+1} = \alpha_{11} w_{1t} + \beta_{11}(m\varepsilon_{t+1}^a + n\varepsilon_{t+1}^u + \gamma_{t+1}) \\ w_{2t+1} = \alpha_{12} w_{1t} + \beta_{12}(m\varepsilon_{t+1}^a + n\varepsilon_{t+1}^u + \gamma_{t+1}) \\ w_{1t+1} = \alpha_{21} w_{2t} + \beta_{21}(m\varepsilon_{t+1}^a + n\varepsilon_{t+1}^u + \gamma_{t+1}) \\ w_{2t+1} = \alpha_{22} w_{2t} + \beta_{22}(m\varepsilon_{t+1}^a + n\varepsilon_{t+1}^u + \gamma_{t+1}) \end{cases} \tag{6.26}$$

其中，α_{ij}、β_{ij} 为经济状态 $s_t = i$，$s_{t+1} = j$ 时的系数，m，n 为任意常数，γ_t 为独立同分布的正态过程，均值为 0，方差为 σ_γ^2，与 ε_t^a、ε_t^u 不相关的随机误差项。将式（6.26）代入式（6.25），可得 w_t 非零时的约束条件：

$$\begin{cases} \varphi_1 = q_{11}\alpha_{11} + q_{12}\alpha_{12} \\ \varphi_2 = q_{21}\alpha_{21} + q_{22}\alpha_{22} \end{cases} \tag{6.27}$$

式（6.27）两个方程对应四个系数，不利于解析分析。为此本章设定在状态 1 下，心理预期状态变量为零，即 $\alpha_{11} = \alpha_{21} = \beta_{11} = \beta_{21} = 0$，由此 $\alpha_{12} = \varphi_1/$

---

① Davig 和 Leeper（2007）提出的长期泰勒准则（long-run Taylor principle，LRTP）要求：若 $\phi_i > q_{ii}$，$i = 1，2$ 且 $\phi_i > 1$，$i = 1$ 或 2，则 M 的两个特征根都位于单位圆内等价于 $(1-\phi_2) q_{11} + (1-\phi_1) q_{22} + \phi_1\phi_2 > 1$。

q_{12}，$\alpha_{22} = \varphi_2/q_{22}$。定义新的经济状态[①] $\theta_{t+1} = (s_t,\ s_{t+1})$，它的概率转移矩阵为：

$$Q_\theta = \begin{bmatrix} q_{11} & q_{12} & 0 & 0 \\ 0 & 0 & q_{21} & q_{22} \\ q_{11} & q_{12} & 0 & 0 \\ 0 & 0 & q_{21} & q_{22} \end{bmatrix} \qquad (6.28)$$

Costa 等（2004）对离散马尔科夫跳跃线性系统的平稳性进行了系统的研究，本章借鉴其成果，要使式（6.16）的均衡在定义 2 下确定，w_t 只能为常数零，若非零则不满足均值有界，即要求：

$$Q'_\theta \begin{bmatrix} \alpha_{11} & 0 & 0 & 0 \\ 0 & \alpha_{12} & 0 & 0 \\ 0 & 0 & \alpha_{21} & 0 \\ 0 & 0 & 0 & \alpha_{22} \end{bmatrix} \qquad (6.29)$$

至少有一个特征根大于 1。

求解式（6.29），等价于 $\varphi_2 > 1$。

定义 3：n 维过程 x_t 均值－协方差有界平稳是指存在一个 n 维向量 μ 和一个 $n \times n$ 维矩阵 Σ，使得 $\lim_{t\to\infty} E_0 [x_t] = \mu$ 和 $\lim_{t\to\infty} E_0 [x_t x'_t] = \Sigma$。

因为外生变量 a_t、u_t 是均值－协方差有界平稳的，所以式（6.16）的 MSV 解式（6.17）、（6.18）也是均值－协方差有界平稳的。要使式（6.16）的均衡确定，满足式（6.25）的 w_{1t}、w_{2t} 必须有唯一均值－协方差有界解，且该解为零。由 Costa 等（2004）的相关结论可知，w_t 只能为常数零，若非零则不满足均值有界，即要求：

$$Q'_\theta \begin{bmatrix} \alpha_{11}^2 & 0 & 0 & 0 \\ 0 & \alpha_{12}^2 & 0 & 0 \\ 0 & 0 & \alpha_{21}^2 & 0 \\ 0 & 0 & 0 & \alpha_{22}^2 \end{bmatrix} \qquad (6.30)$$

至少有一个特征根大于 1。

求解式（6.30），等价于 $\varphi_2^2/q_{22} > 1$。

将式（6.17）、（6.18）代入式（6.11），可得关于名义利率的 MSV 解

---

① $s_t = 1$，$s_{t+1} = 1$ 对应 $\theta_{t+1} = 1$，$s_t = 1$，$s_{t+1} = 2$ 对应 $\theta_{t+1} = 2$，$s_t = 2$，$s_{t+1} = 1$ 对应 $\theta_{t+1} = 3$，$s_t = 2$，$s_{t+1} = 2$ 对应 $\theta_{t+1} = 4$。

如下：

$$\begin{cases} i_{1t} = i_1 + \varphi_1\pi_{1t} + u_t = i_1 + \varphi_1(A_1 + B_1a_t + C_1u_t) + u_t \\ \quad = i_1 + \varphi_1A_1 + \varphi_1B_1a_t + (\varphi_1C_1 + 1)u_t \\ i_{2t} = i_2 + \varphi_2\pi_{2t} + u_t = i_2 + \varphi_2(A_2 + B_2a_t + C_2u_t) + u_t \\ \quad = i_2 + \varphi_2A_2 + \varphi_2B_2a_t + (\varphi_2C_2 + 1)u_t \end{cases} \qquad (6.31)$$

最终，由式（6.17−6.18）、（6.31）、（6.22）、（6.3）、（6.12）、（6.10）构成了决定通货膨胀率和名义利率的马尔科夫区制转换理性预期模型的 MSV 解。

6.1.2 LRE 模型

假设央行继续按马尔科夫链转换货币政策立场，但经济主体并未对此产生理性预期，即在每种状态（区制）下，经济主体都坚定地认为当期的货币政策立场是完全可信的，且在做理性经济决策所考虑的时间范围内长久不变。联立式（6.9）、（6.11），可得每种区制 s 下的线性理性预期（LRE）模型：

$$i_s + \varphi_s\pi_t + u_t = i - \pi + E_t\pi_{t+1} + (1 - \rho_a)a_t \qquad (6.32)$$

与求解 MSRE 模型的 MSV 解类似，设 $\pi_t = A + Ba_t + Cu_t$，用待定系数法可得：

$$\begin{cases} A = \dfrac{i_s - i + \pi}{1 - \varphi_s} \\ B = \dfrac{1 - \rho_a}{\varphi_s - \rho_a} \\ C = \dfrac{1}{\rho_u - \varphi_s} \end{cases} \qquad (6.33)$$

将 $\pi_t = A + Ba_t + Cu_t$ 代入式（6.11），可得

$$i_t = i_s + \varphi_sA + \varphi_sBa_t + (\varphi_sC + 1)u_t \qquad (6.34)$$

以上即为 LRE 模型的 MSV 解。LRE 模型的均衡确定性条件是显而易见的：若 $\varphi_s > 1$，则均衡在三种定义下确定；若 $0 < \varphi_s < 1$，则均衡在三种定义下不确定。

6.2　实证分析

本章上一节推导了马尔科夫区制转换货币政策规则下决定通胀和名义利率的理性预期模型，以及假定区制固定下的线性理性预期模型，并用待定系数法求得 MSV 解析形式均衡解，以及在三种"平稳"定义下，讨论了均衡确定性（唯一性）条件。这一节将假定经济主体完全理性，不存在心理预期偏差，基于 MSRE 模型的 MSV 解和中国数据采用极大似然估计法求得相关结构参数，利用所求参数值在三种"平稳"定义下检验均衡确定性[①]，最后利用随机模拟、脉冲响应和方差分解等技术做实证分析，并与经济主体在某一区制下不考虑未来区制变动情形下的结果做比较，从而剥离出经济主体对政策变动的预期对宏观经济和政策效果的影响。

将马尔科夫区制转换理性预期模型的 MSV 解表达为马尔科夫区制转换状态空间模型如下：

$$\begin{bmatrix} \pi_t \\ i_t \end{bmatrix} = \begin{bmatrix} A_{s_t} \\ i_{s_t} + \varphi_{s_t} A_{s_t} \end{bmatrix} + \begin{bmatrix} B_{s_t} & C_{s_t} \\ \varphi_{s_t} B_{s_t} & \varphi_{s_t} C_{s_t} + 1 \end{bmatrix} \begin{bmatrix} a_t \\ u_t \end{bmatrix} \tag{6.35}$$

$$\begin{bmatrix} a_t \\ u_t \end{bmatrix} = \begin{bmatrix} \rho_a & 0 \\ 0 & \rho_u \end{bmatrix} \begin{bmatrix} a_{t-1} \\ u_{t-1} \end{bmatrix} + \begin{bmatrix} \varepsilon_t^a \\ \varepsilon_t^u \end{bmatrix} \tag{6.36}$$

式（6.35）是量测方程（measurement equation），式（6.36）是转移方程（transition equation）。其中，带下标 s_t 的参数表示该参数的取值依赖于 t 时的经济状态变量 s_t 的取值，两状态马尔科夫区制转换变量 s_t 的转移概率已由式（6.10）给出。将式（6.35）、（6.36）写成简化表达：

$$y_t = Z_{s_t} x_t + d_{s_t} \tag{6.37}$$

$$x_t = T x_{t-1} + \varepsilon_t \tag{6.38}$$

其中，$y_t = \begin{bmatrix} \pi_t \\ i_t \end{bmatrix}$，$x_t = \begin{bmatrix} a_t \\ u_t \end{bmatrix}$，其他矩阵分别对应式（6.35）、（6.36）的

---

①　前面提到，理性预期的均衡解可能存在多个，MSV 解只是其中性质最好的一个解，要使 MSV 解是模型的唯一解需要参数满足一定的条件，而现实中的数据究竟由哪个解生成，深究起来过于复杂，只能简化设定，认为现实中的数据由 MSV 生成，这样便于估计参数，再通过所估参数来判断模型有无均衡不确定性的可能。一般而言，中央银行的政策目标应该追求均衡确定性，这样可以减少政策预见外的宏观经济波动。

相应矩阵。借鉴 Kim 和 Nelson（1999）的做法，构造本章马尔科夫区制转换状态空间模型下的卡尔曼滤波（Kalman filter）。$E(\varepsilon_t)=0$，$Var(\varepsilon_t)=Q$ $=\begin{bmatrix} \sigma_a^2 & 0 \\ 0 & \sigma_u^2 \end{bmatrix}$，定义 ψ_{t-1} 为直到 $t-1$ 时可得的观测变量向量，即 $\{y_0,\cdots,y_{t-1}\}$，

$$x_{t|t-1}^{(i,j)}=E[x_t|\psi_{t-1},s_t=j,s_{t-1}=i],$$
$$x_{t-1|t-1}^{i}=E[x_{t-1}|\psi_{t-1},s_{t-1}=i],$$
$$X_{t|t-1}^{(i,j)}=E[(x_t-x_{t|t-1})(x_t-x_{t|t-1})'|\psi_{t-1},s_t=j,s_{t-1}=i],$$
$$X_{t-1|t-1}^{i}=E[(x_{t-1}-x_{t-1|t-1})(x_{t-1}-x_{t-1|t-1})'|\psi_{t-1},s_{t-1}=i],$$
$$y_{t|t-1}^{(i,j)}=E[y_t|\psi_{t-1},s_t=j,s_{t-1}=i],$$
$$Y_{t|t-1}^{(i,j)}=E[(y_t-y_{t|t-1})(y_t-y_{t|t-1})'|\psi_{t-1},s_t=j,s_{t-1}=i]。$$

以 $s_t=j$，$s_{t-1}=i$ 为条件，卡尔曼滤波算法如下：

$$x_{t|t-1}^{(i,j)}=Tx_{t-1|t-1}^{i} \tag{6.39}$$

$$X_{t|t-1}^{(i,j)}=TX_{t-1|t-1}^{i}T'+Q \tag{6.40}$$

$$y_{t|t-1}^{(i,j)}=Z_jx_{t|t-1}^{(i,j)}+d_j \tag{6.41}$$

$$Y_{t|t-1}^{(i,j)}=Z_jX_{t|t-1}^{(i,j)}Z_j' \tag{6.42}$$

$$x_{t|t}^{(i,j)}=x_{t|t-1}^{(i,j)}+X_{t|t-1}^{(i,j)}Z_j'[Y_{t|t-1}^{(i,j)}]^{-1}(y_t-y_{t|t-1}^{(i,j)}) \tag{6.43}$$

$$X_{t|t}^{(i,j)}=X_{t|t-1}^{(i,j)}-X_{t|t-1}^{(i,j)}Z_j'[Y_{t|t-1}^{(i,j)}]^{-1}Z_jX_{t|t-1}^{(i,j)} \tag{6.44}$$

$$x_{t|t}^{j}=\frac{\sum_{i=1}^{2}\Pr[s_{t-1}=i,s_t=j|\psi_t]x_{t|t}^{(i,j)}}{\Pr[s_t=j|\psi_t]} \tag{6.45}$$

$$X_{t|t}^{j}=\frac{\sum_{i=1}^{2}\Pr[s_{t-1}=i,s_t=j|\psi_t]\{X_{t|t}^{(i,j)}+(x_{t|t}^{j}-x_{t|t}^{(i,j)})(x_{t|t}^{j}-x_{t|t}^{(i,j)})'\}}{\Pr[s_t=j|\psi_t]}$$

$$\tag{6.46}$$

式（6.45—6.46）中的概率项计算过程（汉密尔顿滤波，Hamilton filter）如下：

$$\Pr[s_{t-1}=i,s_t=j|\psi_{t-1}]=\Pr[s_{t-1}=i|\psi_{t-1}]\Pr[s_t=j|s_{t-1}=i]$$

$$\tag{6.47}$$

$$f(y_t|s_t=j,s_{t-1}=i,\psi_{t-1})$$
$$=(2\pi)^{-1}|Y_{t|t-1}^{(i,j)}|^{-\frac{1}{2}}\exp\left\{-\frac{1}{2}(y_t-y_{t|t-1}^{(i,j)})'Y_{t|t-1}^{(i,j)-1}(y_t-y_{t|t-1}^{(i,j)})\right\}$$

$$\tag{6.48}$$

$$f(y_t,s_t=j,s_{t-1}=i|\psi_{t-1})=f\left(y_t\left|\begin{matrix}s_t=j,\\s_{t-1}=i,\psi_{t-1}\end{matrix}\right.\right)\Pr[s_{t-1}=i,s_t=j|\psi_{t-1}]$$

$$\tag{6.49}$$

$$f(y_t | \psi_{t-1}) = \sum_{j=1}^{2} \sum_{i=1}^{2} f(y_t, s_t = j, s_{t-1} = i | \psi_{t-1}) \qquad (6.50)$$

$$\Pr[s_{t-1} = i, s_t = j | \psi_t] = \Pr[s_{t-1} = i, s_t = j | \psi_{t-1}, y_t]$$
$$= \frac{f(y_t, s_t = j, s_{t-1} = i | \psi_{t-1})}{f(y_t | \psi_{t-1})} \qquad (6.51)$$

$$\Pr[s_t = j | \psi_t] = \sum_{i=1}^{2} \Pr[s_{t-1} = i, s_t = j | \psi_t] \qquad (6.52)$$

给定初始条件 $x_{0|0}^i$、$X_{0|0}^i$、$\Pr[s_0|\psi_0]$，本章由稳态条件求得初始条件，

$$x_{0|0}^i = \begin{bmatrix} 0 \\ 0 \end{bmatrix}, \quad X_{0|0}^i = \begin{bmatrix} \dfrac{\sigma_a^2}{1-\rho_a^2} & 0 \\ 0 & \dfrac{\sigma_u^2}{1-\rho_u^2} \end{bmatrix}, \quad \Pr[s_0 = 1|\psi_0] = \frac{1-q_{22}}{2-q_{22}-q_{11}}, \quad \Pr$$

$[s_0 = 2 | \psi_0] = \dfrac{1-q_{11}}{2-q_{22}-q_{11}}$。通过循环式（6.39 - 6.52），由每次循环的式（6.50）可得对数似然函数：

$$LL = \ln[f(y_1, y_2, \cdots, y_T)] = \sum_{t=1}^{T} \ln[f(y_t | \psi_{t-1})] \qquad (6.53)$$

通过最大化式（6.53），可得 MSRE 模型的相关结构参数的极大似然估计值。

6.2.1 数据来源及稳态参数校准

通货膨胀率 π_t 用月度同比 CPI 表示（单位：%），名义利率 i_t 用月度 7 天加权平均利率表示（单位：%）。数据期间：1998 年 1 月到 2016 年 5 月。数据来源：同花顺 iFinD。样本量：221。通货膨胀率和名义利率的稳态值 π、i 分别用各自在样本期间内的均值来校准，$\pi = 1.89$，$i = 2.97$。由式（6.11）可得稳态条件 $i = i_1 + \varphi_1 \pi = i_2 + \varphi_2 \pi$，从而 $i_1 = 2.97 - 1.89\varphi_1$，$i_2 = 2.97 - 1.89\varphi_2$。

6.2.2 数据平稳性检验

本章采用 ADF 检验法来检验变量是否存在单位根。检验结果见表 6.1。在 10% 的显著性水平下，所有变量都是平稳的序列。

表 6.1　单位根检验

变量名称	检验形式	t 统计量	P 值
π_t	（C，0，14）	-2.754744	0.0667
i_t	（C，0，7）	-3.185584	0.0222

注：检验形式（C，T，P）分别表示截距项、时间趋势和滞后阶数，最大滞后阶数选为 14，基于 AIC 选择最佳滞后阶数。

6.2.3　参数估计、MSV 解及均衡确定性讨论

基于本章作者自主研发的 Matlab 编程技术[①]，本章得到相关结构参数的极大似然估计值如下：

表 6.2　结构参数

q_{11}	q_{22}	ρ_a	ρ_u	σ_a	σ_u	φ_1	φ_2
0.96（0.959）	0.91	0.96（0.961）	0.16	1.71	2.24	1.84	0.96（0.958）

由表 6.2 可知，在区制 1 下，央行名义利率对通胀率的容忍度低，反应系数 φ_1 为 1.84>1，固定不变的区制 1 符合泰勒准则（Taylor Principle）[②]，在前文三种均衡定义下有确定性均衡；在区制 2 下，央行名义利率对通胀率的容忍度高，反应系数 φ_2 为 0.96<1，固定不变的区制 2 不符合泰勒准则，在前文三种均衡定义下有不确定性均衡。然而，当经济主体预期到区制 1、区制 2 并不是固定不变，而是按马尔科夫链 Q_s 转换时，均衡的确定性条件将发生改变，而且三种均衡定义下的条件各有不同。区制 1 的预期持续时间 $\frac{1}{1-q_{11}}$ 较长，为 25 个月。区制 2 的预期持续时间 $\frac{1}{1-q_{22}}$ 较短，为 11 个月。根据定义 1，M 的两个特征根分别为 0.5170 和 0.9526，都位于单位圆内，因此 MSRE 模

---

① 相关 Matlab 代码可向作者索取。

② 泰勒准则（Woodford，2003）认为，在线性的理性预期框架下，名义利率对通胀率的反应系数必须大于 1 才能稳定通胀，否则，将导致通胀率上升时，实际利率不上升反而下降，或者通胀率下降时，实际利率不下降反而上升，引发自我实现的通胀或通缩（self-fulfilling inflation or deflation）。也就是说，只有当名义利率对通胀率的反应系数大于 1，线性理性预期模型才具有确定性均衡解。

型的均衡在定义 1 下确定。根据定义 2，φ_2 小于 1，不满足大于 1 的条件，因此 MSRE 模型的均衡在定义 2 下不确定。根据定义 3，φ_2^2/q_{22} 为 1.0127 满足大于 1 的条件，因此，MSRE 模型的均衡在定义 3 下确定。综上，本章所构建的 MSRE 模型具备唯一的有界平稳均衡解、唯一的均值－协方差有界平稳均衡解、不唯一的均值有界平稳均衡解。偏好冲击的持久性 ρ_a 为 0.96，明显大于货币政策冲击的持久性 ρ_u 为 0.16；然而偏好冲击的波动性 σ_a 为 1.71，小于货币政策冲击的波动性 σ_u 为 2.24。

将相关结构参数的估计值代入式（6.35、6.36），可得 MSRE 模型的 MSV 数值解为：

当 $s_t = 1$（在区制 1 下，预期区制变动）

$$\begin{bmatrix} \pi_t \\ i_t \end{bmatrix} = \begin{bmatrix} 1.8900 \\ 2.9700 \end{bmatrix} + \begin{bmatrix} 0.0657 & -0.5977 \\ 0.1208 & -0.0997 \end{bmatrix} \begin{bmatrix} a_t \\ u_t \end{bmatrix} \tag{6.54}$$

当 $s_t = 2$（在区制 2 下，预期区制变动）

$$\begin{bmatrix} \pi_t \\ i_t \end{bmatrix} = \begin{bmatrix} 1.8900 \\ 2.9700 \end{bmatrix} + \begin{bmatrix} 0.5286 & -1.2385 \\ 0.5075 & -0.1889 \end{bmatrix} \begin{bmatrix} a_t \\ u_t \end{bmatrix} \tag{6.55}$$

其中，

$$\begin{bmatrix} a_t \\ u_t \end{bmatrix} = \begin{bmatrix} 0.96 & 0 \\ 0 & 0.16 \end{bmatrix} \begin{bmatrix} a_{t-1} \\ u_{t-1} \end{bmatrix} + \begin{bmatrix} \varepsilon_t^a \\ \varepsilon_t^u \end{bmatrix} \tag{6.56}$$

$$\begin{bmatrix} \varepsilon_t^a \\ \varepsilon_t^u \end{bmatrix} \sim iidN \left(\begin{bmatrix} 0 \\ 0 \end{bmatrix}, \begin{bmatrix} 2.91 & 0 \\ 0 & 5 \end{bmatrix} \right) \tag{6.57}$$

将相关结构参数的估计值代入 $\pi_t = A + Ba_t + Cu_t$ 和式（6.34），可得 LRE 模型的 MSV 数值解为：

当 $s_t = 1$（在区制 1 下，预期区制固定）

$$\begin{cases} \pi_t = 1.8900 + 0.0455a_t - 0.5952u_t \\ i_t = 2.9700 + 0.0837a_t - 0.0952u_t \end{cases} \tag{6.58}$$

当 $s_t = 2$（在区制 2 下，预期区制固定）

$$\begin{cases} \pi_t = 1.8900 - 13.3333a_t - 1.2500u_t \\ i_t = 2.9700 - 12.8000a_t - 0.2000u_t \end{cases} \tag{6.59}$$

6.2.4　波动性分析

由式（6.54－6.57）可计算 MSRE 模型下通货膨胀率和名义利率在不同

区制下的无条件标准差，由式（6.56、6.59）可计算 LRE 模型下通货膨胀率和名义利率在不同区制下的无条件标准差，结果见表 6.3。

表 6.3　波动性分析

变量波动性（标准差）	MSRE 模型（预期区制变动）		LRE 模型（预期区制固定）		MSRE 模型－LRE 模型（预期区制变动效应）	
	区制 1	区制 2	区制 1	区制 2	区制 1	区制 2
σ_π	1.411868	4.271084	1.376479	81.28114	0.035389	−77.0101
σ_i	0.769835	3.121363	0.553659	77.98405	0.216176	−74.8627

由表 6.3 可知，若当前处于控制通胀较严的区制 1，预期央行有可能在未来控制通胀较松会比预期区制固定加大通货膨胀率和名义利率的波动，本章称为"不稳定"预期效应；若当期处于控制通胀较松的区制 2，预期央行有可能在未来控制通胀较严会比预期区制固定减少通货膨胀率和名义利率的波动，本章称为"稳定"预期效应。控制通胀较松时期的"稳定"预期效应明显大于控制通胀较严时期的"不稳定"预期效应。无论预期区制变动还是预期区制固定，区制 1 下的通货膨胀率和名义利率的波动明显小于区制 2 下的通货膨胀率和名义利率的波动。

6.2.5　脉冲响应分析

由式（6.54）～（6.57）可计算 MSRE 模型下通货膨胀率和名义利率在不同区制下的脉冲响应值，由式（6.56）～（6.59）可计算 LRE 模型下通货膨胀率和名义利率在不同区制下的脉冲响应值。

由图 6.1 可知，若当前处于控制通胀较严的区制 1，且预期央行未来可能控制通胀较松，则 1 个标准差的偏好冲击使即期通胀率、名义利率分别上升 0.11、0.21 个百分点，以后各期上升幅度比上一期衰减 4%；1 个标准差的货币政策冲击使即期通胀率、名义利率分别下降 1.34、0.22 个百分点，以后各期下降幅度比上一期衰减 84%。若预期央行未来保持控制通胀较严的政策，则 1 个标准差的偏好冲击使即期通胀率、名义利率分别上升 0.08、0.14 个百分点，以后各期上升幅度比上一期衰减 4%；1 个标准差的货币政策冲击使即期通胀率、名义利率分别下降 1.33、0.21 个百分点，以后各期下降幅度比上一期衰减 84%。在区制 1，预期区制 2 可能发生的效应是：不改变偏好冲击对通胀率和名义利率的影响方向，增大了偏好冲击对通胀率和名义利率的影响大小，但基本不改变货币政策冲击对通胀率和名义利率的影响方向和大小。

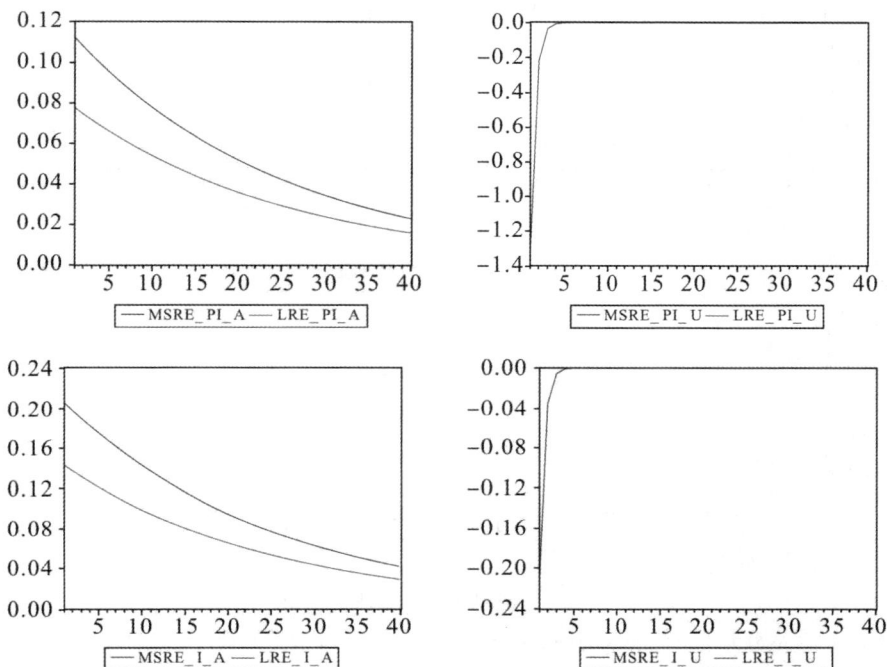

图 6.1 区制 1 下的脉冲响应图

（左边为 1 个标准差的偏好冲击，右边为 1 个标准差的货币政策冲击）

由图 6.2 可知，若当前处于控制通胀较松的区制 2，且预期央行未来可能控制通胀较严，则 1 个标准差的偏好冲击使即期通胀率、名义利率分别上升 0.9、0.87 个百分点，以后各期上升幅度比上一期衰减 4％；1 个标准差的货币政策冲击使即期通胀率、名义利率分别下降 2.77、0.42 个百分点，以后各期下降幅度比上一期衰减 84％。若预期央行未来保持控制通胀较松的政策，则 1 个标准差的偏好冲击使即期通胀率、名义利率分别下降 23、22 个百分点，以后各期下降幅度比上一期衰减 4％；1 个标准差的货币政策冲击使即期通胀率、名义利率分别下降 2.8、0.45 个百分点，以后各期下降幅度比上一期衰减 84％。在区制 2，预期区制 1 可能发生的效应是：改变了偏好冲击对通胀率和名义利率的影响方向，增大了偏好冲击对通胀率和名义利率的影响大小，但基本不改变货币政策冲击对通胀率和名义利率的影响方向和大小。

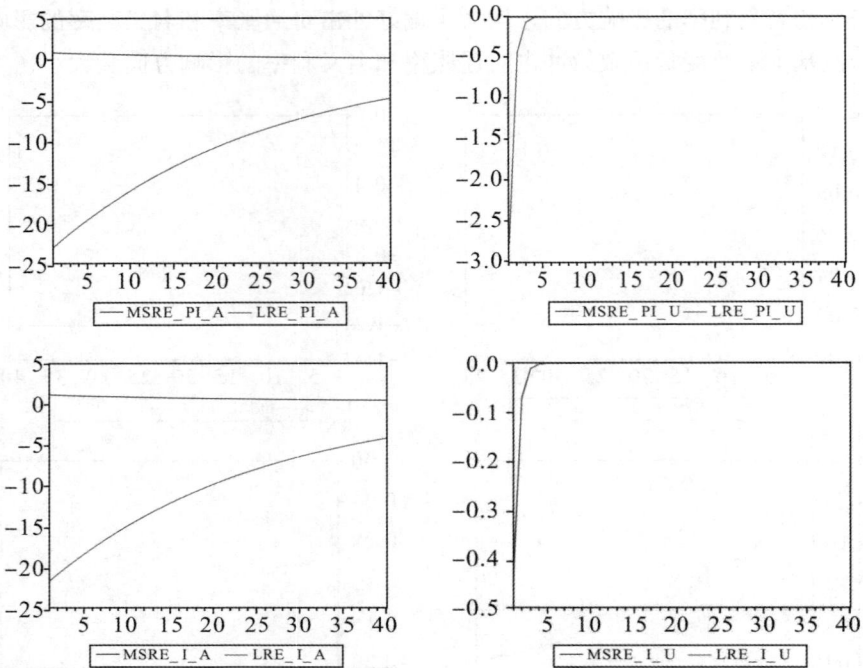

图 6.2　区制 2 下的脉冲响应图

（左边为 1 个标准差的偏好冲击，右边为 1 个标准差的货币政策冲击）

6.2.6　方差分解分析

由式（6.54）～（6.57）可计算 MSRE 模型下通货膨胀率和名义利率在不同区制下的方差分解值，由式（6.56）～（6.59）可计算 LRE 模型下通货膨胀率和名义利率在不同区制下的方差分解值，结果见表 6.4。

表 6.4　方差分解

模型	区制	变量	总方差	方差贡献		方差贡献占比	
				a_t	u_t	a_t	u_t
MSRE	区制 1	π_t	1.993372	0.160217	1.833155	0.080375	0.919625
		i_t	0.592646	0.54164	0.051006	0.913935	0.086065
	区制 2	π_t	18.24216	10.37125	7.870906	0.568532	0.431468
		i_t	9.742908	9.559805	0.183103	0.981206	0.018794

续表

模型	区制	变量	总方差	方差贡献		方差贡献占比	
				a_t	u_t	a_t	u_t
LRE	区制1	π_t	1.894694	0.076842	1.817852	0.040557	0.959443
		i_t	0.306538	0.260033	0.046506	0.848287	0.151713
	区制2	π_t	6606.624	6598.606	8.017755	0.998786	0.001214
		i_t	6081.511	6081.306	0.205255	0.999966	3.38E−05

由表 6.4 可知，若当前处于控制通胀较严的区制 1，无论预期央行未来可能控制通胀较松还是保持控制通胀较严，通胀率的波动主要来源于货币政策冲击，名义利率的波动主要来源于偏好冲击；若当前处于控制通胀较松的区制 2，无论预期央行未来可能控制通胀较紧还是保持控制通胀较松，通胀率的波动主要来源于偏好冲击，名义利率的波动主要来源于偏好冲击。在区制 1，预期未来区制 2 可能出现的效应是：增大了偏好冲击对通胀率、名义利率的方差贡献，减小了货币政策冲击对通胀率、名义利率的方差贡献。在区制 2，预期未来区制 1 可能出现的效应是：增大了货币政策冲击对通胀率、名义利率的方差贡献，减小了偏好冲击对通胀率、名义利率的方差贡献。

6.2.7 区制滤波概率图分析

根据式（6.52）可计算样本期内不同区制（区制 1 为 S1，区制 2 为 S2）的滤波概率（filtered probabilities），结果如图 6.3 所示。名义利率（I）、通胀率（PI）的月度时间序列如图 6.4 所示。

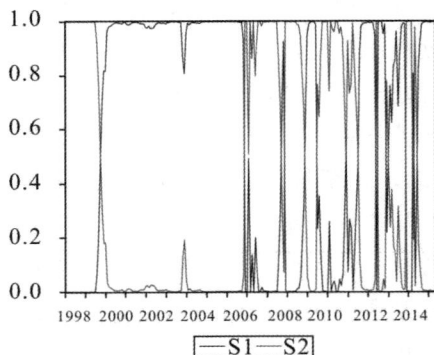

图 6.3　区制滤波概率图

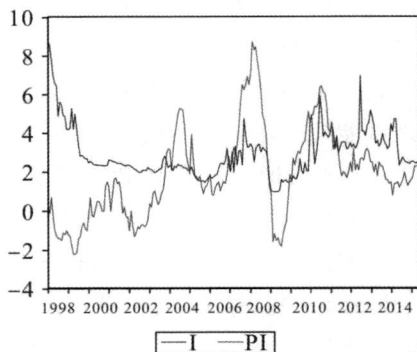

图 6.4　名义利率 I、通胀率 PI 的月度时间序列折线图

通过对比图 6.3、图 6.4，可以发现，1998 年初到 1999 年中，通缩状况不断恶化，央行下调利率力度较大，正好对应控制通胀较松的区制 2；1999 年中到 2006 年，通缩状况改善，通胀状况开始恶化，利率下调非常缓慢，正好对应控制通胀较严的区制 1；2007 年到现在，通胀和利率受金融危机的影响波动较大，央行的货币政策立场也比较不稳定，对应的区制呈现交替变化的状态。由此可见，马尔科夫区制转换货币政策比较符合现实中央行的货币政策立场的切换规律。

6.3 小结

当前主流的货币政策理论分析范式都采用了卢卡斯的理性预期思想，但绝大多数研究仍停留在不变政策规则的设定上，与大量关于可变政策规则的经验证据相矛盾，为了解决理论分析与实证分析不一致的问题，本章在灵活价格设定下，引入偏好冲击和货币政策冲击，推导马尔科夫区制转换理性预期模型，用待定系数法求得模型的 MSV 解析解，并在三种"平稳"定义下讨论模型均衡解的确定性条件，将 MSRE 模型的 MSV 解析解表达为马尔科夫区制转换状态空间模型，通过修正的卡尔曼滤波和汉密尔顿滤波构造似然函数，用极大似然估计求得相关结构参数值，以研究中国可变价格型货币政策效果。

研究结果发现，在区制 1 下，名义利率对通胀率的反应系数为 1.84，预期持续时间 25 个月，在区制 2 下，名义利率对通胀率的反应系数为 0.96，预期持续时间 11 个月。模型在有界平稳和均值－协方差有界平稳定义下有确定性均衡，在均值有界平稳定义下有不确定性均衡。偏好冲击的持久性明显大于货币政策冲击的持久性，然而偏好冲击的波动性小于货币政策冲击的波动性。

区制 1 下的经济波动小于区制 2。若当前处于控制通胀较严的区制 1，预期未来可能处于控制通胀较松的区制 2，比预期未来一直处于控制通胀较严的区制 1，会加大通货膨胀率和名义利率的波动，本章称为"不稳定"预期效应。若当前处于控制通胀较松的区制 2，预期未来可能处于控制通胀较严的区制 1，比预期未来一直处于控制通胀较松的区制 2，会减少通货膨胀率和名义利率的波动，本章称为"稳定"预期效应。控制通胀较松时期的"稳定"预期效应明显大于控制通胀较严时期的"不稳定"预期效应。

脉冲响应分析表明，在区制 1，预期区制 2 可能发生的效应是：不改变偏好冲击对通胀率和名义利率的影响方向，增大了偏好冲击对通胀率和名义利率的影响大小，但基本不改变货币政策冲击对通胀率和名义利率的影响方向和大小。在区制2，预期区制1可能发生的效应是：改变了偏好冲击对通胀率和名义利率的影响方向，增大了偏好冲击对通胀率和名义利率的影响大小，但基本不改变货币政策冲击对通胀率和名义利率的影响方向和大小。

方差分解分析表明，在区制1，通胀率的波动主要来源于货币政策冲击，名义利率的波动主要来源于偏好冲击，预期未来区制2可能出现的效应是：增大了偏好冲击对通胀率、名义利率的方差贡献，减小了货币政策冲击对通胀率、名义利率的方差贡献。在区制2，通胀率的波动主要来源于偏好冲击，名义利率的波动主要来源于偏好冲击。预期未来区制1可能出现的效应是：增大了货币政策冲击对通胀率、名义利率的方差贡献，减小了偏好冲击对通胀率、名义利率的方差贡献。

区制滤波概率分析表明，1998年初到1999年中，通缩状况不断恶化，央行下调利率力度较大，正好对应控制通胀较松的区制2；1999年中到2006年，通缩状况改善，通胀状况开始恶化，利率下调非常缓慢，正好对应控制通胀较严的区制1。由此可见，本章的马尔科夫区制转换货币政策比较符合现实中央行的货币政策立场的切换规律。

综上所述，本章的研究结论表明理性经济主体预期区制变动会显著影响经济的运行结果，也对中央银行的货币政策效果产生重要影响。鉴于不变政策规则的假定过于严格，与现实情况不符，而本章提出的将可变政策规则纳入理性预期框架的可行的求解和估计方案，势必会带来货币政策理论分析的一次大的变革。

7 理性预期视角下的宏观经济政策不确定性研究——基于马尔科夫区制转换新凯恩斯模型

7.1 理论模型

本章借鉴 Bhattarai 等（2014）的做法，在一个标准的新凯恩斯模型中引入政府部门。与之不同的是，本章将政府预算约束另写为财政政策两大常见重要指标——政府负债率[①]、政府赤字率[②]的关系表达，考虑到宏观经济政策的两大目标是经济增长和物价稳定，将财政政策规则另写为政府赤字率对政府负债率、通胀缺口、产出缺口的反馈方程，将货币政策规则另写为名义利率对通胀缺口、产出缺口的反馈方程，财政政策和货币政策均考虑政策平滑[③]；而 Bhattarai 原文的财政政策和货币政策均没有考虑政策平滑，且简单粗略地认为货币政策的名义利率仅对通胀缺口进行反馈，没有考虑产出缺口，财政政策的税收仅对政府债务进行反馈，没有考虑通胀缺口、产出缺口。更为重要的

[①] 政府债务余额与 GDP 的比值，对财政扩张有约束和限制作用，国际警戒线 60%，源于 1991 年签订的《欧洲联盟条约》，即《马斯特里赫特条约》（简称"马约"），并成为其他欧盟国家加入欧元区必须达到的重要标准，我国等部分国家的财政政策也遵循此国际惯例。

[②] 财政赤字与 GDP 的比值，是衡量财政政策积极程度的重要指标，国际警戒线 3%，来源同上。

[③] 国务院政府工作报告经常提及"保持宏观经济政策的连续性和稳定性"，故政策平滑设定更符合现实情况。

是，本章在上述理性预期框架下考虑服从马尔科夫区制转换的财政货币政策组合，具体体现在货币政策对通胀的态度和财政政策对政府债务的态度不是固定不变的，而是有一个马氏链的联合概率分布，用以研究经济主体对宏观经济政策的不确定性产生理性预期后的政策效果，而原文尽管在同一个模型框架下分别研究了不同的财政货币政策组合，但并没有刻画组合变动的规律，也没有将组合可能出现的所有情况和每种情况出现的概率同时植入一个模型框架下进行研究，因而无法研究经济主体对政策组合可能会变化产生理性预期后的政策效果。下面是具体的模型构建。

7.1.1　家庭

同质家庭选择序列 $\{C_t，B_t，N_t，D_{t+1}\}$ 来最大化：

$$E_0 \sum_{t=0}^{\infty} \beta^t d_t \Big[\log C_t - \frac{N_t^{1+\varphi}}{1+\varphi} \Big] \tag{7.1}$$

约束条件为：

$$P_t C_t + B_t + E_t [Q_{t,t+1} D_{t+1}] = R_{t-1} B_{t-1} + D_t + W_t N_t + \Pi_t - P_t T_t + P_t S_t \tag{7.2}$$

其中，C_t 是消费；N_t 是劳动时间；P_t 是价格水平；B_t 是单期无风险名义政府债券的量；R_t 是总的名义利率；W_t 是名义工资率；Π_t 是中间厂商的利润；T_t 是政府税收；S_t 是政府转移支付；参数 $\varphi \geqslant 0$，表示劳动供给的弗里希弹性的倒数；d_t 表示跨期偏好冲击；除了政府债券，家庭在 t 期以价格 $Q_{t,t+1}$ 交易单期的状态依存名义证券 D_{t+1}。

7.1.2　厂商

完全竞争厂商用中间产品 $Y_t(i)$ 生产最终产品 Y_t，生产技术为不变替代弹性（CES）技术：

$$Y_t = \Big(\int_0^1 Y_t(i)^{\frac{\theta-1}{\theta}} \mathrm{d}i \Big)^{\frac{\theta}{\theta-1}} \tag{7.3}$$

其中，$\theta > 1$ 表示中间产品的替代弹性，最终消费品对应的价格指数为：

$$P_t = \Big(\int_0^1 P_t(i)^{1-\theta} \mathrm{d}i \Big)^{\frac{1}{1-\theta}} \tag{7.4}$$

其中，$P_t(i)$ 是中间产品 $Y_t(i)$ 的价格，对中间产品 $Y_t(i)$ 的最优需求为：

$$Y_t(i) = \left(\frac{P_t(i)}{P_t}\right)^{-\theta} Y_t \tag{7.5}$$

垄断竞争厂商用生产函数 $Y_t(i) = a_t N_t(i)$ 生产中间产品，其中，$N_t(i)$ 表示厂商 i 雇佣的劳动时间，a_t 表示外生的经济系统生产率。价格是黏性的。一个厂商在每期以概率 $1-\alpha$ 调整它的价格 $P_t(i)$ 来最大化未来利润的贴现值：

$$E_t \sum_{k=0}^{\infty} \alpha^k Q_{t,t+k} \left[P_t(i) - \frac{W_{t+k}}{a_{t+k}} \right] Y_{t+k}(i) \tag{7.6}$$

7.1.3 政府

每一期，政府征收一次总量税 T_t 和发行单期名义债券 B_t 为当期的政府购买 G_t、政府转移支付 S_t 和到期的上一期发行的名义债券本息 $R_{t-1}B_{t-1}$ 提供融资，由此，政府预算约束的现金流等式为：

$$T_t + \frac{B_t}{P_t} = G_t + S_t + R_{t-1}\frac{B_{t-1}}{P_t} \tag{7.7}$$

两边同时除以 Y_t，定义政府负债率 $b_t = \frac{B_t}{P_t Y_t}$，政府赤字率 $\tau_t = \frac{G_t + S_t - T_t}{Y_t}$，总的通胀率 $\pi_t = \frac{P_t}{P_{t-1}}$，政府预算约束可另写为：

$$b_t = \frac{R_{t-1}Y_{t-1}}{\pi_t Y_t}b_{t-1} + \tau_t \tag{7.8}$$

货币政策和财政政策均用简单规则刻画，货币当局通过调整名义利率对通胀缺口、产出缺口进行政策反馈，财政当局通过调整政府赤字率对政府负债率、通胀缺口、产出缺口进行政策反馈，货币政策和财政政策均考虑政策平滑，保持宏观经济政策的连续性和稳定性。

货币政策规则表现为：

$$\frac{R_t}{\overline{R}} = \left(\frac{R_{t-1}}{\overline{R}}\right)^{\rho_R} \left[\left(\frac{\pi_t}{\pi_t^*}\right)^{\varphi_\pi(s_t)} \left(\frac{Y_t}{Y_t^*}\right)^{\varphi_Y} \right]^{1-\rho_R} \exp(\varepsilon_{R,t}) \tag{7.9}$$

其中，$\overline{R}$ 是 R_t 的稳态值，π_t^* 是时变的通胀目标，Y_t^* 是潜在的产出水平，非系统性的货币政策冲击 $\varepsilon_{R,t}$ 服从独立同分布的正态过程 $N(0, \sigma_R^2)$，通胀目标 π_t^* 的变化是外生的：

$$\frac{\pi_t^*}{\overline{\pi}} = \left(\frac{\pi_{t-1}^*}{\overline{\pi}}\right)^{\rho_\pi} \exp(\varepsilon_{\pi,t}) \tag{7.10}$$

其中，$\bar{\pi}$ 是通胀率的稳态值①，通胀目标扰动 $\varepsilon_{\pi,t}$ 服从独立同分布的正态过程 $N(0, \sigma_\pi^2)$。

财政政策规则表现为：

$$\frac{\tau_t}{\bar{\tau}} = \left(\frac{\tau_{t-1}}{\bar{\tau}}\right)^{\rho_\tau} \left[\left(\frac{b_{t-1}}{\bar{b}}\right)^{-\psi_b(s_t)} \left(\frac{\pi_t}{\pi_t^*}\right)^{-\psi_\pi} \left(\frac{Y_t}{Y_t^*}\right)^{-\psi_Y}\right]^{1-\rho_\tau} \exp(\varepsilon_{\tau,t}) \quad (7.11)$$

其中，$\bar{\tau}$ 是政府赤字率的稳态值，$\bar{b}$ 是政府负债率的稳态值，非系统性的财政政策冲击 $\varepsilon_{\tau,t}$ 服从独立同分布的正态过程 $N(0, \sigma_\tau^2)$。

式（7.9）中的名义利率对通胀缺口的正向反馈系数 $\varphi_\pi(s_t)$、式（7.11）政府赤字率对政府负债率的负向反馈系数 $\psi_b(s_t)$ 由所处经济状态 s_t 决定，每种经济状态对应一个特定的财政货币政策组合，$s_t \in \{1, 2, \cdots, n\}$ 服从 n 个状态的马尔科夫区制转换，$p_{ij} = prob(s_{t+1}=j \mid s_t=i)$ 是状态转移概率。之所以分别用 $\varphi_\pi(s_t)$、$\psi_b(s_t)$ 这两个反馈系数的时变性来反映货币当局、财政当局的政策取向，是因为就长期而言，货币当局的核心职责（主目标）是物价稳定②，财政当局的核心职责（主目标）是财政收支平衡③，因经济周期性波动因素，在调控宏观经济的其他目标时加强或放松实现本职目标更能体现政策基调的变化。

从 1995 年起，国务院政府工作报告明确提出当年的宏观政策（财政政策和货币政策组合）取向，财政政策有适度从紧、积极、稳健三种可能取向，货币政策有适度从紧、稳健、适度宽松三种可能取向，从数学理论上看有 3×3＝9 种可能的财政货币组合情况，但现实中的组合仅有适度从紧的财政政策和适度从紧的货币政策（1995—1997 年）、积极的财政政策和稳健的货币政策④（1998—2004 年）、稳健的财政政策和稳健的货币政策（2005—2007 年）、积极的财政政策和适度宽松的货币政策⑤（2008—2010 年）、积极的财政政策和稳

---

① 通胀目标的稳态值与通胀率的稳态值相同，实际产出的稳态值与潜在产出的稳态值相同。

② 《中国人民银行法》明确规定，我国货币政策目标是：保持货币币值稳定，并以此促进经济增长。

③ 国务院政府工作报告多次提出，实施积极的财政政策是特定条件下采取的特定政策，长期而言仍要坚持财政收支平衡。

④ 1998 年为应对亚洲金融危机的冲击和战胜国内特大洪涝灾害，中央果断将年初定下的适度从紧的财政政策和适度从紧的货币政策调整为积极的财政政策和稳健的货币政策。

⑤ 2008 年为积极应对国际金融危机的严重冲击，将年初定下的稳健的财政政策和适度从紧的货币政策调整为积极的财政政策和适度宽松的货币政策。

健的货币政策（2011—2017 年）五段时期四种可能取向。经济发展进入新常态后，面临三期叠加：增长速度进入换档期，是由经济发展的客观规律所决定的；结构调整面临阵痛期，是加快经济发展方式转变的主动选择；前期刺激政策消化期，是化解多年来积累的深层次矛盾的必经阶段。为了保持一定的经济增长速度，保证足够的就业率，财政政策的积极取向在可预见的时间范围内应该会长期不变，当前货币政策的稳健取向在经济增速下滑压力加大或通缩压力积累或政府债台高筑情形下有可能会变为适度宽松取向，在积极财政政策乏力下发挥刺激作用。当然，适度宽松的货币政策不可能持续太长时间，否则会带来严重的通货膨胀，这样看来，未来的财政货币政策组合的变动规律应该是通胀不允许条件下实施积极的财政政策和稳健的货币政策，通胀允许条件下实施积极财政政策和适度宽松的货币政策。本章假设理性经济主体对未来宏观经济政策不确定性形成这样的预期。经济状态 s_t 的取值范围为 $\{1, 2\}$。状态 1 对应积极的财政政策 ψ_b $(s_t=1)$ 和适度宽松的货币政策 φ_π $(s_t=1)$，p_{11} 表示当期为状态 1，下期也为状态 1 的概率，$p_{12}=1-p_{11}$ 表示当期为状态 1，下期为状态 2 的概率，$1/(1-p_{11})$ 为状态 1 的预期持续时间。状态 2 对应积极的财政政策 ψ_b $(s_t=2)$ 和稳健的货币政策 φ_π $(s_t=2)$，p_{22} 表示当期为状态 2，下期也为状态 2 的概率，$p_{21}=1-p_{22}$ 表示当期为状态 2，下期为状态 1 的概率，$1/(1-p_{22})$ 为状态 2 的预期持续时间。因为状态 1 和状态 2 都对应积极的财政政策，积极的财政政策下政府赤字率对政府负债率的负向反馈系数较小，所以设定 ψ_b $(s_t=1)=\psi_b$ $(s_t=2)=\psi_b$。因为状态 1 对应适度宽松的货币政策，状态 2 对应稳健的货币政策，前者的名义利率对通胀缺口的正向反馈系数较小，后者的名义利率对通胀缺口的正向反馈系数较大，所以设定 $\varphi_\pi(s_t=1)<\varphi_\pi(s_t=2)$。

7.1.4 对数线性化

在非随机稳态值 $\{\bar{\pi}, \bar{Y}, \bar{R}, \bar{b}, \bar{\tau}\}$ 附近对模型的均衡条件进行对数线性化，特别的，假定稳态状态下的价格水平不变，即 $\bar{\pi}=1$，为了简化模型，再假设 $G_t=0$，由于对数线性化模型中的 IS 曲线和新凯恩斯菲利普斯曲线形式较为标准，本章不再详细展示其推导过程，请参考 Galí（2008）。其他均衡条件的对数线性化过程也比较常规。令 $\hat{X}_t$ 表示某一变量 X_t 对稳态水平 $\bar{X}$ 的对数偏离，即 $\hat{X}_t=\ln X_t-\ln \bar{X}$，对数线性化模型由下列方程组成：

（1）IS 曲线

$$\hat{Y}_t = E_t \hat{Y}_{t+1} - (\hat{R}_t - E_t \hat{\pi}_{t+1}) - E_t [\Delta \hat{d}_{t+1}] \qquad (7.12)$$

（2）新凯恩斯菲利普斯曲线

$$\hat{\pi}_t = \kappa (\hat{Y}_t - \hat{Y}_t^*) + \beta E_t \hat{\pi}_{t+1}, \qquad (7.13)$$

其中，$\kappa = (1-\alpha)(1-\alpha\beta)/\alpha$。

（3）货币政策规则

$$\hat{R}_t = \rho_R \hat{R}_{t-1} + (1 - \rho_R)[\varphi_\pi(s_t)(\hat{\pi}_t - \hat{\pi}_t^*) + \varphi_Y(\hat{Y}_t - \hat{Y}_t^*)] + \varepsilon_{R,t},$$
$$\varepsilon_{R,t} \sim i.i.d\ N(0, \sigma_R^2) \qquad (7.14)$$

（4）财政政策规则

$$\hat{\tau}_t = \rho_\tau \hat{\tau}_{t-1} + (1 - \rho_\tau)[-\psi_b \hat{b}_{t-1} - \psi_\pi(\hat{\pi}_t - \hat{\pi}_t^*) - \psi_Y(\hat{Y}_t - \hat{Y}_t^*)] + \varepsilon_{\tau,t},$$
$$\varepsilon_{\tau,t} \sim i.i.d\ N(0, \sigma_\tau^2) \qquad (7.15)$$

（5）政府预算约束

$$\frac{\bar{b}\hat{b}_t - \bar{\tau}\hat{\tau}_t}{\bar{b} - \bar{\tau}} = \hat{R}_{t-1} + \hat{Y}_{t-1} + \hat{b}_{t-1} - \hat{\pi}_t - \hat{Y}_t \qquad (7.16)$$

（6）通胀目标

$$\hat{\pi}_t^* = \rho_\pi \hat{\pi}_{t-1}^* + \varepsilon_{\pi,t}, \varepsilon_{\pi,t} \sim i.i.d\ N(0, \sigma_\pi^2) \qquad (7.17)$$

（7）潜在产出[①]

$$\hat{Y}_t^* = \hat{a}_t \qquad (7.18)$$

令产出缺口 $\hat{Y}_t - \hat{Y}_t^* = \tilde{Y}_t$，自然利率[②] $\hat{r}_t^* = E_t[\Delta \hat{a}_{t+1}] - E_t[\Delta \hat{d}_{t+1}]$，技术进步率的相反数 $\hat{A}_t = -\Delta \hat{a}_t$，则对数线性化模型可由下列方程组成：

（1）IS 曲线

$$\tilde{Y}_t = E_t \tilde{Y}_{t+1} - (\hat{R}_t - E_t \hat{\pi}_{t+1}) + \hat{r}_t^* \qquad (7.19)$$

（2）新凯恩斯菲利普斯曲线

$$\hat{\pi}_t = x\tilde{Y}_t + \beta E_t \hat{\pi}_{t+1}, \qquad (7.20)$$

其中，$\kappa = (1-\alpha)(1-\alpha\beta)/\alpha$。

---

① 系直接引用 Bhattarai 等（2014）的结论。

② 在灵活价格下可实现的真实利率，是包括供给侧、需求侧在内的非政策冲击的线性组合，供给侧冲击如技术冲击会增大自然利率，需求侧冲击如偏好冲击会减小自然利率。

（3）货币政策规则

$$\hat{R}_t = \rho_R \hat{R}_{t-1} + (1 - \rho_R)\left[\varphi_\pi(s_t)(\hat{\pi}_t - \hat{\pi}_t^*) + \varphi_Y \tilde{Y}_t\right] + \varepsilon_{R,t},$$
$$\varepsilon_{R,t} \sim i.i.d\ N(0, \sigma_R^2) \tag{7.21}$$

（4）财政政策规则

$$\hat{\tau}_t = \rho_\tau \hat{\tau}_{t-1} + (1 - \rho_\tau)\left[-\psi_b \hat{b}_{t-1} - \psi_\pi(\hat{\pi}_t - \hat{\pi}_t^*) - \psi_Y \tilde{Y}_t\right] + \varepsilon_{\tau,t},$$
$$\varepsilon_{\tau,t} \sim i.i.d\ N(0, \sigma_\tau^2) \tag{7.22}$$

（5）政府预算约束

$$\frac{\bar{b}\hat{b}_t - \bar{\tau}\hat{\tau}_t}{\bar{b} - \bar{\tau}} = \hat{R}_{t-1} + \tilde{Y}_{t-1} + \hat{b}_{t-1} - \hat{\pi}_t - \tilde{Y}_t + \hat{A}_t \tag{7.23}$$

（6）通胀目标

$$\hat{\pi}_t^* = \rho_\pi \hat{\pi}_{t-1}^* + \varepsilon_{\pi,t}, \varepsilon_{\pi,t} \sim i.i.d\ N(0, \sigma_\pi^2) \tag{7.24}$$

（7）设定非政策冲击服从平稳的 AR（1）过程：

$$\hat{r}_t^* = \rho_r \hat{r}_{t-1}^* + \varepsilon_{r,t}, \varepsilon_{r,t} \sim i.i.d\ N(0, \sigma_r^2) \tag{7.25}$$

$$\hat{A}_t = \rho_A \hat{A}_{t-1} + \varepsilon_{A,t}, \varepsilon_{A,t} \sim i.i.d\ N(0, \sigma_A^2) \tag{7.26}$$

式（7.19）～（7.26）为最终的线性化的含马尔科夫区制转换参数的新凯恩斯 $DSGE$ 模型。除了名义利率对通胀缺口的正向反馈系数 $\varphi_\pi(s_t)$ 服从马尔科夫区制转换外，其他参数均为不变参数。

7.2　实证分析

对于所有参数均为不变参数的常规 DSGE 模型，模型求解一般用扰动法，参数估计一般用贝叶斯估计法，均有现成的 Dynare 软件傻瓜指令可供实现上述结果，这种操作上的简便导致了目前绝大多数外文文献和几乎所有中文文献均采用所有参数均为不变参数的 DSGE 模型来做政策分析，缺陷是只能分析不变的政策规则，不能分析可变的政策规则，因而也不能在理性预期框架下分析政策不确定性效应。一些学者用部分参数（包括政策参数和波动率参数）服从马尔科夫区制转换的 DSGE 模型（以下简称 MS－DSGE 模型）来分析可变的政策规则和可变的波动率情形，可惜模型求解和参数估计代码并未公开，只提供了部分算法，像一个黑箱，这使得 MS－DSGE 方法的普及受到很大的限制，并未得到有效推广。为此，Maih（2015）开发了 RISE[①] 软件，与 Dynare 软件功能类似，只不过前者可以处理部分参数服从马尔科夫区制转换的情形，而后者只能处理所有参数均为不变参数的情形。本章的实证分析中的模型求解和参数估计均用 RISE 软件。

7.2.1 政策组合区制和样本区间的选择

本章的理论模型部分对当前和未来的财政货币政策的两种可能组合设定为：积极的财政政策和稳健的货币政策、积极财政政策和适度宽松的货币政策，这里对政策组合的可能区制和实证分析的样本区间的选择做进一步说明。1995 年，国务院政府工作报告首次明确提出当年财政政策和货币政策的取向，对当年的政策组合与公众进行沟通，但对下一年及之后年份的政策组合却没有任何说明，因而存在公众对下一年及之后年份的宏观经济政策不确定性。表7.1 是 1995—2017 年的财政政策和货币政策实际取向及经济增长和物价上涨的实际情况。

表 7.1　宏观政策取向与宏观经济表现　　　　　　　　单位：%

年份	财政政策	货币政策	经济增长	物价上涨
1995	适度从紧	适度从紧	11.0	17.1
1996	适度从紧	适度从紧	9.9	8.3
1997	适度从紧	适度从紧	9.2	2.8
1998	积极	稳健	7.8	−0.8
1999	积极	稳健	7.7	−1.4
2000	积极	稳健	8.5	0.4
2001	积极	稳健	8.3	0.7
2002	积极	稳健	9.1	−0.8
2003	积极	稳健	10.0	1.2
2004	积极	稳健	10.1	3.9

---

① RISE（Rationality In Switching Environments）是面向对象的 Matlab 工具箱，用来求解和估计非线性区制转移动态随机一般均衡模型（RS－DSGE 模型），可免费获取，地址：https://github.com/jmaih/RISE_toolbox。值得注意的是，RISE 并没有像 Dynare 那样系统完整的用户手册（UserGuide），需要根据例子（examples）自行摸索操作规律。

续表

年份	财政政策	货币政策	经济增长	物价上涨
2005	稳健	稳健	11.4	1.8
2006	稳健	稳健	12.7	1.5
2007	稳健	稳健	14.2	4.8
2008	积极	适度宽松	9.7	5.9
2009	积极	适度宽松	9.4	−0.7
2010	积极	适度宽松	10.6	3.3
2011	积极	稳健	9.5	5.4
2012	积极	稳健	7.9	2.6
2013	积极	稳健	7.8	2.6
2014	积极	稳健	7.3	2.0
2015	积极	稳健	6.9	1.4
2016	积极	稳健	6.7	2.0
2017	积极	稳健	—	—

当年年初的两会的政府工作报告对当年的宏观政策取向一般是依据上一年的宏观经济表现。从表 7.1 可知，因 1994 年 GDP 增速 13.0%，CPI 增速 24.1%，经济增速较快，而通货膨胀非常严重，1995、1996 年的 GDP 增速 11.0%、9.9%，CPI 增速 17.1%、8.3%，经济增速较快，而通货膨胀比较严重，故 1995、1996 年把抑制通货膨胀作为宏观调控的首要任务，实行适度从紧的财政政策和货币政策，1997 年保持宏观经济政策的连续性、稳定性和必要的灵活性，继续实行适度从紧的财政货币政策，控制物价上涨幅度。

尽管 1997 年 GDP 增速 9.2%，CPI 增速 2.8%，出现了多年未有的高增长、低通胀态势，在 1998 年初的两会①，仍然打算继续实行适度从紧的财政货币政策，有可能是因为政策惯性，也有可能是为了巩固前期政策调控成果。可是 1998 年发生了亚洲金融危机和国内特大洪涝灾害，国家果断实施积极的财政政策和稳健的货币政策。从 1998—2002 年，GDP 增速在 7.7% 至 9.1% 区间，CPI 增速在 −1.4% 至 0.7% 区间，经济增速受到一定的负向冲击，仍然

---

① 换届时的两会比较特殊，由上届总理作政府工作报告，总结去年工作，展望今年工作，下届总理非特殊情况下不得调整执行上届总理政府工作报告对今年工作的安排。

是高增长，而且几乎不存在通胀问题，甚至有通缩迹象。从 1999—2003 年，国家一直坚持扩大内需的方针，实施积极的财政政策和稳健的货币政策。

2003 年执行积极的财政政策和稳健的货币政策，GDP 增速 10.0%，CPI 增速 1.2%。2004 年坚持扩大内需的方针，继续实施积极的财政政策和稳健的货币政策，GDP 增速 10.1%，CPI 增速 3.9%。因通胀出现抬头的趋势，2005 年实施稳健的财政货币政策，GDP 增速 11.4%，CPI 增速 1.8%，通胀率得到有效控制。2006—2007 年，保持宏观经济政策的连续性和稳定性，继续实施稳健的财政政策和货币政策，2006—2007 年的 GDP 增速 12.7%、14.2%，CPI 增速 1.5%、4.8%。因上一年的通胀问题，2008 年初计划实施稳健的财政政策和适度从紧的货币政策，但突然爆发了国际金融危机，年中临时调整为积极的财政政策和适度宽松的货币政策，GDP 增速 9.7%，CPI 增速 5.9%。尽管通胀较高，在 2009—2010 年坚持实施同样的政策，GDP 增速 9.4%、10.6%，CPI 增速 -0.7%、3.3%。因通胀出现抬头的迹象，2011 年，实施积极的财政政策和稳健的货币政策，GDP 增速 9.5%，CPI 增速 5.4%，仍然出现了通胀问题。

2012 年至今，一直实施的是积极的财政政策和稳健的货币政策。GDP 增速明显换挡并缓慢下降，从 2012 年的 7.9% 一直降到 2016 年的 6.7%。CPI 增速一直处于 3.0% 以下，从 2012 年的 2.6% 一直降到 2015 年的 1.4%，2016 年又回到 2.0%。2013—2017 年实施积极的财政政策和稳健的货币政策，因为经济发展新常态下，面临三期叠加（增长速度进入换挡期、结构调整面临阵痛期、前期刺激政策消化期），为了保持一定的经济增长速度和新增就业，积极的财政政策取向在未来变化的可能性极小，而适度宽松的货币政策在通胀可控的背景下有可能会相机实施，但预计实施适度宽松的货币政策的时间窗口较短，因为较长时间的货币宽松会带来严重的通货膨胀。由此推断当前和未来相当长的时间范围内，宏观经济政策在积极的财政政策和稳健的货币政策、积极的财政政策和适度宽松的货币政策两种组合中切换，第一种组合的预期执行时间较长，第二种组合的预期执行时间较短。本章将研究在每种组合下，预期未来可能会出现另一种组合的这种不确定性对当前政策效果的影响。

通过对宏观调控历史的梳理，由 1995—1997 年的适度从紧的财政货币政策区制转向 1998—2002 年的积极的财政政策和稳健的货币政策区制是因为 1998 年的亚洲金融危机，这种突发的事件不在经济主体基于经济基本面的理性预期范围内，不适合作为研究宏观政策不确定性的样本区间。2003—2004 年的积极的财政政策和稳健的货币政策区制转向 2005—2007 年的稳健的财政货币政策区制是因为经济增速过快，而通胀率较高，因而有经济基本面的支撑，经济主体会产生理性预期，但这种区制转换是一个单向的，不是双向的，不具有可逆性，即稳健的财政货币政策区制本来计划在 2008 年转向稳健的财政政策和适度从紧的货币政策，基于经济基本面分析在稳健的财政货币政策区制下不会有回到积极的财政政策和稳健的货币政策区制的可能性，因而无法使用马尔科夫区制转换策略。2008 年因为国际金融危机，年中从稳健的财政政策和适度从紧的货币政策区制转向积极的财政政策和适度宽松的货币政策区制，这也是一种突发事件，不在经济主体基于经济基本面的理性预期范围内，不适合作为研究宏观政策不确定性的样本区间。

2008—2010 年的积极的财政政策和适度宽松的货币政策区制转向 2011—2017 年的积极的财政政策和稳健的货币政策是因为通胀率有抬头的迹象，因而有经济基本面的支撑，经济主体会产生理性预期，而且在当前的积极的财政政策和稳健的货币政策区制下，有回到积极的财政政策和适度宽松的货币政策区制的可能性，因为经济发展新常态下对经济增速目标和就业目标的压力，积极的财政政策取向难以改变，当前的通胀率完全处于可控的范围，未来有足够的动机实施短期的适度宽松货币政策，这种有互相转换可能的双区制适合用马尔科夫区制转换策略在理性预期视角下进行宏观政策的不确定性研究。因此本章的样本区间选择为：2008—2017 年，恰好覆盖积极的财政政策和稳健的货币政策、积极的财政政策和适度宽松的货币政策两种组合。

7.2.2 可观测变量的设定

本章设定以下五个可观测变量：产出缺口 $\tilde{Y}_t$、总的通胀率对稳态的对数偏离 $\hat{\pi}_t$、总的名义利率对稳态的对数偏离 $\hat{R}_t$、政府赤字率对稳态的对数偏离 $\hat{\tau}_t$、政府负债率对稳态的对数偏离 $\hat{b}_t$，单位均为百分数。可观测变量的数据采集区间和频率为 2008 年 1 月到 2017 年 6 月的月度数据。政府债券托管数据来源于中国债券信息网，同业拆借市场数据来源于中国货币网，其余数据来源于国家统计局官网。

为了扩大样本量，首先计算不变价格的月度 GDP。GDP 数据只有季度数据，工业增加值数据有月度数据，假定每个季度的三个月的 GDP 和工业增加值之间的比率在如此短的时间间隔内是相同的，可根据月度的工业增加值和季度的 GDP 反推月度的 GDP。根据 2001 年 1 月到 2001 年 12 月的居民消费价格指数（上月＝100），以 2001 年 1 月为基期，可计算 2001 年 2 月到 2001 年 12 月的定基价格指数；再根据国家统计局官网 2001 年 1 月到 2001 年 12 月工业生产月度报告披露的工业增加值绝对值，可计算以 2001 年 1 月的价格指数为不变价格的 2001 年 1 月到 2001 年 12 月工业增加值；根据 2002 年 1 月到 2017 年 6 月的工业增加值－同比增长（％）、工业增加值－累计增长①（％），可递推计算出以 2001 年 1 月的价格指数为不变价格的 2008 年 1 月到 2017 年 6 月工业增加值；季内简单加总可得 2008 年 1 季度到 2017 年 2 季度的工业增加值。根据 2008 年 1 月到 2017 年 6 月的居民消费价格指数（上月＝100），以 2008 年 1 月为基期，可计算 2008 年 2 月到 2017 年 6 月的定基价格指数，由季内算术平均可得 2008 年 1 季度到 2017 年 2 季度的定基价格指数；再由 2008 年 1 季度到 2017 年 2 季度的国内生产总值－当季值（亿元），可得以 2008 年 1 月的价格指数为不变价格的 2008 年 1 季度到 2017 年 2 季度的国内生产总值；再除以以 2001 年 1 月的价格指数为不变价格的 2008 年 1 季度到 2017 年 2 季度的工业增加值，可得每个季度的国内生产总值在工业增加值上的乘数；再乘以以 2001 年 1 月的价格指数为不变价格的 2008 年 1 月到 2017 年 6 月工业增加值，可得以 2008 年 1 月的价格指数为不变价格的 2008 年 1 月到 2017 年 6 月国内生产总值月度数据。对不变价格的月度 GDP 先进行 X－11 季节性调整，再使用 HP 滤波（$\lambda = 14400$），可得产出缺口 $\widetilde{Y}_t$。

计算不变价格的月度政府赤字和政府负债。用 2008 年 1 月到 2017 年 6 月的国家财政支出（不含债务还本）－当期值（亿元）减去国家财政收入－当期值（亿元），再除以以 2008 年 1 月为基期的定基价格指数，可得以 2008 年 1 月的价格指数为不变价格的 2008 年 1 月到 2017 年 6 月政府赤字。用 2008 年 1 月到 2017 年 6 月的政府债券（包括记账式国债、储蓄国债（电子式）、地方政府债）月末托管金额（亿元）除以以 2008 年 1 月为基期的定基价格指数，可得以 2008 年 1 月的价格指数为不变价格的 2008 年 1 月到 2017 年 6 月政府负债。将不变价格的月度政府赤字和政府负债除以 GDP，可得政府赤字率和政府负债率，分别进行 tramo/seats②、X11 季节性调整，再取各自均值为稳态，

---

① 整个数据期间，一月份都没有数据。2008—2012 年，1 月份的工业增加值用 1—2 月份的工业增加值累计减去 2 月份的工业增加值；从 2013 年开始，1—2 月份工业数据一起调查，一起发布，不再单独发布 2 月份当月数据，用 2002—2012 年的 2 月份占 1—2 月份工业增加值的比率的平均值近似倒推 2 月份当月数据。

② 有负数的情况下不能用 census X12 和 X11 季节调整法。

很容易得到赤字率和负债率对各自稳态的偏离百分比率 $\hat{\tau}_t$、$\hat{b}_t$。

用全国银行间同业拆借市场隔夜加权平均利率（月度）除以 12 作为月化名义利率，用 2008 年 1 月到 2017 年 6 月的居民消费价格指数（上月＝100）减去 100 可得通胀率，分别进行 x11、tramo/seats 季节性调整，再取各自均值为稳态，很容易得到名义利率和通胀率对各自稳态的差值 $\hat{R}_t$、$\hat{\pi}_t$。

7.2.3 参数的校准和贝叶斯估计

政府赤字率和负债率的稳态用均值校准，$\bar{\tau}_t$ 等于 1.26，$\bar{b}_t$[①] 等于 204.06。由家庭的欧拉方程的稳态条件可得 $\beta = 1/\bar{R}$，$\bar{R}$ 用均值校准等于 1.002，因此 β 的校准值为 0.998。在 RISE 软件中设置待估参数的先验信息包括初值、下四分位数、上四分位数、分布类型、上下四分位数之间的概率。本章对待估参数的先验信息的设置参照王频和侯成琪（2017）、黄志刚和许伟（2017）、全冰（2017）的可比设置，并结合样本区间的分段 OLS 回归结果进行微调。因 2008—2011 年执行积极的财政政策和适度宽松的货币政策（状态 1）持续时间 36 个月，根据 1/（1－p_{11}）等于 36 可以初估 p_{11} 等于 0.97。因 2012—2017 年执行积极的财政政策和稳健的货币政策（状态 2），并进一步假定 2018 年也是状态 2，2019 年会变为状态 1，则状态 2 的预期持续时间 84 个月，根据 1/（1－p_{22}）等于 84 可以初估 p_{22} 等于 0.99。所有待估参数的先验设定见表 7.2。

---

① 月度负债率稳态 $\bar{b}_t$ 除以 12 等于年度负债率稳态 17（％），而 2016 年 GDP 为 74.4 万亿元，年末政府债券托管 22.1 万亿元，负债率 30％，量纲相当，说明政府负债率近年在上升，但与财政部计算的 2016 年末我国负债率约为 36.7％ 的差异在于政府债务 27.33 万亿元的口径除了政府债券外，还有尚未置换的 2014 年末非政府债券形式存量政府债务。从 2015 年 1 月 1 日起实施的新修订的《预算法》规定，除发行地方政府债券外，地方政府及其所属部门不得以任何方式举借债务。2015 年以来地方政府新增举债全部采取发行政府债券方式。由于非政府债券形式存量政府债务数据难以统计，因此本章统一采用政府债券形式存量政府债务数据。

表 7.2 待估参数先验信息

参数	初值	下四分位数	上四分位数	分布类型	上下四分位数之间的概率
α	0.75	0.65	0.8	beta	0.9
ρ_R	0.5	0.5	0.6	beta	0.9
ρ_τ	0.5	0.5	0.6	beta	0.9
ρ_π	0.5	0.5	0.6	beta	0.9
ρ_r	0.5	0.5	0.6	beta	0.9
ρ_A	0.5	0.5	0.6	beta	0.9
σ_A	0.01	0.01	2	inv—gamma	0.9
σ_r	0.01	0.01	2	inv—gamma	0.9
σ_π	0.01	0.01	2	inv—gamma	0.9
σ_τ	0.01	0.01	2	inv—gamma	0.9
σ_R	0.01	0.01	2	inv—gamma	0.9
$\varphi_\pi(s_t=1)$	1.15	1.05	1.3	gamma	0.9
$\varphi_\pi(s_t=2)$	1.65	1.45	1.75	gamma	0.9
φ_Y	0.25	0.2	0.5	gamma	0.9
ψ_b	0.01	0.005	0.015	gamma	0.9
ψ_π	1.05	1	2	gamma	0.9
ψ_Y	0.25	0.2	0.5	gamma	0.9
$1-p_{11}$	0.03	0.02	0.04	beta	0.9
$1-p_{22}$	0.01	0.005	0.015	beta	0.9

运用 RISE 软件自带的含马尔科夫区制转换参数的 DSGE 模型的贝叶斯估计程序，得到待估参数的贝叶斯估计结果，见表 7.3。

表 7.3　待估参数的后验信息

参数	分布	初值	众数	众数的标准差
α	beta	0.75	0.73271	0.047113
ρ_R	beta	0.5	0.55059	0.70744
ρ_τ	beta	0.5	0.55059	0.70744
ρ_π	beta	0.5	0.55059	0.031016
ρ_r	beta	0.5	0.55059	0.029703
ρ_A	beta	0.5	0.55059	0.029409
σ_A	inv－gamma	0.01	0.013999	0.010806
σ_r	inv－gamma	0.01	0.013999	0.01079
σ_π	inv－gamma	0.01	0.013999	0.010746
σ_τ	inv－gamma	0.01	0.013999	0.010775
σ_R	inv－gamma	0.01	0.013999	0.010752
$\varphi_\pi(s_t=1)$	gamma	1.15	1.1673	0.078132
$\varphi_\pi(s_t=2)$	gamma	1.65	1.5918	0.08072
φ_Y	gamma	0.25	0.3105	0.089388
ψ_b	gamma	0.01	0.0084273	0.0029213
ψ_π	gamma	1.05	1.4	0.29703
ψ_Y	gamma	0.25	0.3105	0.088649
$1-p_{11}$	beta	0.03	0.028058	0.0060835
$1-p_{22}$	beta	0.01	0.0084402	0.0029252

从表 7.3 可知，待估参数的后验众数和初值设定没有显著背离，且后验众数的标准差普遍控制在合理范围，因此待估参数的先验设置比较合理。本章以待估参数的后验众数作为最终的估计值。

7.2.4　MS－DSGE 模型的求解及宏观政策不确定性的预期效应剥离

根据校准的参数和贝叶斯估计的参数，运用 RISE 软件自带的 MS－DSGE 模型求解程序，得到状态 1（积极财政＋适度宽松货币）、状态 2（积极财政＋

稳健货币）下的解，见表 7.4、表 7.5。

表 7.4　状态 1 下 MS−DSGE 模型的解

	$\hat{A}_t$	$\hat{R}_t$	$\tilde{Y}_t$	$\hat{b}_t$	$\hat{\pi}_t$	$\hat{\pi}_t^*$	$\hat{r}_t^*$	$\hat{\tau}_t$
$\hat{A}_{t-1}$	0.5505	0	0	0.5471	0	0	0	0
$\hat{R}_{t-1}$	0	0.3907	−0.7142	1.8186	−0.1146	0	0	0.1718
$\hat{b}_{t-1}$	0	0	0	0.9938	0	0	0	−0.0037
$\hat{\pi}_{t-1}^*$	0	−0.1079	0.6541	−0.8189	0.1708	0.5505	0	0.1476
$\hat{r}_{t-1}^*$	0	0.1598	0.7142	−0.8248	0.1146	0	0.5505	−0.1718
$\hat{\tau}_{t-1}$	0	0	0	0.0033	0	0	0	0.5505
$\tilde{Y}_{t-1}$	0	0	0	0.9938	0	0	0	0
$\varepsilon_{A,t}$	0.0139	0	0	0.0139	0	0	0	0
$\varepsilon_{R,t}$	0	0.0099	−0.0181	0.0209	−0.0029	0	0	0.0043
$\varepsilon_{\pi,t}$	0	−0.0027	0.0166	−0.0208	0.0043	0.0139	0	0.0037
$\varepsilon_{r,t}$	0	0.0040	0.0181	−0.0209	0.0029	0	0.0139	−0.0043
$\varepsilon_{\tau,t}$	0	0	0	0	0	0	0	0.0139

表 7.5　状态 2 下 MS−DSGE 模型的解

	$\hat{A}_t$	$\hat{R}_t$	$\tilde{Y}_t$	$\hat{b}_t$	$\hat{\pi}_t$	$\hat{\pi}_t^*$	$\hat{r}_t^*$	$\hat{\tau}_t$
$\hat{A}_{t-1}$	0.5505	0	0	0.5471	0	0	0	0
$\hat{R}_{t-1}$	0	0.3795	−0.6774	1.7743	−0.1069	0	0	0.1618
$\hat{b}_{t-1}$	0	0	0	0.9938	0	0	0	−0.0037
$\hat{\pi}_{t-1}^*$	0	−0.1369	0.7926	−0.9903	0.2046	0.5505	0	0.1070
$\hat{r}_{t-1}^*$	0	0.1710	0.6774	−0.7805	0.1069	0	0.5505	−0.1618
$\hat{\tau}_{t-1}$	0	0	0	0.0033	0	0	0	0.5505
$\tilde{Y}_{t-1}$	0	0	0	0.9938	0	0	0	0
$\varepsilon_{A,t}$	0.0139	0	0	0.0139	0	0	0	0
$\varepsilon_{R,t}$	0	0.0096	−0.0172	0.0198	−0.0027	0	0	0.0041
$\varepsilon_{\pi,t}$	0	−0.0034	0.0201	−0.0251	0.0052	0.0139	0	0.0027

续表

	$\hat{A}_t$	$\hat{R}_t$	$\tilde{Y}_t$	$\hat{b}_t$	$\hat{\pi}_t$	$\hat{\pi}_t^*$	$\hat{r}_t^*$	$\hat{\tau}_t$
$\varepsilon_{r,t}$	0	0.0043	0.0172	−0.0198	0.0027	0	0.0139	−0.0041
$\varepsilon_{\tau,t}$	0	0	0	0	0	0	0	0.0139

本章假定现实中的经济主体对宏观经济政策不确定性有理性预期，也就是说 MS−DSGE 模型的解是对真实经济系统变动规律的刻画。用反事实分析（counterfactual analysis）方法求解每种状态下，对应的不变参数的 DSGE 的解，这是我们假定经济主体一旦处于某种状态，就认定该状态长久不变，对未来没有政策不确定性预期下的经济系统变动结果。然后用每种状态下的有政策不确定性预期的 MS−DSGE 模型的脉冲响应图和对应状态下的无政策不确定性预期的 DSGE 模型的脉冲响应图作比较分析，就可判断在每种随机冲击下，政策不确定性预期对宏观经济变量变动的影响，从而剥离出政策不确定性预期效应。

根据校准的参数和贝叶斯估计的参数，本可运用 Dynare 软件对不变参数 DSGE 模型进行求解，但为了规避和 RISE 具体算法上的误差，我们还是运用 RISE 软件自带的不变参数 DSGE 模型求解程序，得到无政策不确定性预期条件下的状态 1（积极财政＋适度宽松货币）、状态 2（积极财政＋稳健货币）下的解，见表 7.6、表 7.7。

表 7.6 状态 1 下不变参数 DSGE 模型的解

	$\hat{A}_t$	$\hat{R}_t$	$\tilde{Y}_t$	$\hat{b}_t$	$\hat{\pi}_t$	$\hat{\pi}_t^*$	$\hat{r}_t^*$	$\hat{\tau}_t$
$\hat{A}_{t-1}$	0.5505	0	0	0.5471	0	0	0	0
$\hat{R}_{t-1}$	0	0.3906	−0.7146	1.8192	−0.1148	0	0	0.1719
$\hat{b}_{t-1}$	0	0	0	0.9938	0	0	0	−0.0037
$\hat{\pi}_{t-1}^*$	0	−0.1090	0.6514	−0.8149	0.1695	0.5505	0	0.1488
$\hat{r}_{t-1}^*$	0	0.1599	0.7146	−0.8254	0.1148	0	0.5505	−0.1719
$\hat{\tau}_{t-1}$	0	0	0	0.0033	0	0	0	0.5505
$\tilde{Y}_{t-1}$	0	0	0	0.9938	0	0	0	0
$\varepsilon_{A,t}$	0.0139	0	0	0.0139	0	0	0	0
$\varepsilon_{R,t}$	0	0.0099	−0.0181	0.0209	−0.0029	0	0	0.0043

续表

	$\hat{A}_t$	$\hat{R}_t$	$\tilde{Y}_t$	$\hat{b}_t$	$\hat{\pi}_t$	$\hat{\pi}_t^*$	$\hat{r}_t^*$	$\hat{\tau}_t$
$\varepsilon_{\pi,t}$	0	−0.0027	0.0165	−0.0207	0.0043	0.0139	0	0.0037
$\varepsilon_{r,t}$	0	0.0040	0.0181	−0.0209	0.0029	0	0.0139	−0.0043
$\varepsilon_{\tau,t}$	0	0	0	0	0	0	0	0.0139

表 7.7　状态 2 下不变参数 DSGE 模型的解

	$\hat{A}_t$	$\hat{R}_t$	$\tilde{Y}_t$	$\hat{b}_t$	$\hat{\pi}_t$	$\hat{\pi}_t^*$	$\hat{r}_t^*$	$\hat{\tau}_t$
$\hat{A}_{t-1}$	0.5505	0	0	0.5471	0	0	0	0
$\hat{R}_{t-1}$	0	0.3796	−0.6772	1.7742	−0.1069	0	0	0.1617
$\hat{b}_{t-1}$	0	0	0	0.9938	0	0	0	−0.0037
$\hat{\pi}_{t-1}^*$	0	−0.1365	0.7932	−0.9914	0.2049	0.5505	0	0.1067
$\hat{r}_{t-1}^*$	0	0.1709	0.6772	−0.7803	0.1069	0	0.5505	−0.1617
$\hat{\tau}_{t-1}$	0	0	0	0.0033	0	0	0	0.5505
$\tilde{Y}_{t-1}$	0	0	0	0.9938	0	0	0	0
$\varepsilon_{A,t}$	0.0139	0	0	0.0139	0	0	0	0
$\varepsilon_{R,t}$	0	0.0096	−0.0172	0.0198	−0.0027	0	0	0.0041
$\varepsilon_{\pi,t}$	0	−0.0034	0.0201	−0.0252	0.0052	0.0139	0	0.0027
$\varepsilon_{r,t}$	0	0.0043	0.0172	−0.0198	0.0027	0	0.0139	−0.0041
$\varepsilon_{\tau,t}$	0	0	0	0	0	0	0	0.0139

7.2.5　MS−DSGE 模型与不变参数 DSGE 模型的脉冲响应比较分析[①]

　　由模型的解可计算脉冲响应。本章对每种状态下的 MS−DSGE 模型与不变参数 DSGE 模型的各种冲击响应进行比较,若冲击响应相同,则略过不予分析;若冲击响应不同,则分析某一状态下 MS−DSGE 模型与不变参数

———————

　　① 无论用图还是用表来展示脉冲响应皆会因图或表过多显得冗杂且占篇幅过多,故省略,感兴趣的读者可向作者索取明细资料。

DSGE 模型的脉冲响应差值，从而剥离出预期宏观政策不确定性对某一冲击响应的影响。本章对所有冲击的响应时间范围统一设定为冲击发生后的 40 个月。

7.2.5.1　货币政策冲击

在状态 1（当前货币政策适度宽松），预期宏观政策不确定性（未来货币政策可能稳健），与货币政策保持适度宽松相比，名义利率上升，会使前 4 个月的通胀率下降更少，之后的 12 个月通胀率下降更多；会使前 2 个月的产出缺口下降更少，之后的 16 个月产出缺口下降更多；会使前 18 个月的名义利率上升更多；会使前 8 个月的政府赤字率上升更少，之后 32 个月的政府赤字率下降更多；会使前 2 个月的政府负债率上升更少，之后 38 个月的政府负债率上升更多。

在状态 2（当前货币政策稳健），预期宏观政策不确定性（未来货币政策可能适度宽松），与货币政策保持稳健相比，名义利率上升，会使前 4 个月的通胀率下降更多，之后的 12 个月通胀率下降更少；会使前 2 个月的产出缺口下降更多，之后的 16 个月产出缺口下降更少；会使前 17 个月的名义利率上升更少；会使前 8 个月的政府赤字率上升更多，之后 32 个月的政府赤字率下降更少；会使前 2 个月的政府负债率上升更多，之后 38 个月的政府负债率上升更少。

7.2.5.2　财政政策冲击

因为在状态 1 和状态 2 下，财政政策均为积极的财政政策，预期宏观政策不确定性只存在于货币政策，在状态 1 下为适度宽松货币政策，在状态 2 下为稳健货币政策，因此财政政策冲击对政府赤字率、政府负债率的影响不受货币政策不确定性预期的干扰。财政政策冲击对名义利率、通胀率、产出缺口没有影响。

7.2.5.3　技术进步率的负向冲击

和财政政策冲击一样，技术进步率的负向冲击对名义利率、通胀率、产出缺口没有影响，只影响政府赤字率、政府负债率，且不受货币政策不确定性预期的干扰。

7.2.5.4　通胀目标冲击

在状态 1（当前货币政策适度宽松），预期宏观政策不确定性（未来货币政策可能稳健），与货币政策保持适度宽松相比，通胀目标上升，会使前 27 个月的通胀率上升更多；会使前 3 个月的产出缺口上升更多，之后 26 个月的产出缺口上升更少；会使前 27 个月的名义利率下降更少；会使前 40 个月的政府赤字率上升更少；会使前 3 个月的政府负债率下降更多，之后的 37 个月政府负债率下降更少。

在状态 2（当前货币政策稳健），预期宏观政策不确定性（未来货币政策可能适度宽松），与货币政策保持稳健相比，通胀目标上升，会使前 27 个月的通胀率上升更少；会使前 2 个月的产出缺口上升更少，之后 28 个月的产出缺口上升更多；会使前 28 个月的名义利率下降更多；会使前 40 个月的政府赤字率上升更多；会使前 2 个月的政府负债率下降更少，之后的 38 个月政府负债率下降更多。

7.2.5.5 自然利率冲击

在状态 1（当前货币政策适度宽松），预期宏观政策不确定性（未来货币政策可能稳健），与货币政策保持适度宽松相比，自然利率上升，会使前 4 个月的通胀率上升更少，之后的 12 个月通胀率上升更多；会使前 2 个月的产出缺口上升更少，之后的 16 个月的产出缺口上升更多；会使前 40 个月的政府赤字率下降更少；会使前 40 个月的政府负债率上升更少。

在状态 2（当前货币政策稳健），预期宏观政策不确定性（未来货币政策可能适度宽松），与货币政策保持稳健相比，自然利率上升，会使前 4 个月的通胀率上升更多，之后的 12 个月通胀率上升更少；会使前 2 个月的产出缺口上升更多，之后的 16 个月的产出缺口上升更少；会使前 40 个月的政府赤字率下降更多；会使前 40 个月的政府负债率上升更多。

综上，在财政政策积极的前提下，货币政策在适度宽松和稳健两种状态中切换的不确定性会影响到货币政策冲击、通胀目标冲击、自然利率冲击对各个宏观经济变量的影响，但不会影响到财政政策冲击、技术进步率的负向冲击对各个宏观经济变量的影响。可见，若经济主体对宏观政策不确定性产生理性预期后，的确会改变自身经济行为，以谋求效用最大化。若当前执行的是适度宽松的货币政策，但中央银行并未对未来货币政策取向做承诺或沟通，则经济主体对未来执行的是否也是适度宽松的货币政策就存在疑问，因为有稳健货币政策的可能，使得名义利率冲击的作用变大，通胀目标冲击除了对通胀率的作用变大，对其他变量的作用变小，自然利率冲击除了对通胀率和产出缺口的作用变大，对其他变量的作用变小。若当前执行的是稳健的货币政策，但中央银行并未对未来货币政策取向做承诺或沟通，则经济主体对未来执行的是否也是稳健的货币政策就存在疑问，因为有适度宽松货币政策的可能，使得名义利率冲击的作用变小，通胀目标冲击除了对通胀率的作用变小，对其他变量的作用变大，自然利率冲击除了对通胀率和产出缺口的作用变小，对其他变量的作用变大。在理性预期框架下，宏观政策不确定性会显著影响政策效果和经济波动。中央银行应密切关注市场对政策预期的变化，并及时做好相关政策承诺或政策沟通，将经济主体对未来政策不确定性的预期降到最低，以提升政策效果，实现精准调控，稳定由政策层面带来的经济波动。

7.3 小结

本章在新凯恩斯模型中引入政府部门，设定财政政策规则和货币政策规则的核心参数服从马尔科夫区制转换，构建 MS－DSGE 模型，从而可以在理性预期框架下分析宏观政策的不确定性效应。若宏观政策存在不同的可能组合，经济主体的行为会发生改变，宏观经济的波动规律会受到影响。将 MS－DSGE 模型应用到我国的实际情况，通过对历年财政货币政策的不同组合的总结分析，认为 2008—2017 年存在两种组合，且未来一段时间也存在这两种组合：积极的财政政策和适度宽松的货币政策，积极的财政政策和稳健的货币政策。基于 RISE 软件对 MS－DSGE 模型进行参数估计和求解，将脉冲响应与用于反事实分析的不变参数 DSGE 模型的脉冲响应进行比较，剥离出经济主体预期宏观政策不确定性对各类冲击效果的影响，结果发现宏观政策不确定性会显著影响货币政策冲击、通胀目标冲击和自然利率冲击的效果。

在主流经济学中，当前分析宏观政策的 DSGE 模型普遍考虑的是不变参数情形，认为政策规则一旦给定，就会长期保持不变。然而，现实中的政策当局的政策取向会随着经济环境的变化做出适当调整，政策规则可能不是线性的。经济主体通过对政策历史的考察、学习和总结，会对未来政策取向的概率分布有一个理性预期。这种宏观政策不确定性会在理性预期框架下对经济主体基于效用最大化做出的经济决策和行为产生影响，从而改变政策当局基于不变参数 DSGE 模型所做的政策效果预测，影响宏观调控的精准性。为了减轻经济主体对未来宏观政策不确定性的预期，政策当局不应忽视预期管理，应及时对未来宏观政策的取向做出承诺或有效沟通，在预期管理到位的情况下，政策当局才可能实现对宏观经济的精准调控。

8 我国货币政策风险承担渠道研究——公司金融理论模型和宏观实证检验

8.1 理论模型

本章在 Angeloni 等（2015）的中介部门基础上运用公司金融中的资本结构理论，在无税 MM 定理的资本结构无关论中引入银行债务的破产成本和银行家对股东、储户的代理成本，重新构建商业银行最优资本结构的选择及货币政策风险承担模型。考虑与商业银行融资和经营相关的四类经济主体，包括股东、储户、银行家、清算机构①。期初，股东出资 K，储户存款 D，总的资金来源 $L=D+K$，资产负债率 $d=D/L$。股东和储户都不具备商业银行管理能力，故委托银行家负责经营。银行家的工作态度事后可无成本观测，分为不努力和努力，对应报酬分为基本报酬和绩效报酬。基本报酬是固定支付，与工作态度无关，设为 0（具体数值不影响分析）；绩效报酬由银行剩余控制人②按银行家的努力业绩与银行家对半平分，是一种激励银行家努力工作的手段。若银行家不努力工作，期末归属于股东和储户的银行总资产回报率为 $ROA+x$，随机变量 x 服从 $[-h, h]$ 上的均匀分布；若银行家努力工作，期末归属于股东和储户的银行总资产回报率为 $(1+\lambda)(ROA+x)$。在激励相容的均衡条件下，银行家一定会努力工作，因此期末银行总资产回报率一定为 $(1+\lambda)(ROA+x)$。储户与银行约定的存款利率为 R。若银行破产，清算机构会先收

---

① 破产清算涉及的会计师事务所、律师事务所等机构。
② 银行剩余控制人在破产情况下为储户，不破产情况下为股东。

取占期末总资产的 c 比率的清算费用。期末银行总资产回报 L （1＋λ）（ROA ＋x）在股东、储户、银行家、清算机构四类经济主体中的分配结构有以下三种可能情况，具体情况与随机变量 x 的实现值有关。

第一，当 $RD<L$（ROA＋x），银行不会破产，清算机构得到 0，储户得到 RD，银行剩余控制人为股东，银行家的努力业绩[1]为 $L\lambda$（ROA＋x），银行家得到 $L\lambda$（ROA＋x）/2，股东得到 L（1＋$\lambda/2$）（ROA＋x）－RD。

第二，当 L（ROA＋x）<RD<L（1＋λ）（ROA＋x），银行不会破产，清算机构得到 0，储户得到 RD，银行剩余控制人为股东，银行家的努力业绩[2]为 L（1＋λ）（ROA＋x）－RD，银行家和股东都得到 $[L$（1＋λ）（ROA＋x）－$RD]$ /2。

第三，当 L（1＋λ）（ROA＋x）<RD，银行会破产，清算机构得到 Lc（1＋λ）（ROA＋x），股东得到 0；银行剩余控制人为储户，银行家的努力业绩[3]为 L（1－c）λ（ROA＋x），银行家得到 L（1－c）λ（ROA＋x）/2，储户得到 L（1－c）（1＋$\lambda/2$）（ROA＋x）。

公司金融理论认为，股东财富最大化等价于公司价值最大化，公司价值最大化取决于未来归属于公司股东和债权人的现金流最大化，因此银行的最优资本结构应该使期末银行股东和储户分配到的银行总资产回报的预期值达到最大，或者银行家和清算机构分配到的银行总资产回报的预期值达到最小。

$$\max \begin{aligned} &\frac{1}{2h}\int_{Rd-ROA}^{h}L(1+\frac{\lambda}{2})(ROA+x)\mathrm{d}x \\ &+\frac{1}{2h}\int_{\frac{Rd}{1+\lambda}-ROA}^{Rd-ROA}\frac{L(1+\lambda)(ROA+x)+RD}{2}\mathrm{d}x \\ &+\frac{1}{2h}\int_{-h}^{\frac{Rd}{1+\lambda}-ROA}L(1-c)(1+\frac{\lambda}{2})(ROA+x)\mathrm{d}x \end{aligned} \qquad (8.1)$$

或者

---

① 银行家努力工作给股东带来的回报减去银行家不努力工作给股东带来的回报为银行家的努力业绩：λ。

② 银行家不努力工作会破产，给股东带来的回报为 0，而努力工作不会破产，给股东带来的回报为 L（1＋λ）（ROA＋x）－RD，故银行家的努力业绩为后者。

③ 银行家努力工作给储户带来的破产回报减去银行家不努力工作给储户带来的破产回报为银行家的努力业绩：L（1－c）（1＋λ）（ROA＋x）－L（1－c）（ROA＋x）。

$$\min \begin{array}{l} \frac{1}{2h}\int_{Rd-ROA}^{h} \frac{L\lambda(ROA+x)}{2}\mathrm{d}x + \frac{1}{2h}\int_{\frac{Rd}{1+\lambda}-ROA}^{Rd-ROA} \frac{L(1+\lambda)(ROA+x)-RD}{2}\mathrm{d}x \\ + \frac{1}{2h}\int_{-h}^{\frac{Rd}{1+\lambda}-ROA} Lc(1+\lambda)(ROA+x) + \frac{L(1-c)\lambda(ROA+x)}{2}\mathrm{d}x \end{array}$$

$$(8.2)$$

清算机构、银行家分配到的银行总资产回报分别为破产成本、代理成本。式（8.2）可变换为式（8.3）：

$$\min \begin{array}{l} \frac{1}{2h}\int_{Rd-ROA}^{h} \frac{L\lambda(ROA+x)}{2}\mathrm{d}x + \frac{1}{2h}\int_{\frac{Rd}{1+\lambda}-ROA}^{Rd-ROA} \frac{L\lambda(ROA+x)}{2}\mathrm{d}x \\ + \frac{1}{2h}\int_{-h}^{\frac{Rd}{1+\lambda}-ROA} \frac{L\lambda(ROA+x)}{2}\mathrm{d}x - \frac{1}{2h}\int_{\frac{Rd}{1+\lambda}-ROA}^{Rd-ROA} \frac{RD-L(ROA+x)}{2}\mathrm{d}x \\ + \frac{1}{2h}\int_{-h}^{\frac{Rd}{1+\lambda}-ROA} Lc(1+\lambda)(ROA+x) - \frac{Lc\lambda(ROA+x)}{2}\mathrm{d}x \end{array}$$

$$(8.3)$$

式（8.3）的前三项为无杠杆银行的代理成本，无杠杆银行无破产成本，第四、五项表明有杠杆银行会在无杠杆银行基础上增加破产成本，减小代理成本，和静态权衡资本结构理论的分析结果类似，应存在一个最优资本结构，使减小的代理成本减去增加的破产成本达到最大，此时银行价值最大化，同时意味着银行股东的财富最大化。

$$\max \begin{array}{l} \frac{1}{2h}\int_{\frac{Rd}{1+\lambda}-ROA}^{Rd-ROA} \frac{RD-L(ROA+x)}{2}\mathrm{d}x \\ + \frac{1}{2h}\int_{-h}^{\frac{Rd}{1+\lambda}-ROA} \frac{Lc\lambda(ROA+x)}{2} - Lc(1+\lambda)(ROA+x)\mathrm{d}x \end{array}$$

$$(8.4)$$

因为 $-h \leqslant x \leqslant h$，所以：

当 $Rd-ROA \leqslant -h$ 时，式（8.4）等于 0；

当 $Rd-ROA > -h$ 且 $\frac{Rd}{1+\lambda}-ROA \leqslant -h$ 时，式（8.4）变为 $\frac{1}{2h}\int_{-h}^{Rd-ROA}$

$\frac{RD-L(ROA+x)}{2}\mathrm{d}x = \frac{L(Rd-ROA+h)^2}{8h}$，随 d 单调递增，在 $d = \frac{(ROA-h)(1+\lambda)}{R}$ 处取得最大值 $\frac{L\lambda^2(ROA-h)^2}{8h}$。

当 $Rd-ROA < h$ 且 $\frac{Rd}{1+\lambda}-ROA > -h$ 时，式（8.4）$= \frac{L}{2h}$

$\frac{(\lambda^2-2c-c\lambda)R^2d^2}{4(1+\lambda)^2} + \frac{L}{2h}\frac{(2c+c\lambda)(ROA-h)^2}{4}$，若 $\lambda^2-2c-c\lambda<0$，随 d 单

调递减，在 $\dfrac{(ROA-h)(1+\lambda)}{R}$ 处取得最大值，若 $\lambda^2-2c-c\lambda=0$，为常数，在整个子区间都取得最大值，若 $\lambda^2-2c-c\lambda>0$，随 d 单调递增，在 $\dfrac{ROA+h}{R}$ 处取得最大值。

当 $Rd-ROA \geqslant h$ 且 $\dfrac{Rd}{1+\lambda}-ROA<h$ 时，式（8.4）变为 $\dfrac{1}{2h}\displaystyle\int_{\frac{Rd}{1+\lambda}-ROA}^{h}$

$$\dfrac{RD-L(ROA+x)}{2}\mathrm{d}x+\dfrac{1}{2h}\int_{-h}^{\frac{Rd}{1+\lambda}-ROA}\dfrac{Lc\lambda(ROA+x)}{2}-Lc(1+\lambda)(ROA+x)\mathrm{d}x$$

$$=\begin{aligned}&\dfrac{L}{2h}\dfrac{(-2\lambda-1-2c-c\lambda)R^2d^2}{4(1+\lambda)^2}+\dfrac{L}{2h}\dfrac{(ROA+h)Rd}{2}\\&+\dfrac{L}{2h}\dfrac{(2c+c\lambda)(ROA-h)^2}{4}-\dfrac{L}{2h}\dfrac{(ROA+h)^2}{4}\end{aligned}$$，若 $\lambda^2-2c-c\lambda\leqslant0$，随

d 单调递减，在 $\dfrac{ROA+h}{R}$ 处取得最大值，若 $\lambda^2-2c-c\lambda>0$，随 d 先增后减，在 $\dfrac{(1+\lambda)^2}{2c+c\lambda+1+2\lambda}\dfrac{ROA+h}{R}$ 处取得最大值。

当 $\dfrac{Rd}{1+\lambda}-ROA\geqslant h$，式（8.4）变为 $\dfrac{1}{2h}\displaystyle\int_{-h}^{h}\dfrac{Lc\lambda(ROA+x)}{2}-Lc(1+\lambda)$

$(ROA+x)\mathrm{d}x$，显然小于 0。

综上，若 $\lambda^2-2c-c\lambda<0$，最优资本结构 $d=\dfrac{(ROA-h)(1+\lambda)}{R}$；若 $\lambda^2-2c-c\lambda=0$，最优资本结构 $d\in\left[\dfrac{(ROA-h)(1+\lambda)}{R},\dfrac{ROA+h}{R}\right]$，可视为均匀分布；若 $\lambda^2-2c-c\lambda>0$，最优资本结构 $d=\dfrac{(1+\lambda)^2}{2c+c\lambda+1+2\lambda}\dfrac{ROA+h}{R}$。

在本章的理论模型中，银行的破产概率可表达为：

$$\varphi=\dfrac{1}{2h}\int_{-h}^{\frac{Rd}{1+\lambda}-ROA}1\mathrm{d}x=\dfrac{1}{2h}\left(\dfrac{Rd}{1+\lambda}-ROA+h\right)\tag{8.5}$$

将最优资本结构 d 代入式（8.5），可得：

若 $\lambda^2-2c-c\lambda<0$，$\varphi=0$，银行的破产概率与 ROA 无关（这不是一种常态，是一种极端情形）。

若 $\lambda^2-2c-c\lambda=0$，$\varphi\in\left[0,\dfrac{-\lambda ROA+(2+\lambda)h}{2(1+\lambda)h}\right]$，银行的破产概率可视为均匀分布，下限固定为 0，上限与 ROA 负相关。

若 $\lambda^2-2c-c\lambda>0$，$\varphi=\dfrac{-(2c+c\lambda+\lambda)ROA+(2c+c\lambda+2+3\lambda)h}{2(2c+c\lambda+1+2\lambda)h}$，银

行的破产概率与 ROA 负相关。

经济直觉和大量经验证据表明，银行资产的预期回报率 ROA 与货币政策利率同方向变动。当货币政策宽松时，无风险利率会下降，市场的其他各类利率也会随之下降，ROA 会下降；当货币政策紧缩时，无风险利率上升，市场的其他各类利率也会随之上升，ROA 会上升。由此可得本章的命题1。

命题1：在资产利率 ROA 和负债利率 R 既定的前提下，银行的破产概率由最优资本结构 d 决定，若银行当前的破产概率不为 0（这是一种常态），则紧缩的货币政策会减小银行破产概率，而宽松的货币政策会加大银行破产概率。

传统的货币政策银行风险承担假说侧重货币政策通过影响商业银行的风险偏好和风险定价来影响其资产风险，而本章构建的货币政策风险承担理论框架的不同之处在于，拓展了货币政策银行风险承担理论，侧重货币政策通过影响商业银行最优资本结构的选择来影响其破产风险。资产风险与破产风险紧密相关。一方面，两者同向变动，若银行选择承担更大的资产风险，则资产风险的暴露（如不良贷款）会通过计提更多的资产减值准备，扣除更多的利润，降低资产收益率 ROA，增大破产风险 φ；若银行选择承担更大的破产风险，则会放松信贷审批条件，增大风险资产偏好，降低风险定价，以博取更高的预期收益率，资产风险承担变大。另一方面，从会计意义上看，破产风险即为资不抵债的风险，在银行债务风险稳定在较低水平的现实情况下，破产风险和资产风险是一对孪生兄弟，实质等同的概念。抛开风险承担具体形式的区别，命题1与货币政策银行风险承担渠道假说的内涵相一致，由此，本章的理论模型从公司金融视角证明了货币政策银行风险承担渠道的存在性。

8.2　实证分析

上一节从公司金融视角证明了货币政策银行破产风险承担效应的理论基础。那么，如何对本章提出的货币政策银行破产风险承担进行实证检验呢？学术界对银行破产概率最普遍的度量指标是 Z 值，即（ROA＋（equity/assets））/ sd（ROA），sd（ROA）是 ROA 的标准差，Z 值越大，破产概率越小。然而，Z 值最大的弊端是 sd（ROA）的计算存在很多争议，sd（ROA）的理论值是未知的，因为时间序列在每个时点上只有一个实现值，有学者采用滚动若干期的标准差来替代，但在经济逻辑上很难使人信服。为此，需要用可测性强，且与破产风险紧密相关的其他风险指标作为替代，资产风险就是一个很好的指标。前面提到，资产风险和破产风险高度正相关，若货币政策影响资产风险，则货币政策必定影响破产风险。因此本章的实证分析以资产风险（或贷款风险）为研究对象，验证货币政策银行风险承担效应的存在性。

学术界对我国货币政策银行风险承担效应的存在性检验大多基于商业银行个体微观面板数据，极少涉及商业银行整体宏观时间序列数据的经验证据。对商业银行整体行业风险承担行为的研究，在维护宏观金融稳定，防范系统性金融风险的大背景下有着重要意义。我国商业银行整体行业风险承担的核心指标是不良贷款率，不良贷款率除了可能受货币政策影响外，还可能受宏观经济条件的影响。不同类型的商业银行的风险承担受货币政策、宏观经济条件的影响还可能具有异质性。因此，本章除了考虑商业银行整体风险承担行为外，还需要考虑国有（大型）商业银行、股份制商业银行、城市商业银行、农村商业银行、外资银行等不同类型的商业银行整体风险承担行为。

8.2.1　变量和数据说明

由于中国银监会网站自 2005 年才开始披露各季末的商业银行（及分机构的商业银行）不良贷款率指标，而这一指标是研究商业银行体系整体风险承担最权威最高频的数据，因此本章的数据样本期间选择为 2005 年第一季度到 2016 年第四季度。

风险承担变量：商业银行、国有（大型）商业银行、股份制商业银行、城市商业银行、农村商业银行、外资银行的不良贷款率（non-performing loan rate）分别用 $nplr$、$nplr1$、$nplr2$、$nplr3$、$nplr4$、$nplr5$ 表示，数据来源于中国银监会网站。

货币政策变量：数量型货币政策指标为 m2 存量的季末同比增速，价格型货币政策指标为全国银行间同业拆借市场当季的隔夜加权平均利率（因为从 2007 年开始，隔夜品种交易量超过 7 天品种，在交易总量中占主导地位，是市场短期无风险利率的最佳代表），两者分别用 $gm2$、$rate$ 表示，前者来源于国家统计局，后者来源于中国人民银行网站。

宏观经济变量：实际 GDP 的当季同比增速（经济增速）、GDP 平减指数的当季同比增速（通胀率）分别用 $growth$、pi 表示，前者来源于国家统计局，后者根据国家统计局公布的国内生产总值指数（上年同期＝100）－当季值与国内生产总值-当季值（亿元）计算而得。

8.2.2 单位根检验

所有变量均为百分数。用 Eviews6 中的 ADF 检验各变量的平稳性，最大滞后阶数设为 9，基于 SIC 准则选择最优滞后阶数，结果见表 8.1。

表 8.1 ADF 单位根检验

变量	水平值		一阶差分值	
	检验形式	P 值	检验形式	P 值
$nplr$	(c, 0, 0)	0.0010		
$nplr1$	(c, 0, 0)	0.0073		
$nplr2$	(c, 0, 2)	0.0125	(c, t, 1)	0.0072
$nplr3$	(c, t, 7)	0.0005		
$nplr4$	(c, 0, 0)	0.3915	(0, 0, 0)	0.0000
$nplr5$	(c, 0, 1)	0.0892	(0, 0, 0)	0.0002
$gm2$	(c, t, 1)	0.2053	(0, 0, 0)	0.0000
$rate$	(c, 0, 0)	0.1683	(0, 0, 0)	0.0000
$growth$	(c, t, 1)	0.0122	(0, 0, 0)	0.0000
pi	(c, t, 1)	0.0103	(0, 0, 1)	0.0004

注：检验形式（c，t，p）分别表示截距项、时间趋势和滞后阶数。

由上表 8.1 可知，在 10% 的显著性水平下，$nplr4$、$gm2$、$rate$ 有单位根，$nplr5$ 没有单位根；在 5% 的显著性水平下，$nplr2$、$growth$、pi 没有单位根；在 1% 的显著性水平下，$nplr$、$nplr1$、$nplr3$ 没有单位根。E-G 两步法和 Johansen 协整检验要求所有变量都是一阶单整（有单位根），而本章的相关变量不满足这一条件，因此无法做风险承担变量与货币政策变量、宏观经济变量之间的协整关系分析。尽管 ADF 检验在单位根检验中使用最频繁，但有时因序列的某种异常变动使其有效性受到影响，而且时间序列的回归分析要求所有变量具有平稳性，因此有必要对 ADF 检验存在单位根的 $nplr4$、$gm2$、$rate$ 用其他单位根检验方法进行再检验。结果发现用其他单位根检验方法证明了 $nplr4$、$gm2$、$rate$ 的平稳性，见表 8.2。出于后面实证分析的需要，本章认为所有变量均为平稳序列。

表 8.2　其他单位根检验

检验方法	变量	检验形式	P 值
Phillips－Perron	$nplr4$	(0, 0, 3)	0.037
DF－GLS	$gm2$	(c, 0, 1)	0.05＞p＞0.01
DF－GLS	$rate$	(c, 0, 0)	0.05＞p＞0.01

注：原假设均为序列有单位根。

8.2.3　回归分析

被解释变量为不良贷款率，解释变量为货币政策指标，控制变量为宏观经济指标，回归方程设为：

$$nplr? = c(1) + c(2) \times gm2 + c(3) \times rate + c(4) \times growth + c(5) \times pi$$

(8.6)

其中，$nplr?$ 分别表示 $nplr$、$nplr1$、$nplr2$、$nplr3$、$nplr4$、$nplr5$，c(1)到 c(5) 表示系数，＊表示乘积。全样本（2005Q1—2016Q4）回归结果见表 8.3。为了控制金融危机前后对宏观金融体系风险监管理念的变化，分别考虑对金融危机前的子样本（2005Q1—2008Q3）、金融危机后的子样本（2008Q4—2016Q4）的回归分析，结果见表 8.4、表 8.5。样本断点 2008Q4 的选择基于 Quandt－Andrews 未知断点检验。

表 8.3　全样本（2005Q1－2016Q4）回归结果

	$nplr$	$nplr1$	$nplr2$	$nplr3$	$nplr4$	$nplr5$
c	3.89	3.52	3.66***	5.61**	3.45**	2.16***
$gm2$	−0.36***	−0.42***	−0.19***	−0.33***	−0.15***	−0.03***
$rate$	−1.86***	−2.15***	−0.99***	−2.05***	−1.18***	−0.32***
$growth$	1.00***	1.28***	0.37***	0.79***	0.54***	−0.01
pi	−0.07	−0.06	−0.09*	−0.14	−0.10	−0.04***
R^2	0.65	0.66	0.65	0.54	0.66	0.71
调整 R^2	0.62	0.63	0.62	0.50	0.62	0.68

注：***、**、*分别表示在 1％、5％、10％的显著性水平下显著。

由表8.3可知，价格型货币政策紧缩，商业银行整体不良率会显著下降，说明价格型货币政策银行风险承担效应存在，但不同类型的商业银行整体不良率下降幅度不同，下降幅度由大到小依次为国有（大型）商业银行、城市商业银行、农村商业银行、股份制商业银行、外资银行，说明价格型货币政策银行风险承担效应在不同类型银行间的大小不同，大小顺序同上。数量型货币政策宽松，商业银行整体不良率会显著下降，但不同类型的商业银行整体不良率下降幅度不同，下降幅度由大到小依次为国有（大型）商业银行、城市商业银行、股份制商业银行、农村商业银行、外资银行，数量型货币政策对不良率的影响方向与传统货币政策风险承担假说相反，在实证上反而表现为数量型货币政策银行风险"缓释"效应，即宽松的数量型货币政策改善了银行资产的风险状况。经济增速越快，商业银行、国有（大型）商业银行、股份制商业银行、城市商业银行、农村商业银行的不良率会显著上升。通胀率越高，股份制商业银行、外资银行的不良率会显著下降。

表8.4　金融危机前的子样本（2005Q1—2008Q3）回归结果

	$nplr$	$nplr1$	$nplr2$	$nplr3$	$nplr4$	$nplr5$
c	24.66***	27.81***	11.73***	31.89***	9.23***	2.83***
$gm2$	−0.82**	−0.94**	−0.29**	−0.85**	−0.14	−0.07**
$rate$	−1.43	−0.94	−1.60***	−3.72**	0.37	−0.18
$growth$	0.12	0.15	0.02	−0.13	0.08	−0.02
pi	−0.34	−0.44	−0.15	−0.48*	−0.55***	−0.07***
R^2	0.70	0.66	0.87	0.84	0.92	0.87
调整 R^2	0.59	0.53	0.81	0.78	0.89	0.81

注：***、**、*分别表示在1%、5%、10%的显著性水平下显著。

由表8.4可知，在金融危机前，价格型货币政策紧缩，股份制商业银行、城市商业银行的整体不良率会显著下降，说明价格型货币政策风险承担效应在股份制商业银行、城市商业银行中存在，且后者大于前者。数量型货币政策宽松，商业银行、国有（大型）商业银行、股份制商业银行、城市商业银行、外资银行整体不良率会显著下降，与传统货币政策风险承担假说相反，在实证上反而表现为数量型货币政策银行风险"缓释"效应，即宽松的数量型货币政策改善了银行资产的风险状况。经济增速对不良率影响不显著。通胀率越高，城市商业银行、农村商业银行、外资银行的不良率会显著下降。

表 8.5　金融危机后的子样本（2008Q4－2016Q4）回归结果

	$nplr$	$nplr1$	$nplr2$	$nplr3$	$nplr4$	$nplr5$
c	3.07***	2.95***	2.95***	2.78***	4.21***	2.14***
$gm2$	0.02	0.04**	−0.04***	0.04**	0.06***	−0.02**
$rate$	−0.36***	−0.36***	−0.33***	−0.29***	−0.50***	−0.30***
$growth$	−0.15***	−0.19***	−0.06	−0.20***	−0.25***	−0.02
pi	0.03	0.05***	−0.03	0.03	0.06*	−0.03**
R^2	0.64	0.66	0.66	0.72	0.73	0.69
调整 R^2	0.59	0.61	0.62	0.68	0.69	0.64

注：***、**、*分别表示在 1%、5%、10%的显著性水平下显著。

由表 8.5 可知，在金融危机后，价格型货币政策紧缩，商业银行整体不良率会显著下降，说明价格型货币政策银行风险承担效应存在，但不同类型的商业银行整体不良率下降幅度不同，下降幅度由大到小依次为农村商业银行、大型（国有）商业银行、股份制商业银行、外资银行、城市商业银行，说明价格型货币政策银行风险承担效应在不同类型银行间的大小不同，大小顺序同上。数量型货币政策宽松，大型（国有）商业银行、城市商业银行、农村商业银行的不良率会显著上升，说明数量型货币政策风险承担效应在这三类银行中存在，股份制商业银行、外资银行的不良率会显著下降，说明数量型货币政策风险承担效应在这两类银行中不存在，在实证上反而表现为数量型货币政策银行风险"缓释"效应，即宽松的数量型货币政策改善了这两类银行资产的风险状况。经济增速越快，商业银行、大型（国有）商业银行、城市商业银行、农村商业银行的不良率会显著下降。通胀率越高，大型（国有）商业银行、农村商业银行的不良率会显著上升，外资银行的不良率会显著下降。

综合表 8.3、表 8.4、表 8.5，我国价格型货币政策银行风险承担效应显著强于数量型货币政策银行风险承担效应，且在不同类型银行间存在异质性，随着利率市场化的进一步完善，我国货币政策将从数量型向价格型转换，价格型货币政策将在未来起主导作用，货币政策银行风险承担效应将是不可回避的重要问题，货币当局需要权衡货币政策和金融稳定的关系。

8.2.4　VAR 分析

由于 VAR 模型估计的参数较多，对样本量有一定要求，这里仅考虑全样本的 VAR 分析。将 $nplr?$、$growth$、pi、$gm2$、$rate$ 依次作为内生变量用 VAR 模型进行分析，基于 SC 信息准则选择的滞后阶数均为 1，特征多项式的根的模均位于单位圆内，VAR 模型均满足稳定性条件，分别做 $nplr?$ 对 $gm2$、$rate$ 的脉冲响应图，结果见图 8.1。采用 Cholesky 分解处理扰动项的相关性，Cholesky 分解顺序为：$nplr?$、$growth$、pi、$gm2$、$rate$。

Response to Cholesky One S. D. Innovations±2S. E.

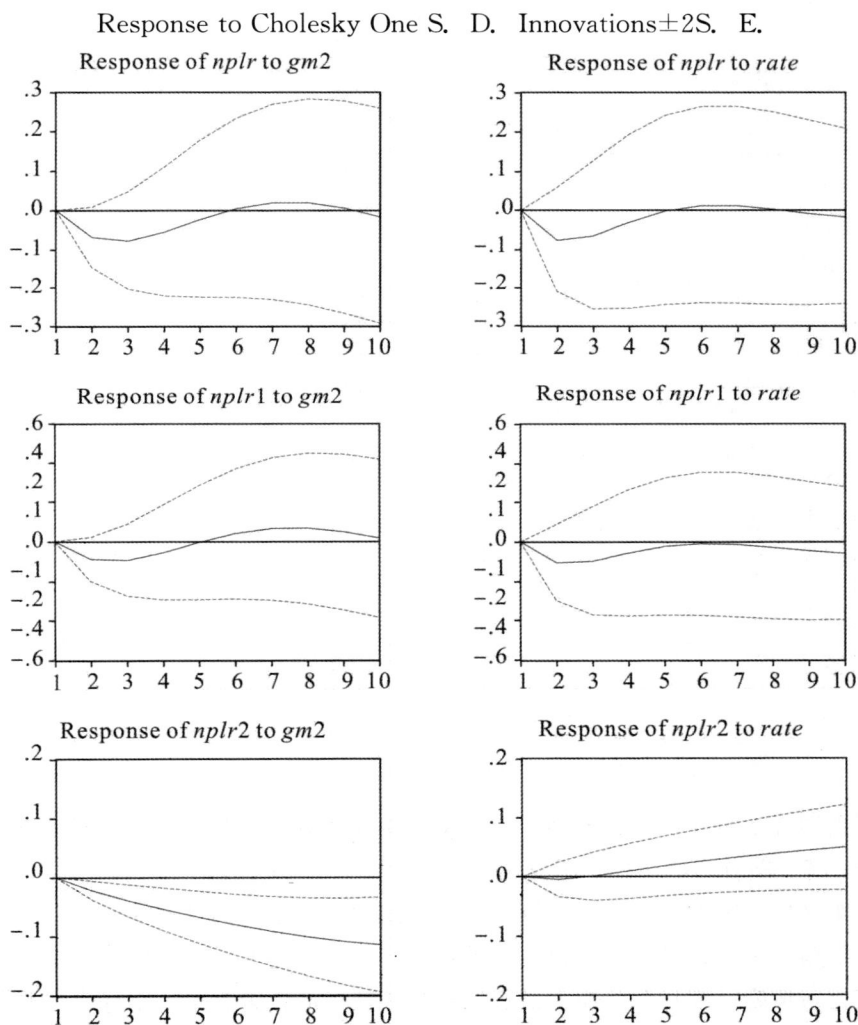

图 8.1　脉冲响应图

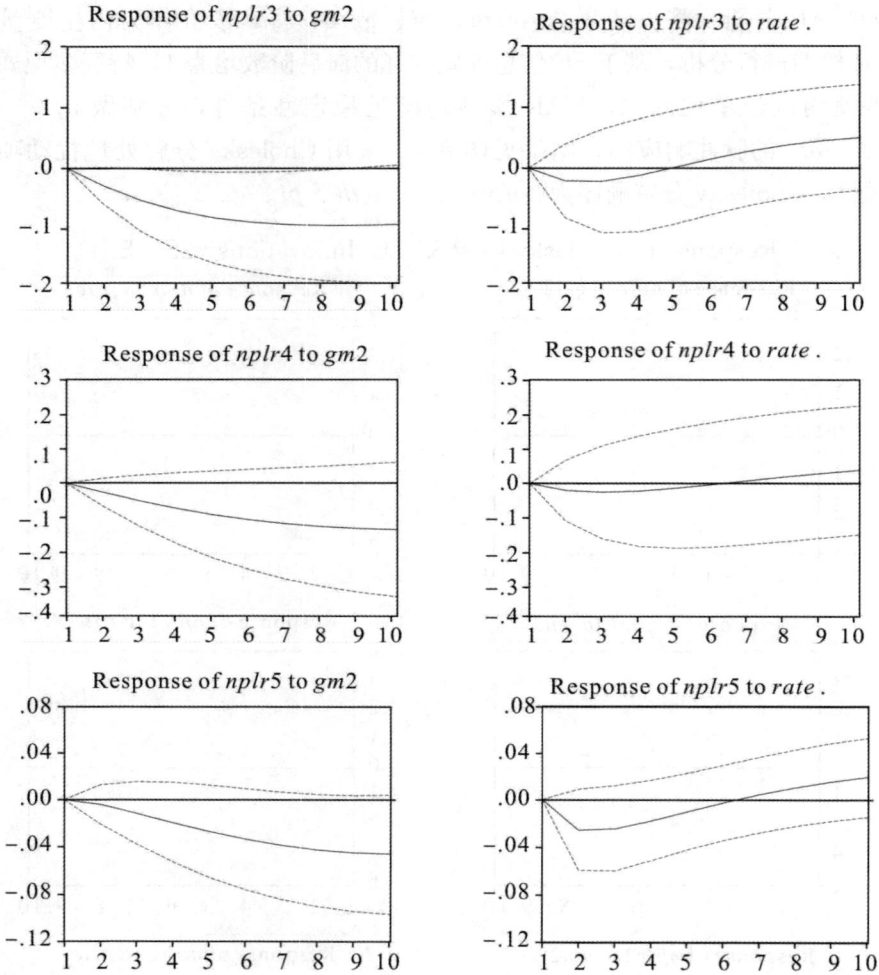

图 8.1　（续）

由图 8.1 可知，在数量型货币政策宽松冲击下，商业银行整体不良率在第7 期、第 8 期有小幅上扬，国有（大型）商业银行整体不良率在第 6 期、第 7期、第 8 期、第 9 期有小幅上扬，其余时期的各类银行不良率均下降，说明数量型货币政策银行风险承担效应几乎不存在，在实证上反而表现为数量型货币政策银行风险"缓释"效应，即宽松的数量型货币政策改善了银行资产的风险状况。在价格型货币政策紧缩冲击下，商业银行、国有（大型）商业银行的整体不良率分别在前 5 期、前 6 期受到负向影响，城市商业银行、农村商业银行、外资银行的整体不良率分别在前 5 期、前 6 期、前 6 期受到负向影响，接着开始受到正向影响，股份制商业银行在前 3 期不受影响，第 4 期开始受到正向影响，综合来看，价格型货币政策银行风险承担效应是存在的，但对于非国有（大型）商业银行而言，短期的风险承担效应可能被中长期的风险"缓释"效应抵消。

8.3　小结

金融危机以来，货币政策与金融稳定的关系得到学术界和实务界越来越多的关注，货币传导机制理论中出现了一个新的风险承担渠道假说。然而，当前关于货币政策风险承担渠道的文献主要集中在微观实证检验上，缺乏宏观实证检验。尽管一些学者提出了若干理论假说作为风险承担渠道的解释依据，但是缺乏严格的理论模型分析和技术支撑。

本章将货币金融学和公司金融学进行有机结合，运用公司金融中的资本结构理论，在无税 MM 定理的资本结构无关论中引入银行债务的破产成本和银行家对股东、储户的代理成本，重新构建商业银行最优资本结构的选择及货币政策风险承担模型，从公司金融视角证明了货币政策银行风险承担渠道的存在性。在银行破产概率不为零的常态下，紧缩的货币政策会减小银行破产概率，而宽松的货币政策会加大银行破产概率。

本章将商业银行整体不良率作为宏观金融系统的整体稳定性的代理变量，用全样本的回归分析和 VAR 分析检验数量型货币政策、价格型货币政策的风险承担效应，结果发现价格型货币政策的风险承担效应存在，而数量型货币政策的风险承担效应不存在，在实证上反而表现为数量型货币政策银行风险"缓释"效应，即宽松的数量型货币政策改善了银行资产的风险状况。不同类型的银行，在金融危机前后的两个阶段，对数量型和价格型的货币政策风险承担效应有结构异质性。在金融危机前，股份制商业银行、城市商业银行对价格型货币政策风险承担效应存在。回归结果显示，在金融危机后，农村商业银行、大型（国有）商业银行、股份制商业银行、外资银行、城市商业银行对价格型货币政策风险承担效应存在，大型（国有）商业银行、城市商业银行、农村商业银行对数量型货币政策风险承担效应也存在。VAR 脉冲结果显示，数量型货币政策银行风险承担效应几乎不存在，价格型货币政策银行风险承担效应整体而言是存在的，但对于非国有（大型）商业银行而言，短期的风险承担效应可能被中长期的风险"缓释"效应抵消。

我国价格型货币政策银行风险承担效应显著强于数量型货币政策银行风险承担效应，且在不同类型银行间存在异质性，随着利率市场化的进一步完善，我国货币政策将从数量型向价格型转换，价格型货币政策将在未来起主导作用，货币政策银行风险承担效应将是不可回避的重要问题，货币当局需要权衡货币政策和金融稳定的关系。

9 我国货币政策的银行风险承担效应研究
——基于资产组合理论和中观层面的结构视角

9.1 理论框架

货币政策银行风险承担渠道理论认为，宽松的货币政策会加大商业银行的风险偏好，促使商业银行采取更加激进冒险的信贷政策和行为；而紧缩的货币政策会减小商业银行的风险偏好，促使商业银行采取更加审慎保守的信贷政策和行为。此外，无风险资产的收益率对货币政策反应灵敏迅速，而风险资产的收益率对货币政策反应迟钝缓慢，造成了货币政策宽松时，无风险资产的收益率比风险资产的收益率下降更多，风险溢价上升，风险资产的吸引力变大，商业银行配置更多的风险资产，而货币政策紧缩时，无风险资产的收益率比风险资产的收益率上升更多，风险溢价下降，风险资产的吸引力变小，商业银行配置更少的风险资产。货币政策通过影响商业银行的风险偏好与风险资产的风险溢价这两种效应同时对商业银行的风险承担发挥作用。下面用一个简单的资产组合理论模型进行直观的阐述。

为了简化，假设商业银行有两种资产配置途径：无风险资产 f，预期收益率（即收益率的均值）为 R_f，风险（即收益率的标准差）为 0；风险资产 a，预期收益率为 R_a，风险为 σ_a。设风险资产配置比率为 x_a，则无风险资产与风险资产构成资产组合 p，预期收益率为 $R_p = x_a R_a + (1-x_a) R_f$，风险为 $\sigma_p = x_a \sigma_a$，且有 $R_p = R_f + \dfrac{R_a - R_f}{\sigma_a} \sigma_p$，即图 9.1 的线段 fa。

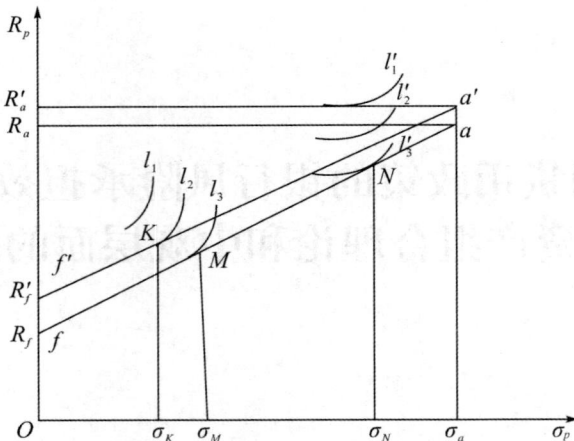

图 9.1　商业银行资产配置图

　　为了剥离货币政策传导的信贷渠道中的资产负债表渠道对风险承担渠道的干扰，即货币政策宽松时，银行风险资产配置增加可能是因为宽松的货币政策改善了借款人的资产估值、收入和现金流状况，降低了违约风险，而货币政策紧缩时，银行风险资产配置减少可能是因为紧缩的货币政策恶化了借款人的资产估值、收入和现金流状况，提高了违约风险，本章对风险资产的风险进行控制，设定其不随货币政策的改变而改变，始终为 σ_a，因而可以单独分析风险承担渠道。

　　由图 9.1 可知，若商业银行初始资产配置点为 N，此时无风险资产和风险资产的预期收益率分别为 R_f、R_a，风险溢价为 $R_a - R_f$，商业银行的风险偏好由无差异曲线 $l'_1 - l'_3$ 刻画，资产配置可行集 fa 与无差异曲线 l'_3 相切于 N，资产组合的风险为 σ_N，风险资产的配置比率为 $x_a^N = \sigma_N / \sigma_a$。当货币政策紧缩时，商业银行的风险偏好减小，由更陡峭的无差异曲线 $l_1 - l_3$ 刻画，即对同样大小的风险要求更高的风险溢价补偿才能维持效用不变，资产配置可行集 fa 与无差异曲线 l_3 相切于 M，资产组合的风险为 $\sigma_M < \sigma_N$，风险资产的配置比率为 $x_a^M = \sigma_M / \sigma_a < x_a^N = \sigma_N / \sigma_a$，可见紧缩的货币政策会通过减小商业银行的风险偏好来减小风险资产的配置比率。除此以外，当货币政策紧缩时，无风险资产和风险资产的预期收益率分别上升 $R'_f - R_f$、$R'_a - R_a$，变为 R'_f、R'_a，且有 $R'_f - R_f > R'_a - R_a$，风险溢价变为 $R'_a - R'_f < R_a - R_f$，资产配置可行集 $f'a'$ 的斜率为 $(R'_a - R'_f) / \sigma_a < (R_a - R_f) / \sigma_a$，比 fa 更平缓，$f'a'$ 与无差异曲线 l_2 相切于 K，资产组合的风险为 $\sigma_K < \sigma_M$，风险资产的配置比率为 $x_a^K = \sigma_K / \sigma_a < x_a^M = \sigma_M / \sigma_a$，可见紧缩的货币政策还会通过减小风险资产的风险溢

价来减小风险资产的配置比率。

总之，紧缩的货币政策会同时通过减小商业银行的风险偏好和风险资产的风险溢价这两种效应使商业银行资产配置点由 N 迁移到 K，减小风险资产的配置比率，降低商业银行风险承担。同理，若商业银行初始资产配置点为 K，采用相同的逻辑演绎可以得到，当货币政策宽松时，商业银行的资产配置点会最终迁移到 N，宽松的货币政策会同时加大商业银行的风险偏好和风险资产的风险溢价，增大风险资产的配置比率，加大商业银行风险承担。

9.2　实证分析

上一节通过构建资产组合理论框架来分析货币政策银行风险承担渠道的内在机理，这一节通过手工收集、整理、计算得到 2005—2015 年度中国商业银行体系分产业、分行业、分省、分机构的相关面板数据，对中国货币政策银行风险承担渠道的存在性进行检验，同时考虑货币政策银行风险承担效应的分产业、分行业、分省、分机构的结构性差异。

9.2.1　计量模型设定

为使实证分析和理论框架保持一致，本章主要研究商业银行在资产配置上的风险承担，暂不考虑其在负债端的风险承担。贷款仍是我国商业银行的资产主业，借款人的信用风险是风险承担的内在实质，而不良贷款率是风险承担的外在表现，商业银行在风险承担上的选择行为最终会以不良贷款率的结果显现。因此，不良贷款率是衡量商业银行风险承担的最核心指标。不良贷款率除了受事前的商业银行主动的风险承担行为影响外，还受事后的宏观经济形势变化的影响。而商业银行主动的风险承担行为，除了受货币政策的影响外，还受商业银行的盈利能力、资产规模、资本充足性、同业竞争结构、跨业竞争结构、利率市场化程度、业务合规性、资产价格等因素的影响。基于以上分析，构建如下计量模型：

$$nplr_{it} = \beta_0 + \beta_1 mp_t + control_{it} + \varepsilon_{it} \qquad (9.1)$$

$nplr_{it}$ 为 i 产业/行业/省/机构在 t 年的不良贷款率，mp_t 为 t 年的货币政策指标，$control_{it}$ 为控制变量集合，包括宏观及结构层面的经济金融形势变量和商业银行业整体及结构层面的各种影响因素。β_1 为在其他条件不变的情况下，以不良贷款率衡量的商业银行风险承担对货币政策的反应系数。为了考虑货币政策银行风险承担效应的分产业、分行业、分省、分机构的结构性差异，再设定 mp_t 前面的系数为可变系数，构建如下计量模型：

$$nplr_{it} = \beta_0 + \beta_{1i}mp_t + control_{it} + \varepsilon_{it} \qquad (9.2)$$

β_{1i} 为在其他条件不变的情况下，i 产业/行业/省/机构在 t 年的不良贷款率对 t 年的货币政策的反应系数，β_{1i} 绝对值越大，表明 i 产业/行业/省/机构的货币政策风险承担效应越强。

除了以不良贷款率为主要对象来直接研究货币政策风险承担效应外，本章还以贷款增长率对不良贷款率的反应系数是否受到货币政策的影响作为判断标准，即在以贷款增长率为因变量的回归方程中加入不良贷款率与货币政策指标的交互项，通过交互项的系数来间接识别货币政策风险承担效应。影响贷款增长率除了不良贷款率外，还有供给层面的货币政策，需求层面的经济增长速度等其他因素。基于以上分析，构建如下计量模型：

$$dlloan_{it} = \beta_0 + \beta_1 nplr_{it} + \beta_2\, nplr_{it} \times mp_t + control_{it} + \varepsilon_{it} \qquad (9.3)$$

$dlloan_{it}$ 为 i 产业/行业/省/机构在 t 年的贷款增长率（贷款余额的对数差分），$control_{it}$ 为控制变量集合，主要包括供给层面的货币政策和需求层面的经济增长速度。交互项的系数 β_2 间接度量了货币政策风险承担效应。为了考虑货币政策银行风险承担效应的分产业、分行业、分省、分机构的结构性差异，再设定 $nplr_{it} \times mp_t$ 前面的系数为可变系数，构建如下计量模型：

$$dlloan_{it} = \beta_0 + \beta_1 nplr_{it} + \beta_{2i}\, nplr_{it} \times mp_t + control_{it} + \varepsilon_{it} \qquad (9.4)$$

交互项的系数 β_{2i} 间接度量了货币政策风险承担的产业/行业/省/机构效应，β_{2i} 绝对值越大，表明 i 产业/行业/省/机构的货币政策风险承担效应越强。

9.2.2 样本、变量和数据说明

本章研究中国商业银行不良贷款率、贷款增长率分产业、分行业、分省、分机构四个样本，分产业包括三次产业：第一产业、第二产业、第三产业。分行业包括 9 大行业：农林牧渔业、工业、建筑业、批发和零售业、交通运输、仓储和邮政业、住宿和餐饮业、金融业、房地产业、其他行业。分省包括 31 个省（区、市）：京、津、冀、晋、蒙、辽、吉、黑、沪、苏、浙、皖、闽、赣、鲁、豫、鄂、湘、粤、桂、琼、渝、川、贵、云、藏、陕、甘、青、宁、新。这与国家统计局数据公布口径保持一致。分机构包括 5 类机构：大型商业银行（国有商业银行）、股份制商业银行、城市商业银行、农村商业银行、外资银行，与中国银监会数据公布口径保持一致。

被解释变量：不良贷款率（$nplr_{it}$）和贷款增长率（$dlloan_{it}$）。中国银监会年报（2006—2015）披露了 2006—2015 年商业银行不良贷款率（%）、不良贷款余额（亿元）分行业、分省、分机构情况，以及 2006 年商业银行不良贷款率、不良贷款余额分行业、分省对 2005 年的变化量。根据 2006 年对 2005 年的变化情况，可以计算出 2005 年商业银行不良贷款率、不良贷款余额分行业、分省情况。由于 2006 年分机构数据将国有商业银行和股份制商业银行归为主要商业银行大类，无小类数据，加上 2005 年分机构数据缺失，故从中国银监会官网—政务信息—统计信息栏目收集对应季度数据（第四季度）对 2005—2006 年分机构数据进行补充。2005—2011 年的分行业数据是按国民经济行业分类（GB/T 4754—2002）编排的，而 2012—2015 年的分行业数据是按国民经济行业分类（GB/T 4754—2011）编排的，本章依照最新的国民经济行业分类标准（GB/T 4754—2011）以及国家统计局关于三次产业的划分规定，进行统一编排，分类汇总，使分产业、分行业与国家统计局数据公布口径保持一致。不良贷款余额除以不良贷款率可得贷款余额，对贷款余额先取自然对数再取差分，可得贷款增长率（%）。

解释变量：货币政策指标（mp_t）。本章考虑的货币政策指标包含数量型指标——广义货币供应量的增长率（m_{2t}），数据来源于国家统计局；价格型指标——（大型金融机构）法定存款准备金率（rrr_t）、1 年期中债国债收益率（r_b_t）、1 年期贷款基准利率（r_l_t）、1 年期存款基准利率（r_d_t）、全国银行间同业拆借市场隔夜加权平均利率（r_ib_t），除了中债国债收益率来源于中国债券信息网外，其他来源于中国人民银行，所有价格型指标均以当年有效执行时间对不同数据进行加权平均所得。

控制变量：宏观及结构层面，银行业及结构层面影响因素（$control_{it}$）。

经济形势越好，增长速度越快，借款人的经营风险越小，信用风险暴露的可能性越小，不良贷款率越小；经济形势越好，增长速度越快，借款人扩大生产和投资的愿望越强烈，融资需求越旺盛，对贷款增长率有正向作用。因此需要控制经济增长率，包括全国 GDP 的增长率（$growth_t$），分产业增加值、分行业增加值、分省 GDP 的增长率（$growth_{it}$）。数据来源于国家统计局。

经济的产业、行业结构是影响商业银行在分产业、分行业上风险承担的重要因素，若某产业/行业在国民经济中占的比重越大，政府的显性、隐性政策支持力度也会越大，在政府以经济建设为中心，保增长，促就业的压力下，商业银行可能会被迫承担更大的风险。因此需要控制经济的产业/行业结构（$stru_{it}$），具体表现为 i 产业/行业在 t 年的增加值占当年 GDP 的比值。数据来源于国家统计局。

较高的通货膨胀率会对经济运行带来不良影响，使经济主体对未来经济形势的变化形成消极预期，对商业银行不良贷款率有正向刺激作用。因此需要控制通货膨胀率，包括全国的 CPI 同比增速（pi_t），分省的 CPI 同比增速（pi_{it}）。数据来源于国家统计局。

资产价格的波动会影响商业银行抵押品的质量，也会引导信贷资金进出资产市场进行投机活动。资产价格的上升会弱化商业银行的风险识别能力，使实际风险承担增加。本章控制房地产市场资产价格（lhp_t）和股票市场资产价格（lsp_sh_t、lsp_sz_t），分别为商品房平均销售价格（元/平方米）、上证综合指数（收盘）、深证综合指数（收盘）的自然对数值。数据来源于国家统计局。

商业银行承担风险的目的是谋取与风险程度大小相对应的收益，正所谓高风险伴随着高收益，货币政策风险承担理论有逐利说（search for yield），认为商业银行的目标收益具有黏性，宽松的货币政策使低风险资产变得更加无利可图，从而不得不从事高风险资产业务以达到目标收益水平，反之亦然。因此，商业银行的盈利能力会影响其风险选择，盈利能力越强，冒险的动机越小，反之亦然。本章控制的商业银行盈利能力包括商业银行整体资产利润率（roa_t）、资本利润率（roe_t），商业银行分机构资产利润率（roa_{it}）、资本利润率（roe_{it}）。数据来源于中国银监会年报和世界银行全球金融发展数据库[①]。

"大而不倒"（too big to fail）的道德风险会激励商业银行的风险承担，因为对具备一定规模的商业银行出现的风险，政府或中央银行不会坐视不管，会采取相应的救助措施。因此需要控制资产规模，包括商业银行整体资产规模（$lasset_t$），分机构资产规模（$lasset_{it}$）。数据来源于中国银监会年报，对整体及分机构总资产（亿元）取自然对数得到。

商业银行资本具有保护性功能和管理性功能。前者指其可以抵补风险损失，后者指其可以作为资本监管的工具。巴塞尔协议Ⅲ规定的最低资本充足率

---

① 2005—2006 年缺失的商业银行整体资产利润率、资本利润率根据相关年度中国银监会年报披露的税前利润、所有者权益、总资产先计算得到税前值，再根据世界银行全球金融发展数据库税前、税后商业银行资产利润率、资本利润率的换算关系得到税后值。商业银行分机构资产利润率、资本利润率同理计算。

要求和商业银行备付风险损失能力都决定了资本越充足，承担风险的能力越大，才越有资格去冒险。本章控制的资本充足性包括商业银行整体监管意义上的资本充足率（car_t）和会计意义上权益比率（er_t），以及分机构会计意义上的权益比率（er_{it}）。资本充足率来源于中国银监会年报[①]。整体及分机构的权益比率由中国银监会年报相关数据计算得到（所有者权益/总资产）。

大量文献研究竞争与银行稳定性的关系，有竞争脆弱说和竞争稳定说。前者认为竞争会加剧银行风险承担；后者认为竞争会提升银行风险管理水平，减少银行风险承担。本章对竞争的考虑包括业内竞争和业外竞争，业内竞争包括业内集中度指标：前五大商业银行资产占比（$cr5\_a_t$）、贷款余额占比（$cr5\_l_t$），业内越集中，竞争越小。商业银行分机构市场份额指标：分机构资产占比（$stru\_a_{it}$）、贷款余额占比（$stru\_l_{it}$），市场份额越大的机构，同业竞争力越强。以上指标由中国银监会年报相关数据计算得到。业外竞争指标包含社会融资规模（增量）中表内业务（本外币贷款）占比（$fstru\_loan_t$）、表外业务（委托贷款、信托贷款、未贴现银行承兑汇票）占比（$fstru\_off_t$）、直接融资业务（企业债券、非金融企业境内股票）占比（$fstru\_mkt_t$）、表外业务与表内外业务之和的比值（$bstru\_off_t$）。表内业务占比越大，跨业竞争力越强，表外业务与表内外业务之和的比值越大，表明商业银行用表外业务替代表内业务的能力越强。以上指标由国家统计局相关数据计算得到。

随着利率市场化的推进，商业银行存贷业务竞争加大，存贷利差收窄，可能会导致其从事风险更高的资产业务。利率市场化程度用存贷利差（1 年期贷款基准利率－1 年期存款基准利率）（$spread_t$）侧面反映，利率市场化程度越高，存贷利差越小。数据来源于中国人民银行。

商业银行的稳定性对经济的平稳、健康、可持续发展至关重要，因此监管当局会出台各种规定来规范和约束商业银行的业务操作，避免其承担过分的风险，使风险可控。商业银行的业务越合规，其主动承担风险的可能性会下降。业务合规性用银监会现场检查中取消高管人员任职资格人数（$fire_t$）侧面反映，业务越合规，现场检查发现问题越少，取消高管任职资格人数越少。数据来源于中国银监会年报。

9.2.3　变量描述性统计

计量模型所涉及变量的描述性统计见表 9.1。由表 9.1 可知，近十年来三

[①]　2005—2006 年缺失的商业银行资本充足率由世界银行全球金融发展数据库补充。

次产业层面上的不良贷款率平均为 7.25%，贷款增长率平均为 5.95%，增加值增长率平均为 8.36%；9 大行业层面上的不良贷款率平均为 4.62%，贷款增长率平均为 16.41%，增加值增长率平均为 9.76%；31 个省级层面上的不良贷款率平均为 4.00%，贷款增长率平均为 16.79%，GDP 增长率平均为 11.63%，通货膨胀率平均为 2.9%；5 类机构层面上的不良贷款率平均为 2.25%，贷款增长率平均为 21.01%，资产收益率平均为 0.96%，资本收益率平均为 15.34%，对数总资产（亿元）平均为 11.16，权益比率平均为 6.91%。近十年来全国 GDP 增速平均为 9.76%，通胀率平均为 2.78%，广义货币增速平均为 16.7%，法定存款准备金率平均为 15.92%，一年期国债收益率、贷款基准利率、存款基准利率、全国银行间同业拆借隔夜利率平均为 2.57%、5.96%、2.81%、2.18%，对数商品房平均销售价格（元/平方米）、对数上证综合指数（收盘）、对数深证综合指数（收盘）平均为 8.47、7.85、6.85，商业银行整体资产收益率、资本收益率、对数总资产（亿元）、资本充足率、权益比率、前五大商业银行资产占比、贷款占比平均为 1.04%、17.27%、13.46%、10.57%、6.08%、62.63%、62.45%，一年期存贷款基准利率差平均为 3.15%，现场检查取消高管任职资格平均每年 110 人，社会融资规模（增量）中表内占比、表外占比、直接融资占比、表外与表内外之比平均为 67.51%、16.46%、13.34%、19.58%。

　　从以上数据可以直观地感受到，经济增速越高，不良贷款率越低，贷款增速越高，商业银行整体资本充足率平均在 8% 的监管要求之上，五大行占据了市场份额的半壁江山，社会融资中的间接融资占主导地位，间接融资中表内业务占主导地位。

表 9.1　描述性统计

		观测值	均值	标准差	最大值	最小值
分产业变量	$nplr_{it}$	33	7.25	12.85	47.10	0.96
	$dlloan_{it}$	30	5.95	25.27	67.17	−54.24
	$growth_{it}$	33	8.36	3.64	16.10	3.50
	$stru_{it}$	33	33.33	16.99	50.20	8.90
分行业变量	$nplr_{it}$	99	4.62	8.72	47.10	0.03
	$dlloan_{it}$	90	16.41	25.67	67.17	−154.11
	$growth_{it}$	99	9.76	4.82	25.80	1.00
	$stru_{it}$	99	11.11	10.87	42.00	1.70

续表

		观测值	均值	标准差	最大值	最小值
分省变量	$nplr_{it}$	341	4.00	5.11	24.74	0.23
	$dlloan_{it}$	310	16.79	10.56	49.21	−21.29
	$growth_{it}$	341	11.63	2.72	23.80	3.00
	pi_{it}	341	2.90	2.01	10.10	−2.30
分机构变量	$nplr_{it}$	55	2.25	2.29	10.49	0.40
	$dlloan_{it}$	50	21.01	17.76	101.13	−10.43
	roa_{it}	55	0.96	0.31	1.49	0.30
	roe_{it}	55	15.34	5.42	22.52	3.47
	$lasset_{it}$	55	11.16	1.44	13.57	8.02
	er_{it}	55	6.91	2.17	13.10	2.99
	$stru\_a_{it}$	55	20.00	22.74	73.64	1.06
	$stru\_l_{it}$	55	20.06	22.56	68.12	0.62
共同变量	m_{2t}	11	16.70	4.58	28.50	12.20
	rrr_t	11	15.92	4.87	20.68	7.50
	r_b_t	11	2.57	0.69	3.50	1.26
	r_l_t	11	5.96	0.65	7.17	4.97
	r_d_t	11	2.81	0.59	3.92	2.12
	r_ib_t	11	2.18	0.67	3.17	1.06
	$growth_t$	11	9.76	2.31	14.20	6.90
	pi_t	11	2.78	1.96	5.90	−0.70
	lhp_t	11	8.47	0.27	8.82	8.06
	lsp_sh_t	11	7.85	0.40	8.57	7.06
	lsp_sz_t	11	6.85	0.58	7.74	5.63
	roa_t	11	1.04	0.28	1.30	0.40
	roe_t	11	17.27	3.14	20.40	9.60
	$lasset_t$	11	13.46	0.58	14.26	12.56
	car_t	11	10.57	3.71	13.50	2.50
	er_t	11	6.08	0.89	7.40	4.40
	$cr5\_a_t$	11	62.63	7.99	73.64	50.19

续表

		观测值	均值	标准差	最大值	最小值
共同变量	$cr5\_l_t$	11	62.45	4.16	68.12	54.94
	$fstru\_loan_t$	11	67.51	8.98	83.17	54.72
	$fstru\_off_t$	11	16.46	8.08	29.81	3.75
	$fstru\_mkt_t$	11	13.34	4.45	24.00	7.83
	$bstru\_off_t$	11	19.58	9.67	35.27	5.16
	$spread_t$	11	3.15	0.22	3.51	2.85
	$fire_t$	11	109.73	96.63	325.00	22.00

注：若非特别说明，所有比率、变化率均为百分数。

9.2.4 回归策略及结果

由于本章的样本数据量相对有限，而可能的控制变量又比较多，因此如何在回归方程中考虑控制变量需要权衡以下两个问题：若控制变量不足，可能造成遗漏变量偏误，使估计结果的无偏性遭受质疑；若控制变量过多，可能造成多重共线性问题，使估计结果的有效性遭受影响。本章借鉴逐步回归法的思路，先选取最佳的关注自变量，再逐一引入最具显著性意义的控制变量，具体做法如下：第一步，先不考虑任何控制变量，将因变量对 6 个货币政策（备选）指标逐一轮流进行回归，从 6 个回归方程结果里面选择其中系数显著且 R^2 最大的那个指标作为最佳货币政策指标；第二步，在第一步的基础上固定自变量为最佳货币政策指标，将所有（备选）控制变量逐一轮流加入进来作为唯一的控制变量，每次只在第一步的最佳方程上加一个（备选）控制变量，从所有回归方程结果里面选择所加控制变量系数显著且 R^2 最大的控制变量作为第一好的控制变量；第三步，固定第二步的最佳回归方程，将剩余（备选）控制变量逐一轮流加入进来，每次只在第二步的最佳方程上加一个剩余（备选）控制变量，从所有回归方程结果里面选择本步所加控制变量系数显著且 R^2 最大的控制变量作为第二好的控制变量；以此类推，直到某步所加控制变量都不显著为止。表 9.2～表 9.11 是回归结果。

表 9.2　分产业回归结果（1）

分产业：计量模型（9.1）	第一步	第二步	第三步	第四步（结束）
常数项	29.17***	59.47***	−32.74	−80.28*
rrr_t	−1.38***	−2.08***	−1.18**	−1.30**
$growth_{it}$		−2.28***	−2.48***	−4.92***
$spread_t$			25.24*	41.88***
$stru_{it}$				0.52***
R²	0.26	0.61	0.65	0.75
调整 R²	0.23	0.58	0.62	0.72

注：***、**、*分别表示在1%、5%、10%的显著性水平下显著。

由表9.2可知，在分产业计量模型（9.1）中，最佳的货币政策指标是（大型金融机构）法定存款准备金率，最好的控制变量依次是分产业增加值增长率、存贷利差、产业结构。货币政策紧缩，存款准备金率上调，商业银行风险承担变小，不良贷款率下降。货币政策银行风险承担在产业层面上得到验证。此外，产业增长越快，不良贷款率越低；利率市场化程度越低，存贷利差越大，银行风险承担越大，不良贷款率越高；产业对国民经济越重要，所占份额越大，银行风险承担越大，不良贷款率越高。

表 9.3　分产业回归结果（2）

分产业：计量模型（9.2）		第一步	第二步	第三步	第四步	第五步（结束）
常数项		29.17***	78.17***	−56.65	−255.22**	−273.88**
$growth_{it}$			−3.69***	−4.40***	−4.39***	−4.47***
$spread_t$				38.43***	50.38***	37.29**
lhp_t					19.96*	28.58**
pi_t						1.55*
rrr_t	第一产业	−1.11**	−3.04***	−1.95***	−2.47***	−3.54***
	第二产业	−1.53***	−2.28***	−0.95**	−1.48***	−2.53***
	第三产业	−1.49***	−2.25***	−0.93**	−1.45**	−2.50***
R²		0.32	0.70	0.80	0.82	0.84
调整 R²		0.25	0.66	0.76	0.78	0.80

注：***、**、*分别表示在1%、5%、10%的显著性水平下显著。

由表9.3可知，在分产业计量模型（9.2）中，最佳的货币政策指标是（大型金融机构）法定存款准备金率，最好的控制变量依次是分产业增加值增长率、存贷利差、房价、通胀率。货币政策紧缩，存款准备金率上调，商业银行在不同产业上的风险承担均变小，但变小的程度不同，程度由大到小①依次为第一、二、三产业。货币政策银行风险承担在产业层面上得到验证，且具有结构效应。此外，产业增长越快，不良贷款率越低；利率市场化程度越低，存贷利差越大，银行风险承担越大，不良贷款率越高；房价越高，风险承担越高；通胀率越高，风险承担越大。

由表9.4可知，在分行业计量模型（9.1）中，最佳的货币政策指标是（大型金融机构）法定存款准备金率，最好的控制变量只有分行业增加值增长率。货币政策紧缩，存款准备金率上调，商业银行风险承担变小，不良贷款率下降。货币政策银行风险承担在行业层面上得到验证。此外，行业增长越快，不良贷款率越低。

表9.4　分行业回归结果（1）

分行业：计量模型（9.1）	第一步	第二步（结束）
常数项	20.72^{***}	33.72^{***}
rrr_t	-1.01^{***}	-1.39^{***}
$growth_{it}$		-0.72^{***}
R^2	0.29	0.41
调整 R^2	0.29	0.40

注：***、**、* 分别表示在1%、5%、10%的显著性水平下显著。

由表9.5可知，在分行业计量模型（9.2）中，最佳的货币政策指标是（大型金融机构）法定存款准备金率，最好的控制变量依次是分行业增加值增长率和存贷利差。货币政策紧缩，存款准备金率上调，商业银行在不同行业上的风险承担均变小，但变小的程度不同，程度由大到小②依次为交通运输、仓储和邮政业、房地产业、其他行业、金融业、建筑业、工业、住宿和餐饮业、批发和零售业、农林牧渔业。货币政策银行风险承担在行业层面上得到验证，且具有结构效应。此外，行业增长越快，不良贷款率越低；利率市场化程度越

---

① 若步与步之间结果不一致，则对各步结果求平均之后再排序。
② 若步与步之间结果不一致，则对各步结果求平均之后再排序。

低，存贷利差越大，银行风险承担越大，不良贷款率越高。

表 9.5 分行业回归结果（2）

分行业：计量模型（9.2）		第一步	第二步	第三步（结束）
常数项		20.72***	34.32***	−14.02
$growth_{it}$			−0.76***	−0.90***
$spread_t$				13.57**
rrr_t	农林牧渔业	−0.62***	−1.21***	−0.81***
	工业	−1.05***	−1.42***	−0.98***
	建筑业	−1.12***	−1.40***	−0.94***
	批发和零售业	−0.93***	−1.17***	−0.71***
	交通运输、仓储和邮政业	−1.14***	−1.60***	−1.17***
	住宿和餐饮业	−0.88***	−1.37***	−0.94***
	金融业	−1.18***	−1.40***	−0.93***
	房地产业	−1.08***	−1.54***	−1.11***
	其他行业	−1.11***	−1.50***	−1.06***
R^2		0.40	0.48	0.50
调整 R^2		0.33	0.42	0.44

注：***、**、* 分别表示在 1%、5%、10% 的显著性水平下显著。

由表 9.6 可知，在分省计量模型（9.1）中，最佳的货币政策指标是（大型金融机构）法定存款准备金率，最好的控制变量依次是业务合规性、分省通胀率、房价、存贷利差、分省经济增速。货币政策紧缩，存款准备金率上调，商业银行风险承担变小，不良贷款率下降。货币政策银行风险承担在省级层面上得到验证。此外，业务合规性越差，现场检查取消高管资格人数越多，不良贷款率越高；通胀越高，不良贷款率越高；房价越高，不良贷款率越高；存贷利差越大，不良贷款率越高；经济增速越快，不良贷款率越低。

表 9.6 分省回归结果（1）

分省：计量模型（9.1）	第一步	第二步	第三步	第四步	第五步	第六步（结束）
常数项	17.68***	7.74***	7.52***	−48.69***	−89.50***	−80.69***
rrr_t	−0.86***	−0.40***	−0.44***	−0.84***	−0.55***	−0.54***
$fire_t$		0.02***	0.02***	0.02***	0.03***	0.03***

续表

分省：计量模型 (9.1)	第一步	第二步	第三步	第四步	第五步	第六步（结束）
pi_{it}			0.32***	0.59***	0.36***	0.38***
lhp_t				7.29***	8.94***	7.92***
$spread_t$					7.12***	7.70***
$growth_{it}$						-0.17**
R^2	0.61	0.63	0.65	0.66	0.675	0.681
调整 R^2	0.61	0.63	0.65	0.66	0.671	0.675

注：***、**、* 分别表示在 1%、5%、10% 的显著性水平下显著。

由表 9.7 可知，在分省计量模型（9.2）中，最佳的货币政策指标是（大型金融机构）法定存款准备金率，最好的控制变量依次是业务合规性、社会融资规模中表内业务占比、分省通胀率、分省经济增速、上证综合指数。货币政策紧缩，存款准备金率上调，商业银行在不同省份上的风险承担均变小，但变小的程度不同，程度由大到小①依次为沪、京、浙、苏、闽、渝、云、津、宁、鲁、粤、桂、贵、鄂、冀、皖、蒙、甘、晋、陕、赣、湘、辽、川、新、豫、藏、琼、青、吉、黑。货币政策银行风险承担在省级层面上得到验证，且具有结构效应。此外，业务合规性越差，不良贷款率越高；贷款占社会融资规模比重越大，不良贷款率越低；通胀越高，不良贷款率越高；经济增速越快，不良贷款率越低；股价越高，不良贷款率越高。

表 9.7 分省回归结果（2）

分省：计量模型 (9.2)	第一步	第二步	第三步	第四步	第五步	第六步（结束）
常数项	17.68***	7.74***	17.10***	15.34***	22.86***	-0.42
$fire_t$		0.02***	0.03***	0.03***	0.02***	0.04***
$fstru\_loan_t$			-0.12***	-0.10***	-0.11***	-0.09**
pi_{it}				0.23***	0.37***	0.41***
$growth_{it}$					-0.31***	-0.30***
lsp_sh_t						1.94***

———————

① 若步与步之间结果不一致，则对各步结果求平均之后再排序。

分省：计量模型 (9.2)		第一步	第二步	第三步	第四步	第五步	第六步（结束）
	京	−0.95***	−0.49***	−0.61***	−0.62***	−0.82***	−0.55***
	津	−0.92***	−0.46***	−0.58***	−0.58***	−0.70***	−0.43***
	冀	−0.85***	−0.40***	−0.52***	−0.52***	−0.72***	−0.44***
	晋	−0.84***	−0.38***	−0.50***	−0.51***	−0.71***	−0.44***
	蒙	−0.87***	−0.41***	−0.53***	−0.54***	−0.67***	−0.40***
	辽	−0.83***	−0.37***	−0.49***	−0.50***	−0.68***	−0.40***
	吉	−0.77***	−0.32***	−0.44***	−0.44***	−0.61***	−0.34**
	黑	−0.72***	−0.26**	−0.38***	−0.39***	−0.59***	−0.31**
	沪	−0.95***	−0.49***	−0.61***	−0.62***	−0.83***	−0.56***
	苏	−0.93***	−0.48***	−0.60***	−0.60***	−0.77***	−0.50***
	浙	−0.93***	−0.48***	−0.60***	−0.60***	−0.80***	−0.52***
	皖	−0.87***	−0.41***	−0.53***	−0.53***	−0.69***	−0.42***
	闽	−0.92***	−0.47***	−0.59***	−0.59***	−0.75***	−0.47***
	赣	−0.84***	−0.38***	−0.50***	−0.51***	−0.67***	−0.40***
	鲁	−0.89***	−0.43***	−0.55***	−0.56***	−0.73***	−0.45***
rrr_t	豫	−0.81***	−0.35***	−0.47***	−0.48***	−0.66***	−0.39***
	鄂	−0.87***	−0.41***	−0.53***	−0.54***	−0.70***	−0.43***
	湘	−0.84***	−0.38***	−0.50***	−0.51***	−0.66***	−0.39***
	粤	−0.88***	−0.43***	−0.55***	−0.55***	−0.74***	−0.47***
	桂	−0.88***	−0.43***	−0.55***	−0.56***	−0.72***	−0.45***
	琼	−0.79***	−0.33***	−0.45***	−0.46***	−0.64***	−0.37**
	渝	−0.93***	−0.48***	−0.60***	−0.60***	−0.72***	−0.45***
	川	−0.83***	−0.37***	−0.49***	−0.50***	−0.66***	−0.38***
	贵	−0.89***	−0.43***	−0.55***	−0.56***	−0.71***	−0.44***
	云	−0.90***	−0.44***	−0.56***	−0.57***	−0.74***	−0.47***
	藏	−0.80***	−0.34***	−0.46***	−0.47***	−0.63***	−0.36**
	陕	−0.85***	−0.39***	−0.51***	−0.52***	−0.67***	−0.40***
	甘	−0.84***	−0.38***	−0.50***	−0.52***	−0.70***	−0.43***
	青	−0.78***	−0.32***	−0.44***	−0.47***	−0.64***	−0.37**
	宁	−0.89***	−0.43***	−0.55***	−0.56***	−0.74***	−0.47***
	新	−0.80***	−0.35***	−0.47***	−0.48***	−0.67***	−0.40***
R^2		0.65	0.67	0.68	0.69	0.70	0.71

续表

分省：计量模型 （9.2）	第一步	第二步	第三步	第四步	第五步	第六步（结束）
调整 R^2	0.61	0.63	0.647	0.654	0.67	0.68

注：***、**、* 分别表示在 1%、5%、10% 的显著性水平下显著。

由表 9.8 可知，在分省计量模型（9.3）中，最佳的货币政策指标是银行间隔夜拆借利率，最好的控制变量只有分省 GDP 增长率。货币政策紧缩，银行间隔夜拆借利率上升，商业银行风险承担变小，贷款增长率对不良贷款率的负向反应系数上升。货币政策银行风险承担在省级层面上间接得到验证。此外，经济增速越快，贷款增长率越大。

表 9.8　分省回归结果（3）[①]

分省：计量模型（9.3）	第一步	第二步（结束）
常数项	20.77***	11.88***
$nplr_{it}$	10.50***	10.20***
$nplr_{it} \times r\_ib_t$	-5.53***	-5.47***
$growth_{it}$		0.82***
R^2	0.424	0.464
调整 R^2	0.420	0.459

注：***、**、* 分别表示在 1%、5%、10% 的显著性水平下显著。

由表 9.9 可知，在分省计量模型（9.4）中，最佳的货币政策指标是银行间隔夜拆借利率，最好的控制变量只有分省 GDP 增长率。货币政策紧缩，银行间隔夜拆借利率上升，商业银行在不同省份上的风险承担均变小，但变小的程度不同，程度由大到小[②]依次为沪、京、苏、津、浙、粤、鲁、闽、贵、渝、云、辽、蒙、宁、桂、陕、晋、鄂、甘、冀、新、吉、湘、赣、豫、川、黑、青、琼、藏、皖。货币政策银行风险承担在省级层面上间接得到验证，且具有结构效应。此外，经济增速越快，贷款增速越快。

---

① 分产业、分行业、分机构计量模型（9.3）实证结果均不显著，故不予显示。

② 若步与步之间结果不一致，则对各步结果求平均之后再排序。

表 9.9　分省回归结果（4）①

分省：计量模型（9.4）		第一步	第二步（结束）
常数项		22.45***	12.14***
$nplr_{it}$		10.17***	9.86***
$growth_{it}$			0.97***
$nplr_{it} \times r\_ib_t$	京	−7.85***	−7.70***
	津	−6.11***	−6.48***
	冀	−5.49***	−5.41***
	晋	−5.58***	−5.49***
	蒙	−5.58***	−5.82***
	辽	−5.72***	−5.70***
	吉	−5.40***	−5.40***
	黑	−5.35***	−5.23***
	沪	−9.57***	−9.33***
	苏	−6.57***	−6.75***
	浙	−6.37***	−5.93***
	皖	−4.86***	−4.86***
	闽	−5.87***	−6.01***
	赣	−5.39***	−5.34***
	鲁	−5.97***	−6.01***
	豫	−5.38***	−5.34***
	鄂	−5.53***	−5.53***
	湘	−5.39***	−5.37***
	粤	−6.03***	−6.04***
	桂	−5.54***	−5.58***
	琼	−5.26***	−5.19***
	渝	−5.75***	−6.01***
	川	−5.30***	−5.29***
	贵	−5.87***	−5.90***

① 分产业、分行业、分机构计量模型（9.4）实证结果均不显著，故不予显示。

续表

分省：计量模型（9.4）		第一步	第二步（结束）
$nplr_{it} \times r\_ib_t$	云	-5.77^{***}	-5.72^{***}
	藏	-5.21^{***}	-5.16^{***}
	陕	-5.52^{***}	-5.56^{***}
	甘	-5.57^{***}	-5.47^{***}
	青	-5.31^{***}	-5.24^{***}
	宁	-5.69^{***}	-5.63^{***}
	新	-5.50^{***}	-5.39^{***}
R^2		0.54	0.59
调整 R^2		0.48	0.54

注：***、**、* 分别表示在1％、5％、10％的显著性水平下显著。

由表 9.10 可知，在分机构计量模型（9.1）中，最佳的货币政策指标是（大型金融机构）法定存款准备金率，最好的控制变量只有分机构资产份额。货币政策紧缩，存款准备金率上调，商业银行风险承担变小，不良贷款率下降。货币政策银行风险承担在机构层面上得到验证。此外，分机构资产份额越大，不良贷款率越高。

表 9.10　分机构回归结果（1）

分机构：计量模型（9.1）	第一步	第二步（结束）
常数项	7.58^{***}	6.93^{***}
rrr_t	-0.33^{***}	-0.33^{***}
$stru\_a_{it}$		0.03^{***}
R^2	0.47	0.58
调整 R^2	0.46	0.56

注：***、**、* 分别表示在1％、5％、10％的显著性水平下显著。

由表 9.11 可知，在分机构计量模型（9.2）中，最佳的货币政策指标是（大型金融机构）法定存款准备金率，最好的控制变量依次是分机构资产份额、分机构权益比率、经济增长速度、分机构资产规模、社会融资规模中直接融资占比。货币政策紧缩，存款准备金率上调，不同机构的商业银行的风险承担均变小，但变小的程度不同，程度由大到小①依次为（国有）大型商业银行、股份制商业银行、城市商业银行、外资银行、农村商业银行。货币政策银行风险承担在机构层面上得到验证，且具有结构效应。此外，分机构资产份额越大，不良贷款率越高；分机构权益比率越大，不良贷款率越低；经济增长速度越快，不良贷款率越低；分机构资产规模越大，不良贷款率越低；社会融资规模中直接融资占比越大，不良贷款率越高。

表 9.11   分机构回归结果（2）

分机构：计量模型 （9.2）	第一步	第二步	第三步	第四步	第五步	第六步 （结束）
常数项	7.58***	5.50***	6.90***	10.75***	17.22***	18.41***
$stru\_a_{it}$		0.10***	0.10***	0.10***	0.13***	0.15***
er_{it}			−0.36*	−0.43**	−0.37*	−0.48**
$growth_t$				−0.23*	−0.30**	−0.23*
$lasset_{it}$					−0.69*	−0.97**
$fstru\_mkt_t$						0.11*
rrr_t（国有）大型 商业银行	−0.29***	−0.53***	−0.48***	−0.55***	−0.50***	−0.48***
股份制 商业银行	−0.37***	−0.37***	−0.34***	−0.42***	−0.33***	−0.31***
城市商业银行	−0.34***	−0.28***	−0.23***	−0.31***	−0.23***	−0.21***
农村商业银行	−0.28***	−0.20***	−0.13***	−0.20***	−0.16**	−0.14**
外资银行	−0.40***	−0.29***	−0.15*	−0.21**	−0.19**	−0.16*
R^2	0.57	0.76	0.78	0.79	0.81	0.82
调整 R^2	0.53	0.73	0.74	0.76	0.77	0.78

注：***、**、* 分别表示在1%、5%、10%的显著性水平下显著。

① 若步与步之间结果不一致，则对各步结果求平均之后再排序。

9.3 小结

本章构建的商业银行资产组合理论框架表明，货币政策会通过影响商业银行的风险偏好与风险资产的风险溢价这两种效应同时对商业银行的风险承担发挥作用。宽松的货币政策会同时加大商业银行的风险偏好和风险资产的风险溢价，增大风险资产的配置比率，加大商业银行风险承担；紧缩的货币政策会同时减小商业银行的风险偏好和风险资产的风险溢价，减小风险资产的配置比率，减小商业银行的风险承担。

通过手工收集、整理、计算得到 2005—2015 年度中国商业银行分产业、分行业、分省、分机构层面与风险承担相关的面板数据。基于逐步回归思路的实证结果表明，若以不良贷款率作为风险承担的直接测度，货币政策银行风险承担在产业、行业、省级、机构层面上均得到验证，且具有结构效应。若以贷款增长率对不良贷款率的负向反应系数作为风险承担的间接测度，货币政策银行风险承担仅在省级层面上得到验证，且具有结构效应，但在产业、行业、机构层面上无法得到验证。此外，控制变量系数表明，经济增速越快，不良贷款率越低；经济增速越快，贷款增速越快；都符合经济学原理。利率市场化程度越低，不良贷款率越高，表明利率市场化进程会提升银行风险管理水平，降低不良贷款率。产业份额越大，不良贷款率越高；分机构资产份额越大，不良贷款率越高；表明市场势力会加剧风险承担。股价、房价、通胀的上升都会带来不良贷款率的上升，表明银行在资产泡沫和经济过热时期风险承担会加大。业务合规性越差，银行风险承担越大，表明金融监管有其必要性以及监管有效性会影响金融稳定。贷款占社会融资规模比重越大，不良贷款率越低；社会融资规模中直接融资占比越大，不良贷款率越高；表明商业银行的业外竞争会加剧风险承担。分机构权益比率越大，不良贷款率越低，表明信息不对称带来的道德风险会加剧风险承担。分机构资产规模越大，不良贷款率越低，与"大而不倒"加剧风险承担理论不符，可能与我国规模越大的银行的客户群体优质比率更大的现实情况有关。

10 我国货币政策和宏观审慎政策双支柱调控框架研究

10.1 理论模型

本章的理论模型是对 Gerali 等（2010）和 Angelini 等（2014）的理论模型的中国化改造和完善，具体表现在以下几个方面：第一，除了考虑价格型货币政策规则外，还考虑数量型货币政策规则，使货币政策规则设定更符合转型中的中国货币政策实际；第二，除了考虑以资本充足率（CAR）为工具的宏观审慎政策规则外，还考虑以贷款价值比（LTV）为工具的宏观审慎政策规则，以体现中国宏观审慎政策当局对房地产市场平稳健康发展的重视；第三，在计量资本充足率时全面考虑银行信贷资产的风险权重结构以及风险权重的周期性变化特征，不再用资本资产比率简单粗暴地近似资本充足率这一宏观审慎政策工具，更符合现实中的国际和国内监管标准；第四，在货币政策当局的政策规则中加入金融稳定变量、在宏观审慎政策当局的政策规则中加入经济稳定变量，考虑货币政策和宏观审慎政策各自损失函数最小化的政策模拟结果与损失函数之和最小化的政策模拟结果，以探究货币政策和宏观审慎政策应该在政策目标和政策操作中如何有效协调搭配的问题；第五，在常规企业部门以外，增加政府性融资主体，更符合在中国特色社会主义市场经济体中政府发挥重要作用的现实，有利于研究财政性融资、地方融资平台性融资、国有企业性融资对宏观经济结构和系统性金融风险的影响，符合国家宏观调控需要，以弥补国内已有研究仅考虑纯粹市场经济国家特征而忽视国内经济体制特殊性的不足之处。

　　本章的经济主体有家庭（分为储蓄型家庭和借款型家庭）、生产和批发中间品的企业主（分为民营企业主和国营企业主）、议定工资的工会、资本品生产商、中间品零售商、吸收存款和发放贷款的商业银行、制定货币政策和宏观审慎政策的中央银行。家庭定期缴纳工会费，根据工会议定的工资向企业主提供差异化的劳动，可向商业银行存款、贷款，可投资总供给不变的商品房，可消费。企业主购买资本品和劳动，生产和批发中间品，可向商业银行存款、贷款，民营企业主仅考虑个人消费，国营企业主则考虑全体国民消费。资本品生产商是完全竞争的，中间品零售商和商业银行是垄断竞争的，利润归储蓄型家庭。工会费收入归储蓄型家庭和借款型家庭共有。

10.1.1　家庭

10.1.1.1　储蓄型家庭

　　储蓄型家庭 i 最大化终生效用：

$$E_0 \sum_{t=0}^{\infty} \beta_P^t \left[(1-a^P)\varepsilon_t^z \log(c_t^P(i) - a^P c_{t-1}^P) + \varepsilon_t^h \log h_t^P(i) - \frac{l_t^P(i)^{1+\varphi}}{1+\varphi} \right]$$

(10.1)

　　其中，c_t^P 是个人消费；h_t^P 是商品房，l_t^P 是劳动时长；a^P 是消费习惯系数，因为存在外部的和组特异性的消费习惯，左乘（$1-a^P$）可抵消它们对稳态边际消费效用的影响；偏好受到两个冲击，ε_t^z 是对消费偏好的扰动，ε_t^h 是对住房需求的扰动[①]。家庭的行为选择必须遵循以下预算约束（均为实际值）：

$$c_t^P(i) + q_t^h \Delta h_t^P(i) + d_t^P(i) \leqslant w_t^P l_t^P(i) + (1+r_{t-1}^d) d_{t-1}^P(i)/\pi_t + t_t^P(i)$$

(10.2)

　　预算支出包括当期消费，住房净投资（以消费品计价的住房真实价格为 q_t^h），真实存款增加 d_t^P。预算收入包括实际工资收入 $w_t^P l_t^P$，上一期的存款本息和（$1+r_{t-1}^d$）d_{t-1}^P（i）$/\pi_t$（$\pi_t \equiv P_t/P_{t-1}$ 为总的通胀率），一次性转移支付 t_t^P（包括工会费收入、中间品零售商和商业银行的利润）。

---

　　① 除非特殊说明，本章设定任意扰动 λ 遵循 AR（1）随机过程 λ。其中，λ 是自回归系数；$\pi_i = \dfrac{R-r_i}{1+R}$ 是稳态值；$m_i \pi_i = m_i \dfrac{R-r_i}{1+R}$ 服从独立同分布的正态过程，均值为 0；标准差为 $\sum\limits_{i=1}^n m_i \pi_i = \sum\limits_{i=1}^n m_i \dfrac{R-r_i}{1+R}$。

10.1.1.2 借款型家庭

借款型家庭 i 最大化终生效用：

$$E_0 \sum_{t=0}^{\infty} \beta_I^t \left[(1-a^I)\varepsilon_t^z \log(c_t^I(i) - a^I c_{t-1}^I) + \varepsilon_t^h \log h_t^I(i) - \frac{l_t^I(i)^{1+\varphi}}{1+\varphi} \right]$$

$$(10.3)$$

其中，c_t^I 是个人消费，h_t^I 是商品房，l_t^I 是劳动时长，a^I 是消费习惯系数，ε_t^z 是对消费偏好的扰动，ε_t^h 是对住房需求的扰动。家庭的行为选择必须遵循以下预算约束（均为实际值）：

$$c_t^I(i) + q_t^h \Delta h_t^I(i) + (1 + r_{t-1}^{bH}) b_{t-1}^I(i)/\pi_t \leqslant w_t^I l_t^I(i) + b_t^I(i) + t_t^I(i)$$

$$(10.4)$$

预算支出包括消费、住房、上期贷款的本息和，预算收入包括劳动收入、新申请贷款 b_t^I 和转移支付，转移支付只有工会费收入。

此外，借款型家庭还面临融资约束，贷款需要住房抵押，住房的预期价值必须确保贷款的本息偿付：

$$(1 + r_t^{bH}) b_t^I(i) \leqslant m_t^I E_t \left[q_{t+1}^h h_t^I(i) \pi_{t+1} \right] \tag{10.5}$$

m_t^I 是住房抵押贷款的贷款价值比（LTV），由宏观审慎政策当局制定。

10.1.2 企业主

10.1.2.1 民营企业主

每一个民营企业主 i 只关心他的个人消费偏离消费习惯的大小，最大化效用函数：

$$E_0 \sum_{t=0}^{\infty} \beta_{POE}^t \log(c_t^{POE}(i) - a^{POE} c_{t-1}^{POE}(i)) \tag{10.6}$$

预算约束为：

$$c_t^{POE}(i) + w_t^P l_t^{POE,P}(i) + w_t^I l_t^{POE,I}(i) + (1 + r_{t-1}^{bPOE}) b_{t-1}^{POE}(i)/\pi_t$$
$$+ q_t^k k_t^{POE}(i) + \psi(u_t(i)) k_{t-1}^{POE}(i)$$

$$(10.7)$$

$$= \frac{y_t^{POE}(i)}{x_t} + b_t^{POE}(i) + q_t^k (1-\delta) k_{t-1}^{POE}(i)$$

k_t^{POE} 是实物资本，b_t^{POE} 是从银行获得的贷款，u_t 是资本利用率，$l_t^{POE,P}$、$l_t^{POE,I}$ 分别是储蓄型家庭、借款型家庭的劳动投入，δ 是资本折旧率，q_t^k 是资本品相对于消费品的价格，$\psi(u_t)k_{t-1}^{POE}$ 是利用资本发生的实际成本，$P_t^W/P_t = 1/x_t$ 是批发中间品 y_t^{POE} 相对于最终消费品的价格。

民营企业主的生产技术为：

$$y_t^{POE}(i) = a_t^{POE}\left[k_{t-1}^{POE}(i)u_t(i)\right]^\alpha l^{POE}(i)^{1-\alpha} \qquad (10.8)$$

其中，a_t^{POE} 是民营企业的全要素生产率，$l_t^{POE} = (l_t^{POE,P})^\mu (l_t^{POE,I})^{1-\mu}$，$\mu$ 衡量了储蓄型家庭的收入比重。

民营企业主面临融资约束，抵押品为折旧后的资本价值：

$$(1 + r_t^{bPOE})b_t^{POE}(i) \leqslant m_t^{POE}E_t\left[q_{t+1}^k \pi_{t+1}(1-\delta)k_t^{POE}(i)\right] \qquad (10.9)$$

其中，m_t^{POE} 是民营企业主的固定资产抵押贷款的贷款价值比（LTV），由宏观审慎政策当局制定。

10.1.2.2 国营企业主

每一个国营企业主 i 关心全体国民消费偏离消费习惯的大小，最大化效用函数：

$$E_0\sum_{t=0}^{\infty}\beta_{SOE}^t \log(c_t^{SOE}(i) - a^{SOE}c_{t-1}^{SOE}(i)) \qquad (10.10)$$

预算约束为：

$$
\begin{aligned}
&c_t^{SOE}(i) + w_t^P l_t^{SOE,P}(i) + w_t^I l_t^{SOE,I}(i) + (1 + r_{t-1}^{bSOE})b_{t-1}^{SOE}(i)/\pi_t \\
&+ q_t^k k_t^{SOE}(i) + \psi(u_t(i))k_{t-1}^{SOE}(i) \\
&= \frac{y_t^{SOE}(i)}{x_t} + b_t^{SOE}(i) + q_t^k(1-\delta)k_{t-1}^{SOE}(i)
\end{aligned}
\qquad (10.11)
$$

其中，β_{SOE} 是包括储蓄型家庭、借款型家庭、民营企业主在内的全体国民的贴现因子，一般认为 $\beta_{SOE} > \beta_{POE}$，因为国营企业主比民营企业主更愿意承担回报周期长的基建和公共设施投资；k_t^{SOE} 是实物资本；b_t^{SOE} 是从银行获得的贷款；u_t 是资本利用率；$l_t^{SOE,P}$、$l_t^{SOE,I}$ 分别是储蓄型家庭、借款型家庭的劳动投入；δ 是资本折旧率；q_t^k 是资本品相对于消费品的价格；$\psi(u_t)k_{t-1}^{SOE}$ 是利用资本发生的实际成本；$\psi(u_t) = \xi_1(u_t - 1) + \dfrac{\xi_2}{2}(u_t - 1)^2$，$P_t^W/P_t = 1/x_t$ 是批发中间品 y_t^{SOE} 相对于最终消费品的价格。

国营企业主的生产技术为：

$$y_t^{SOE}(i) = a_t^{SOE}\left[k_{t-1}^{SOE}(i)u_t(i)\right]^\alpha l^{SOE}(i)^{1-\alpha} \qquad (10.12)$$

其中，a_t^{SOE} 是国营企业的全要素生产率，一般认为国营企业的效率会低于民营企业，即 $a_t^{SOE} < a_t^{POE}$，因为国营企业承担民营企业不愿意承担但国民经

济离不开的生产活动；$l_t^{SOE} = (l_t^{SOE,P})^\mu (l_t^{SOE,I})^{1-\mu}$；$\mu$ 衡量了储蓄型家庭的收入比重。

国营企业主面临融资约束，抵押品为折旧后的资本价值：

$$(1 + r_t^{bSOE}) b_t^{SOE}(i) \leqslant m_t^{SOE} E_t [q_{t+1}^k \pi_{t+1} (1-\delta) k_t^{SOE}(i)] \quad (10.13)$$

其中，m_t^{SOE} 是国营企业主的固定资产抵押贷款的贷款价值比（LTV），由宏观审慎政策当局制定。一般认为 $m_t^{SOE} > m_t^{POE}$，即国营企业贷款易，民营企业贷款难；$r_t^{bSOE} < r_t^{bPOE}$，即国营企业贷款便宜，民营企业贷款昂贵，这些都是因为国营企业存在隐性担保的问题。

10.1.3 工会

假定工人提供差异化的劳动，被工会出售给完全竞争的劳动组合商，劳动组合商以参数为 ε_t^l 的 CES 加总技术构成无差异的标准劳动再出售给企业主。对于特定类型的劳动 m，存在两个工会，分别是储蓄型家庭工会和借款型家庭工会，工会种类记为 s。对于任意组合 (s, m)，工会 s 议定工种 m 的最优工资 $W_t^s(m)$，使得工会成员效用最大化，约束条件有向下倾斜的劳动需求和工资调整的二次成本，工会向特定成员收取一次性的工会费弥补工资的调整成本：

$$E_0 \sum_{t=0}^{\infty} \beta_s^t \left\{ U_{c_t^s(i,m)} \left[\frac{W_t^s(m)}{P_t} l_t^s(i,m) - \frac{\kappa_w}{2} \left(\frac{W_t^s(m)}{W_{t-1}^s(m)} - \pi_{t-1}^{l_w} \pi^{1-l_w} \right)^2 \frac{W_t^s}{P_t} \right] - \frac{l_t^s(i,m)^{1+\varphi}}{1+\varphi} \right\}$$

$$(10.14)$$

劳动组合商的需求函数为：

$$l_t^s(i,m) = l_t^s(m) = \left(\frac{W_t^s(m)}{W_t^s} \right)^{-\varepsilon_t^l} l_t^s \quad (10.15)$$

在对称均衡下，工会 s 的成员的劳动供给 l_t^s 满足下列条件：

$$\kappa_w (\pi_t^{w^s} - \pi_{t-1}^{l_w} \pi^{1-l_w}) \pi_t^{w^s}$$

$$= \beta_s E_t \left[\frac{\lambda_{t+1}^s}{\lambda_t^s} \kappa_w (\pi_{t+1}^{w^s} - \pi_t^{l_w} \pi^{1-l_w}) \frac{\pi_{t+1}^{w^s}}{\pi_{t+1}} \right] + (1 - \varepsilon_t^l) l_t^s + \frac{\varepsilon_t^l l_t^{s\,1+\varphi}}{w_t^s \lambda_t^s}$$

$$(10.16)$$

其中，对于每一种 s，w_t^s 是实际工资，$\pi_t^{w^s}$ 是名义工资的通胀水平。

10.1.4 资本品生产商

完全竞争的资本品生产商以价格 Q_t^k 从企业主那里购买上期未折旧的资本 $(1-\delta)k_{t-1}$，以价格 P_t 从零售商那里购买 i_t 的最终消费品，用这些投入，使有效资本存量 $\bar{x}_t$ 的增量 $\Delta\bar{x}_t = k_t - (1-\delta)k_{t-1}$，再把它以价格 Q_t^k 返售给企业主。最终消费品转换成新的资本受到调整成本约束，资本品生产商选择 $\bar{x}_t$ 和 i_t，使得期望收益最大化：

$$E_0\sum_{t=0}^{\infty}\Lambda_{0,t}^E(q_t^k\Delta\bar{x}_t - i_t) \tag{10.17}$$

约束条件为：

$$\bar{x}_t = \bar{x}_{t-1} + \left[1 - \frac{\kappa_i}{2}\left(\frac{i_t\varepsilon_t^{qk}}{i_{t-1}} - 1\right)^2\right]i_t \tag{10.18}$$

其中，κ_i 是投资调整成本参数，ε_t^{qk} 是投资有效性的冲击，$q_t^k\equiv\frac{Q_t^k}{P_t}$ 是资本的实际价格。

10.1.5 中间品零售商

中间品零售商被视为垄断竞争的，零售商的价格是黏性的，调整价格面临二次成本，他们选择 $\{P_t(j)\}$ 最大化期望收益：

$$E_0\sum_{t=0}^{\infty}\Lambda_{0,t}^P\left[P_t(j)y_t(j) - P_t^W y_t(j) - \frac{\kappa_p}{2}\left(\frac{P_t(j)}{P_{t-1}(j)} - \pi_{t-1}^{l_p}\pi^{1-l_p}\right)^2 P_t y_t\right]$$
$$\tag{10.19}$$

约束条件为：

$$y_t(j) = \left(\frac{P_t(j)}{P_t}\right)^{-\varepsilon_t^y} y_t \tag{10.20}$$

10.1.6 商业银行

假设每一家商业银行的资产只有贷款、负债只有存款。每一家商业银行都由存贷款批发机构、贷款零售机构、存款零售机构三个机构组成。存贷款批发机构需要满足资产负债表恒等式"贷款＝存款＋资本"，并负责管理资本充足率以满足监管机构要求。存贷款批发机构将计划的贷款总额批发给贷款零售机构，再由贷款零售机构零售给借款型家庭、民营企业主和国营企业主。此外，存贷款批发机构还将计划的存款总额批发给存款零售机构，再由存款零售机构零售给储蓄型家庭。存贷款批发机构面临资本调整成本，贷款零售机构、存款零售机构是垄断竞争的，分别面临贷款利率调整成本、存款利率调整成本。

10.1.6.1 存贷款批发机构

设贷款总额为 B_t，存款总额为 D_t，银行资本为 K_t^b，则 $B_t = D_t + K_t^b$。银行的资本由存贷款批发机构、贷款零售机构、存款零售机构加总的留存收益 j_{t-1}^b 积累：

$$\pi_t K_t^b = (1 - \delta^b) K_{t-1}^b + j_{t-1}^b \tag{10.21}$$

设银行要达到的资本充足率目标为 υ_t^b，实际的资本充足率为：

$$\frac{K_t^b}{\omega_t^B B_t} = \frac{K_t^b}{\omega_t^I b_t^I + \omega_t^{POE} b_t^{POE} + \omega_t^{SOE} b_t^{SOE}} \tag{10.22}$$

其中，ω_t^B、ω_t^I、ω_t^{POE}、ω_t^{SOE} 分别是贷款总额、借款型家庭、民营企业主、国营企业主贷款的风险权重。风险权重随经济周期而变化：

$$\omega_t^i = (1 - \rho_i)\overline{\omega^i} + (1 - \rho_i)\chi_i (y_t - y_{t-4}) + \rho_i \omega_{t-1}^i$$
$$i = I, POE, SOE \tag{10.23}$$

存贷款批发机构选择贷款和存款总额来最大化期望收益，并受资本调整成本约束：

$$\max_{\langle B_t, D_t \rangle} E_0 \sum_{t=0}^{\infty} \Lambda_{0,t}^P \left[\begin{array}{l} (1 + R_t^b) B_t - B_{t+1} \pi_{t+1} + D_{t+1} \pi_{t+1} - (1 + R_t^d) D_t \\ + (K_{t+1}^b \pi_{t+1} - K_t^b) - \dfrac{\kappa_{Kb}}{2} \left(\dfrac{K_t^b}{\omega_t^B B_t} - \upsilon_t^b \right)^2 K_t^b \end{array} \right]$$
$$\tag{10.24}$$

其中，R_t^b、R_t^d 分别是给定的批发贷款利率、批发存款利率。将上式变形，可得：

$$\max_{\langle B_t, D_t \rangle} R_t^b B_t - R_t^d D_t - \frac{\kappa_{Kb}}{2} \left(\frac{K_t^b}{\omega_t^B B_t} - \upsilon_t^b \right)^2 K_t^b \tag{10.25}$$

上式的一阶条件给出了批发贷款和批发存款之差与银行财务杠杆率之间的关系：

$$R_t^b = R_t^d - \frac{\kappa_{Kb}}{\omega_t^B} \left(\frac{K_t^b}{\omega_t^B B_t} - \upsilon_t^b \right) \left(\frac{K_t^b}{B_t} \right)^2 \tag{10.26}$$

假设商业银行能从中央银行以利率 r_t 获得常备借贷便利，根据无套利原理，常备借贷便利利率应该和批发存款利率相等，即 $r_t = R_t^d$，上式变为：

$$S_t^W \equiv R_t^b - r_t = -\frac{\kappa_{Kb}}{\omega_t^B}\left(\frac{K_t^b}{\omega_t^B B_t} - \upsilon_t^b\right)\left(\frac{K_t^b}{B_t}\right)^2 \tag{10.27}$$

其中，S_t^W 为银行批发业务的息差，等式左边表示增加贷款的边际收益，右边表示边际成本，银行会选择合适的贷款水平，让边际收益等于边际成本。

10.1.6.2 贷款零售机构

贷款零售机构之间是垄断竞争的，借款者 i（$=I$，POE，SOE）寻找真实数量为 b_t^i 的贷款，通过选择在第 j 家银行获得 $b_t^i(j)$ 授信，并最小化总的借款费用：

$$\int_0^1 r_t^{bi}(j)b_t^i(j)dj \tag{10.28}$$

约束条件为：

$$\left[\int_0^1 b_t^i(j)^{(\varepsilon_t^{bi}-1)/\varepsilon_t^{bi}}dj\right]^{\varepsilon_t^{bi}/(\varepsilon_t^{bi}-1)} \geqslant b_t^i \tag{10.29}$$

求解上式一阶条件，可得：

$$b_t^i(j) = \left(\frac{r_t^{bi}(j)}{r_t^{bi}}\right)^{-\varepsilon_t^{bi}}b_t^i \tag{10.30}$$

上式为借款者 i 对第 j 家银行零售贷款的需求函数，零售贷款利率指数为：

$$r_t^{bi} = \left[\int_0^1 r_t^{bi}(j)^{1-\varepsilon_t^{bi}}dj\right]^{\frac{1}{1-\varepsilon_t^{bi}}} \tag{10.31}$$

其中，ε_t^{bi}（>1）是不同银行的零售贷款的替代弹性系数。

贷款零售机构 j 从存贷款批发机构处以利率 R_t^b 获得批发贷款 $B_t(j)$，然后通过一定的价格零售给借款者 i（$=I$，POE，SOE），谋求预期收益最大化，面临零售贷款利率调整的二次成本：

$$E_0\sum_{t=0}^{\infty}\Lambda_{0,t}^P\begin{bmatrix}r_t^{bI}(j)b_t^I(j)+r_t^{bPOE}(j)b_t^{POE}(j)+r_t^{bSOE}(j)b_t^{SOE}(j)-R_t^bB_t(j)\\[2mm] -\frac{\kappa_{bI}}{2}\left(\frac{r_t^{bI}(j)}{r_{t-1}^{bI}(j)}-1\right)^2 r_t^{bI}b_t^I - \frac{\kappa_{bPOE}}{2}\left(\frac{r_t^{bPOE}(j)}{r_{t-1}^{bPOE}(j)}-1\right)^2 r_t^{bPOE}b_t^{POE}\\[2mm] -\frac{\kappa_{bSOE}}{2}\left(\frac{r_t^{bSOE}(j)}{r_{t-1}^{bSOE}(j)}-1\right)^2 r_t^{bSOE}b_t^{SOE}\end{bmatrix} \tag{10.32}$$

上式的一阶条件为：

$$1-\varepsilon_t^{bi}+\varepsilon_t^{bi}\frac{R_t^b}{r_t^{bi}}-\kappa_{bi}\left(\frac{r_t^{bi}}{r_{t-1}^{bi}}-1\right)\frac{r_t^{bi}}{r_{t-1}^{bi}}+\beta_P E_t\left\{\frac{\lambda_{t+1}^P}{\lambda_t^P}\kappa_{bi}\left(\frac{r_{t+1}^{bi}}{r_t^{bi}}-1\right)\left(\frac{r_{t+1}^{bi}}{r_t^{bi}}\right)^2\frac{b_{t+1}^i}{b_t^i}\right\}=0 \tag{10.33}$$

其中，λ_t^P 是式（10.2）的乘子。

10.1.6.3　**存款零售机构**

存款零售机构之间是垄断竞争的，存款者 i（$=P$）寻找真实数量为 d_t^i 的存款产品，通过选择在第 j 家银行获得 $d_t^i(j)$ 存款产品，并最大化总的存款收益：

$$\int_0^1 r_t^{di}(j)d_t^i(j)\mathrm{d}j \tag{10.34}$$

约束条件为：

$$\left[\int_0^1 d_t^i(j)^{(\varepsilon_t^{di}-1)/\varepsilon_t^{di}}\mathrm{d}j\right]^{\varepsilon_t^{di}/(\varepsilon_t^{di}-1)} \leqslant d_t^i \tag{10.35}$$

求解上式一阶条件，可得：

$$d_t^i(j)=\left(\frac{r_t^{di}(j)}{r_t^{di}}\right)^{-\varepsilon_t^{di}}d_t^i \tag{10.36}$$

上式为存款者 i 对第 j 家银行零售存款的需求函数，零售存款利率指数为：

$$r_t^{di}=\left[\int_0^1 r_t^{di}(j)^{1-\varepsilon_t^{di}}dj\right]^{\frac{1}{1-\varepsilon_t^{di}}} \tag{10.37}$$

其中，$\varepsilon_t^{di}(<-1)$ 是不同银行的零售存款的替代弹性系数。

存款零售机构 j 从零售市场上吸纳储蓄型家庭的存款 $d_t^P(j)$，并打包以批发存款的形式放在存贷款批发机构，批发存款利率 r_t。存款零售机构的最优化问题为：

$$\max_{\langle r_t^d(j)\rangle} E_0\sum_{t=0}^\infty \Lambda_{0,t}^P\left[r_t D_t(j)-r_t^d(j)d_t^P(j)-\frac{\kappa_d}{2}\left(\frac{r_t^d(j)}{r_{t-1}^d(j)}-1\right)^2 r_t^d d_t^P\right] \tag{10.38}$$

上式的一阶条件为：

$$-1+\varepsilon_t^d-\varepsilon_t^d\frac{r_t}{r_t^d}-\kappa_d\left(\frac{r_t^d}{r_{t-1}^d}-1\right)\frac{r_t^d}{r_{t-1}^d}+\beta_P E_t\left\{\frac{\lambda_{t+1}^P}{\lambda_t^P}\kappa_d\left(\frac{r_{t+1}^d}{r_t^d}-1\right)\left(\frac{r_{t+1}^d}{r_t^d}\right)^2\frac{d_{t+1}}{d_t}\right\}=0 \tag{10.39}$$

10.1.6.4　**商业银行利润**

商业银行利润由存贷款批发机构、贷款零售机构、存款零售机构三个机构的利润加总得到（去除机构之间的交易）：

$$j_t^b = r_t^{bI} b_t^I + r_t^{bPOE} b_t^{POE} + r_t^{bSOE} b_t^{SOE} - r_t^d d_t - \frac{\kappa_{Kb}}{2} \left(\frac{K_t^b}{\omega_t^B B_t} - v_t^b \right)^2 K_t^b - Adj_t^B$$

$$(10.40)$$

其中，Adj_t^B 包含了零售贷款利率和零售存款利率的调整成本。

10.1.7 中央银行

中央银行主管货币政策和宏观审慎政策。一般认为货币政策目标是经济稳定，宏观审慎政策目标是金融稳定。然而，货币政策和宏观审慎政策之间并不是完全独立的，彼此交织甚广，因此才有中央提出要完善货币政策和宏观审慎政策双支柱调控框架的重大举措。本章按货币政策规则是否需要考虑金融稳定变量，宏观审慎政策规则是否需要考虑经济稳定变量，中央银行对货币政策和宏观审慎政策损失函数是考虑各自最小化还是合并最小化三类标准，将货币政策和宏观审慎政策安排分为 8 组模式，试图探讨每组模式下的政策效果，为中央银行选择双支柱的最优模式提供参考。

模式 1 货币政策规则只管经济稳定变量，宏观审慎政策规则只管金融稳定变量，中央银行分别追求货币政策和宏观审慎政策损失函数各自最小化。

价格型货币政策：

$$r_t = (1 - \rho_r)\bar{r} + (1 - \rho_r)[\chi_{\pi,r}(\pi_t - \bar{\pi}) + \chi_{y,r}(y_t - y_{t-1})] + \rho_r r_{t-1} + \varepsilon_t^r$$

$$(10.41)$$

数量型货币政策[①]：

$$m_t = (1 - \rho_m)\bar{m} + (1 - \rho_m)[\chi_{\pi,m}(\pi_t - \bar{\pi}) + \chi_{y,m}(y_t - y_{t-1})] + \rho_m m_{t-1} + \varepsilon_t^m$$

$$(10.42)$$

货币政策损失函数为：

$$L^{cb} = \sigma_\pi^2 + k_y \sigma_y^2 + k_r \sigma_{\Delta r}^2 + k_m \sigma_{\Delta m}^2 \quad k_y \geq 0, k_r \geq 0, k_m \geq 0 \quad (10.43)$$

其中，价格型货币政策冲击 ε_t^r、数量型货币政策冲击 ε_t^m 均为白噪声，标准差分别为 σ_r、σ_m。σ_π^2、σ_y^2、$\sigma_{\Delta r}^2$、$\sigma_{\Delta m}^2$ 分别为通胀率、经济增长、利率变动、货币量变动的渐进方差。

资本充足率宏观审慎政策：

---

① 在本章的设定中，无现金，所以广义货币供应量＝总存款，即 $m_t = d_t$。

$$v_t = (1 - \rho_v)\bar{v} + (1 - \rho_v)\left[\chi_v\left(\frac{B_t}{y_t} - \frac{\bar{B}}{\bar{y}}\right)\right] + \rho_v v_{t-1} + \varepsilon_t^v \quad (10.44)$$

贷款价值比宏观审慎政策 i（＝I，POE，SOE）：

$$m_t^i = (1 - \rho_i)\bar{m}^i + (1 - \rho_i)\left[\chi_i\left(\frac{B_t}{y_t} - \frac{\bar{B}}{\bar{y}}\right)\right] + \rho_i m_{t-1}^i + \varepsilon_t^i \quad (10.45)$$

宏观审慎政策损失函数：

$$L^{mp} = \sigma_{B/y}^2 + k_v\sigma_{\Delta v}^2 + k_I\sigma_{\Delta m^I}^2 + k_{POE}\sigma_{\Delta m^{POE}}^2 + k_{SOE}\sigma_{\Delta m^{SOE}}^2 \quad (10.46)$$

其中，资本充足率冲击 ε_t^v、贷款价值比冲击 ε_t^i 均为白噪声，标准差分别为 σ_v，σ_i，$\sigma_{B/y}^2$、$\sigma_{\Delta v}^2$、$\sigma_{\Delta m^i}^2$ 分别为贷款产出比、资本充足率变动、贷款价值比变动的渐进方差，i（＝I，POE，SOE）。

中央银行在给定宏观审慎政策参数时，选择货币政策参数，使货币政策损失函数最小化；在给定货币政策参数时，选择宏观审慎政策参数，使宏观审慎政策损失函数最小化。

模式 2　货币政策规则只管经济稳定变量，宏观审慎政策规则只管金融稳定变量，中央银行追求货币政策和宏观审慎政策损失函数之和最小化。

中央银行同时选择货币政策和宏观审慎政策参数，使货币政策损失函数与宏观审慎政策损失函数之和最小化。其他设定同模式 1。

模式 3　货币政策规则主管经济稳定变量、兼顾金融稳定变量，宏观审慎政策规则只管金融稳定变量，中央银行分别追求货币政策和宏观审慎政策损失函数各自最小化。

价格型货币政策：

$$r_t = 式(10.41) + (1 - \rho_r)\chi_{B/y,r}\left(\frac{B_t}{y_t} - \frac{\bar{B}}{\bar{y}}\right) \quad (10.47)$$

数量型货币政策：

$$m_t = 式(10.42) + (1 - \rho_m)\chi_{B/y,m}\left(\frac{B_t}{y_t} - \frac{\bar{B}}{\bar{y}}\right) \quad (10.48)$$

其他设定同模式 1。

模式 4　货币政策规则主管经济稳定变量，兼顾金融稳定变量，宏观审慎政策规则只管金融稳定变量，中央银行追求货币政策和宏观审慎政策损失函数之和最小化。

中央银行同时选择货币政策和宏观审慎政策参数，使货币政策损失函数与宏观审慎政策损失函数之和最小化。其他设定同模式 3。

模式 5　货币政策规则只管经济稳定变量，宏观审慎政策规则主管金融稳定变量，兼顾经济稳定变量，中央银行分别追求货币政策和宏观审慎政策损失函数各自最小化。

资本充足率宏观审慎政策：

$$v_t = 式(10.44) + (1 - \rho_v)\left[\chi_{\pi,v}(\pi_t - \bar{\pi}) + \chi_{y,v}(y_t - y_{t-1})\right]$$
(10.49)

贷款价值比宏观审慎政策 i（$=I$，POE，SOE）：

$$m_t^i = 式(10.45) + (1 - \rho_i)\left[\chi_{\pi,i}(\pi_t - \bar{\pi}) + \chi_{y,i}(y_t - y_{t-1})\right]$$
(10.50)

其他设定同模式 1。

模式 6　货币政策规则只管经济稳定变量，宏观审慎政策规则主管金融稳定变量，兼顾经济稳定变量，中央银行追求货币政策和宏观审慎政策损失函数之和最小化。

中央银行同时选择货币政策和宏观审慎政策参数，使货币政策损失函数与宏观审慎政策损失函数之和最小化。其他设定同模式 5。

模式 7　货币政策规则主管经济稳定变量、兼顾金融稳定变量，宏观审慎政策规则主管金融稳定变量，兼顾经济稳定变量，中央银行分别追求货币政策和宏观审慎政策损失函数各自最小化。

货币政策设定同模式 3，宏观审慎政策设定同模式 5，其他设定同模式 1。

模式 8　货币政策规则主管经济稳定变量、兼顾金融稳定变量，宏观审慎政策规则主管金融稳定变量，兼顾经济稳定变量，中央银行追求货币政策和宏观审慎政策损失函数之和最小化。

中央银行同时选择货币政策和宏观审慎政策参数，使货币政策损失函数与宏观审慎政策损失函数之和最小化。其他设定同模式 7。

10.1.8　市场出清

产品市场出清条件为：

$$y_t = c_t + q_t^k[k_t - (1-\delta)k_{t-1}] + k_{t-1}\psi(u_t) + \delta^b\frac{K_{t-1}^b}{\pi_t} + Adj_t \quad (10.51)$$

其中，$c_t = c_t^P + c_t^I + c_t^{POE} + c_t^{SOE}$ 是总的消费，k_t 是总的实物资本，K_t^b 是

总的银行资本，Adj_t 包含所有的调整成本。

住房市场均衡条件为：

$$\bar{h} = h_t^P(i) + h_t^I(i) \tag{10.52}$$

其中，$\bar{h}$ 是固定的住房供给。

10.1.9　对数线性化和模型求解

将模型在稳态附近对数线性化，使用扰动法求解。本章不考虑模型的非线性特征，因为如果偏离稳态较远，线性近似质量将下降，借贷约束有可能不成立，扰动法将失效，且没有更好的方法对模型进行二次求解。

10.2　政策模拟

10.2.1　参数校准与估计

10.2.1.1　参数校准

本章对决定模型稳态的参数进行校准，使之符合数据的关键特征。储蓄型家庭的贴现因子 β_P 设为 0.99，借款型家庭和民营企业主的贴现因子 β_I、β_{POE} 均设为 0.97，国营企业主的贴现因子 β_{SOE} 设为 0.98，住房在家庭效用函数中的权重 ε^h 设为 0.2，住房抵押贷款的贷款价值比稳态水平 $\bar{m}^I$ 设为 0.7，民营企业主、国营企业主的固定资产抵押贷款的贷款价值比的稳态水平 $\bar{m}^{POE}$、$\bar{m}^{SOE}$ 分别设为 0.4、0.5，资本份额 α 设为 0.25，资本折旧率 δ 设为 0.025，劳动市场的价格加成 $\dfrac{\varepsilon^l}{\varepsilon^l-1}$ 设为 25%，产品市场的价格加成 $\dfrac{\varepsilon^y}{\varepsilon^y-1}$ 设为 20%，储蓄型家庭的劳动收入占比 μ 设为 0.8，零售存款利率加成 $\dfrac{\varepsilon^d}{\varepsilon^d-1}$ 设为 -60%，对借款型家庭、民营企业主、国营企业主的零售贷款利率加成 $\dfrac{\varepsilon^{bI}}{\varepsilon^{bI}-1}$、

$\dfrac{\varepsilon^{bPOE}}{\varepsilon^{bPOE}-1}$、$\dfrac{\varepsilon^{bSOE}}{\varepsilon^{bSOE}-1}$ 分别设为 56％、47％、40％，银行资本充足率管理成本 δ^b 设为 0.1049，银行资本充足率的稳态水平 $\bar{v}$ 设为 9％，实物资本利用率的调整成本参数 ξ_1、ξ_2 分别设为 0.0478、0.00478，弗里希弹性的倒数 φ 设为 1。

10.2.1.2 数据选取

本章选取 10 组可观测数据：最终消费支出、资本形成总额、商品房平均销售价格、存款余额、贷款余额、隔夜拆借利率、一年期存款基准利率、一年期贷款基准利率、城镇单位就业人员平均工资、居民消费价格指数。数据来源 Wind，样本期间为 2000 年第一季度到 2018 年第四季度。对于有趋势项的时间序列，采用 HP 滤波（平滑参数设为 1600）剥离出平稳的周期波动成分。对于均值不为零的利率和通胀率序列，要减去对应均值，得到均值为零的时间序列。

10.2.1.3 参数估计

本章对决定模型动态的参数进行贝叶斯估计。参数的先验分布和后验均值见表 10.1。

表 10.1 贝叶斯估计结果

参数	先验分布			后验均值
	分布类型	均值	标准差	
κ_p	Gamma	50	20	32.68
κ_w	Gamma	50	20	93.25
κ_i	Gamma	2.5	1	8.58
κ_d	Gamma	10	2.5	3.54
κ_{bPOE}	Gamma	3	2.5	9.43
κ_{bSOE}	Gamma	3	2.5	9.57
κ_{bI}	Gamma	6	2.5	11.29
κ_{Kb}	Gamma	10	5	12.37
φ_π	Gamma	2	0.5	2.25
φ_R	Beta	0.75	0.1	0.82
φ_y	Normal	0.1	0.15	0.46

续表

参数	先验分布			后验均值
	分布类型	均值	标准差	
l_p	Beta	0.5	0.15	0.21
l_w	Beta	0.5	0.15	0.34
a^P	Beta	0.5	0.1	0.88
a^I	Beta	0.5	0.1	0.87
a^{POE}	Beta	0.5	0.1	0.86
a^{SOE}	Beta	0.5	0.1	0.87
ρ_z	Beta	0.8	0.1	0.314
ρ_h	Beta	0.8	0.1	0.868
ρ_{mPOE}	Beta	0.8	0.1	0.884
ρ_{mSOE}	Beta	0.8	0.1	0.817
ρ_{mI}	Beta	0.8	0.1	0.768
ρ_d	Beta	0.8	0.1	0.837
ρ_{bI}	Beta	0.8	0.1	0.815
ρ_{bPOE}	Beta	0.8	0.1	0.846
ρ_{bSOE}	Beta	0.8	0.1	0.847
ρ_a	Beta	0.8	0.1	0.924
ρ_{qk}	Beta	0.8	0.1	0.569
ρ_y	Beta	0.8	0.1	0.436
ρ_l	Beta	0.8	0.1	0.646
ρ_{Kb}	Beta	0.8	0.1	0.806
ρ_v	Beta	0.8	0.1	0.314
ρ_I	Beta	0.8	0.1	0.573
ρ_{POE}	Beta	0.8	0.1	0.484
ρ_{SOE}	Beta	0.8	0.1	0.949
ρ_r	Beta	0.8	0.1	0.467
ρ_m	Beta	0.8	0.1	0.723
χ_v	Beta	0.6	0.2	0.110

参数	先验分布			后验均值
	分布类型	均值	标准差	
$\bar{\chi}_I$	Beta	0.6	0.2	0.506
$\bar{\chi}_{POE}$	Beta	0.6	0.2	0.611
$\bar{\chi}_{SOE}$	Beta	0.6	0.2	0.335
$\chi_{\pi,r}$	Beta	0.6	0.2	0.760
$\chi_{y,r}$	Beta	0.6	0.2	0.882
$\bar{\chi}_{\pi,m}$	Beta	0.6	0.2	0.737
$\bar{\chi}_{y,m}$	Beta	0.6	0.2	0.569
$\chi_{B/y,r}$	Beta	0.6	0.2	0.014
$\bar{\chi}_{B/y,m}$	Beta	0.6	0.2	0.257
$\bar{\chi}_{\pi,i}$	Beta	0.6	0.2	0.013
$\bar{\chi}_{y,i}$	Beta	0.6	0.2	0.314
$\chi_{\pi,v}$	Beta	0.6	0.2	0.853
$\chi_{y,v}$	Beta	0.6	0.2	0.544
σ_z	Inverse Gamma	0.01	0.05	0.032
σ_h	Inverse Gamma	0.01	0.05	0.089
σ_{mPOE}	Inverse Gamma	0.01	0.05	0.025
σ_{mSOE}	Inverse Gamma	0.01	0.05	0.013
σ_{mI}	Inverse Gamma	0.01	0.05	0.007
σ_d	Inverse Gamma	0.01	0.05	0.041
σ_{bI}	Inverse Gamma	0.01	0.05	0.057
σ_{bPOE}	Inverse Gamma	0.01	0.05	0.064
σ_{bSOE}	Inverse Gamma	0.01	0.05	0.059
σ_a	Inverse Gamma	0.01	0.05	0.012
σ_{qk}	Inverse Gamma	0.01	0.05	0.021
σ_R	Inverse Gamma	0.01	0.05	0.013
σ_y	Inverse Gamma	0.01	0.05	0.628
σ_l	Inverse Gamma	0.01	0.05	0.589

参数	先验分布			后验均值
	分布类型	均值	标准差	
σ_{Kb}	Inverse Gamma	0.01	0.05	0.056
σ_v	Inverse Gamma	0.01	0.05	0.062
σ_I	Inverse Gamma	0.01	0.05	0.040
σ_{POE}	Inverse Gamma	0.01	0.05	0.019
σ_{SOE}	Inverse Gamma	0.01	0.05	0.052
σ_r	Inverse Gamma	0.01	0.05	0.061
σ_m	Inverse Gamma	0.01	0.05	0.057
k_v	Normal	1	0.2	1.04
k_I	Normal	1	0.2	0.86
k_{POE}	Normal	1	0.2	1.22
k_{SOE}	Normal	1	0.2	1.04
k_y	Normal	1	0.2	1.24
k_r	Normal	1	0.2	0.76
k_m	Normal	1	0.2	0.97

10.2.2 八种政策模式下的脉冲响应与福利分析

10.2.2.1 货币政策冲击[①]的脉冲响应

由图 10.1 可知,我国货币政策对产出的影响在 8 个季度之后消失殆尽,在前 8 个季度中的作用呈指数衰减。在中央银行不同的政策模式下,货币政策对产出的影响强弱顺序由强到弱依次为模式 8、6、4、2、7、5、3、1。由此

---

① 本章以价格型货币政策紧缩冲击,即政策利率正向冲击为代表来分析 8 种模式下的脉冲响应,其结果与以数量型货币政策紧缩冲击,即广义货币供应量负向冲击为代表来分析 8 种模式下的脉冲响应,在大小比较上的结论保持一致,故省略掉数量型货币政策冲击的脉冲响应结果。

可知，相对于分别考虑货币政策和宏观审慎政策损失函数各自最小化，统筹考虑货币政策和宏观审慎政策损失函数之和最小化，有利于增强货币政策对产出的影响。货币政策规则纳入金融稳定变量和宏观审慎政策规则纳入经济稳定变量，都有利于增强货币政策对产出的影响，但宏观审慎政策规则纳入经济稳定变量的增强作用要大于货币政策规则纳入金融稳定变量。

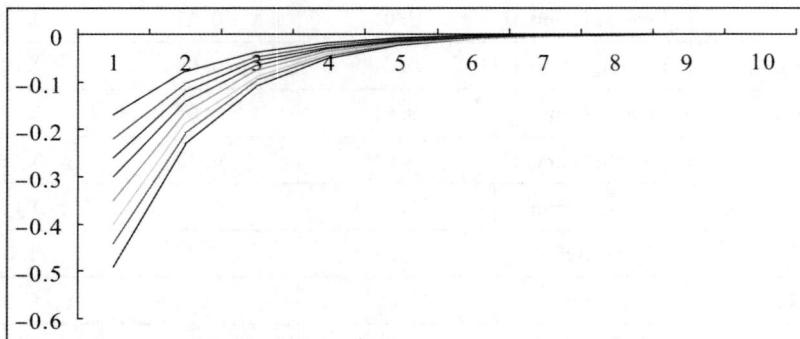

图 10.1　产出偏离稳态的百分比变化对货币政策紧缩冲击的响应
（响应绝对值从小到大依次为：模式 1、3、5、7、2、4、6、8）

由图 10.2 可知，我国货币政策对通胀的影响在 8 个季度之后消失殆尽，在前 8 个季度中的作用呈指数衰减。在中央银行不同的政策模式下，货币政策对通胀的影响强弱顺序由强到弱依次为模式 8、6、4、2、7、5、3、1。由此可知，相对于分别考虑货币政策和宏观审慎政策损失函数各自最小化，统筹考虑货币政策和宏观审慎政策损失函数之和最小化，有利于增强货币政策对通胀的影响。货币政策规则纳入金融稳定变量和宏观审慎政策规则纳入经济稳定变量，都有利于增强货币政策对通胀的影响，但宏观审慎政策规则纳入经济稳定变量的增强作用要大于货币政策规则纳入金融稳定变量。

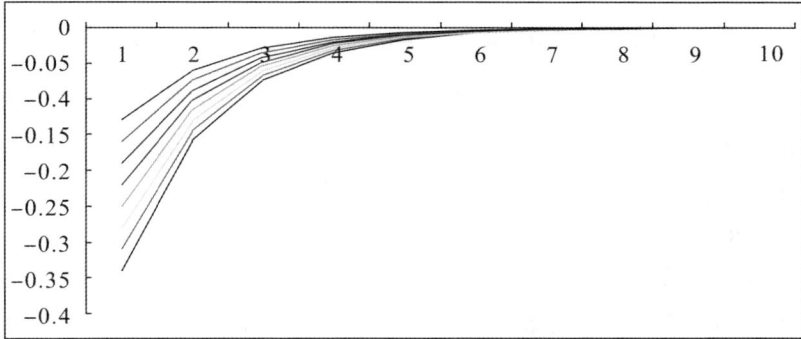

图 10.2　通胀偏离稳态的变化对货币政策紧缩冲击的响应
（响应绝对值从小到大依次为：模式 1、3、5、7、2、4、6、8）

由图 10.3 可知，我国货币政策对贷款产出比的影响在 8 个季度之后消失殆尽，在前 8 个季度中的作用呈指数衰减。在中央银行不同的政策模式下，货币政策对贷款产出比的影响强弱顺序由强到弱依次为模式 8、6、4、2、7、5、3、1。由此可知，相对于分别考虑货币政策和宏观审慎政策损失函数各自最小化，统筹考虑货币政策和宏观审慎政策损失函数之和最小化，有利于增强货币政策对贷款产出比的影响。货币政策规则纳入金融稳定变量和宏观审慎政策规则纳入经济稳定变量，都有利于增强货币政策对贷款产出比的影响，但宏观审慎政策规则纳入经济稳定变量的增强作用要大于货币政策规则纳入金融稳定变量。

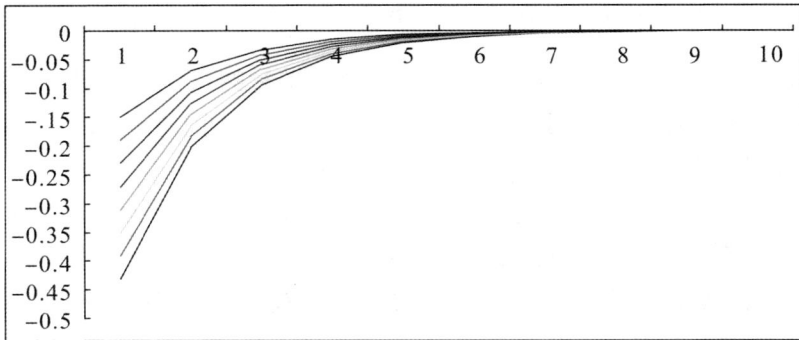

图 10.3　贷款产出比偏离稳态的变化对货币政策紧缩冲击的响应
（响应绝对值从小到大依次为：模式 1、3、5、7、2、4、6、8）

10.2.2.2 宏观审慎政策冲击①的脉冲响应

由图 10.4 可知，我国宏观审慎政策对产出的影响在 6 个季度之后消失殆尽，在前 6 个季度中的作用呈指数衰减。在中央银行不同的政策模式下，宏观审慎政策对产出的影响强弱顺序由强到弱依次为模式 8、6、4、2、7、5、3、1。由此可知，相对于分别考虑货币政策和宏观审慎政策损失函数各自最小化，统筹考虑货币政策和宏观审慎政策损失函数之和最小化，有利于增强宏观审慎政策对产出的影响。货币政策规则纳入金融稳定变量和宏观审慎政策规则纳入经济稳定变量，都有利于增强宏观审慎政策对产出的影响，但宏观审慎政策规则纳入经济稳定变量的增强作用要大于货币政策规则纳入金融稳定变量。

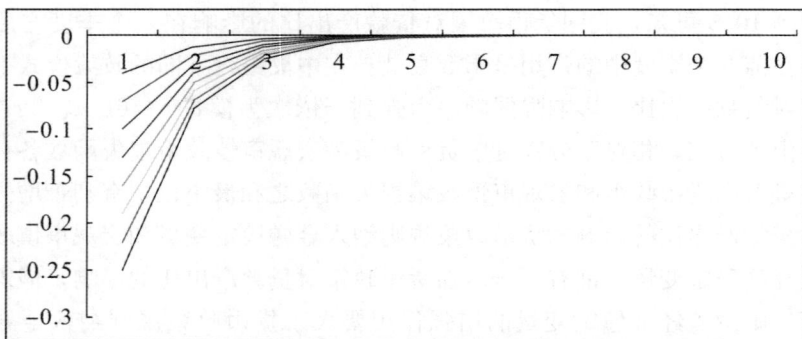

图 10.4 产出偏离稳态的百分比变化对宏观审慎政策紧缩冲击的响应
（响应绝对值从小到大依次为：模式 1、3、5、7、2、4、6、8）

由图 10.5 可知，我国宏观审慎政策对通胀的影响在 6 个季度之后消失殆尽，在前 6 个季度中的作用呈指数衰减。在中央银行不同的政策模式下，宏观审慎政策对通胀的影响强弱顺序由强到弱依次为模式 8、6、4、2、7、5、3、1。由此可知，相对于分别考虑货币政策和宏观审慎政策损失函数各自最小化，统筹考虑货币政策和宏观审慎政策损失函数之和最小化，有利于增强宏观审慎政策对通胀的影响。货币政策规则纳入金融稳定变量和宏观审慎政策规则纳入经济稳定变量，都有利于增强宏观审慎政策对通胀的影响，但宏观审慎政策规

---

① 本章以资本充足率宏观审慎政策紧缩冲击，即资本充足率监管要求提高冲击为代表来分析 8 种模式下的脉冲响应，其结果与以贷款价值比宏观审慎政策紧缩冲击，即贷款价值比监管要求降低冲击为代表来分析 8 种模式下的脉冲响应，在大小比较上的结论保持一致，故省略掉贷款价值比宏观审慎政策冲击的脉冲响应。

则纳入经济稳定变量的增强作用要大于货币政策规则纳入金融稳定变量。

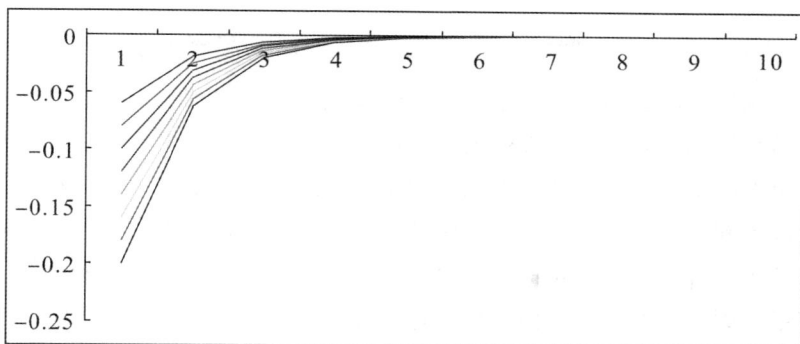

图 10.5　通胀偏离稳态的变化对宏观审慎政策紧缩冲击的响应
（响应绝对值从小到大依次为：模式 1、3、5、7、2、4、6、8）

　　由图 10.6 可知，我国宏观审慎政策对贷款产出比的影响在 6 个季度之后消失殆尽，在前 6 个季度中的作用呈指数衰减。在中央银行不同的政策模式下，宏观审慎政策对贷款产出比的影响强弱顺序由强到弱依次为模式 8、6、4、2、7、5、3、1。由此可知，相对于分别考虑货币政策和宏观审慎政策损失函数各自最小化，统筹考虑货币政策和宏观审慎政策损失函数之和最小化，有利于增强宏观审慎政策对贷款产出比的影响。货币政策规则纳入金融稳定变量和宏观审慎政策规则纳入经济稳定变量，都有利于增强宏观审慎政策对贷款产出比的影响，但宏观审慎政策规则纳入经济稳定变量的增强作用要大于货币政策规则纳入金融稳定变量。

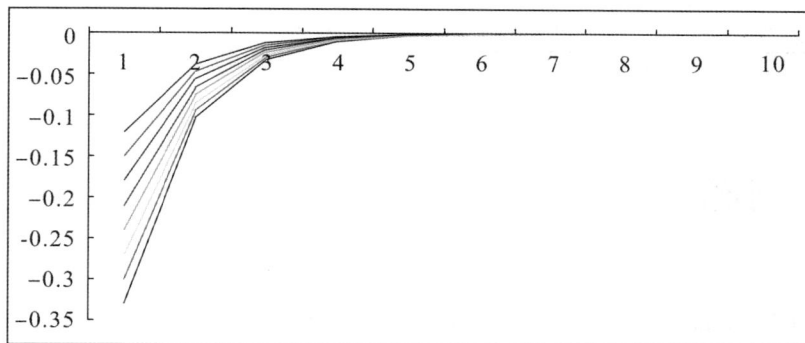

图 10.6　贷款产出比偏离稳态的变化对宏观审慎政策紧缩冲击的响应
（响应绝对值从小到大依次为：模式 1、3、5、7、2、4、6、8）

10.2.2.3　福利分析

由表10.2可知，相对于分别考虑货币政策和宏观审慎政策损失函数各自最小化，统筹考虑货币政策和宏观审慎政策损失函数之和最小化，有利于同时降低货币政策和宏观审慎政策的损失函数，以及加总的损失函数。货币政策规则纳入金融稳定变量和宏观审慎政策规则纳入经济稳定变量，都有利于同时降低货币政策和宏观审慎政策的损失函数，以及加总的损失函数，但宏观审慎政策规则纳入经济稳定变量对损失函数的降低作用要强于货币政策规则纳入金融稳定变量，因为我国目前对经济稳定的重视程度要高于对金融稳定的重视程度。

表10.2　福利分析

模式	损失函数值		
	货币政策	宏观审慎政策	加总
1	0.394	0.793	1.187
2	0.241	0.713	0.954
3	0.328	0.786	1.114
4	0.231	0.709	0.940
5	0.322	0.735	1.057
6	0.211	0.664	0.875
7	0.250	0.723	0.973
8	0.204	0.661	0.865

10.3　小结

我国中央银行主管货币政策和宏观审慎政策。一般认为货币政策目标是经济稳定，宏观审慎政策目标是金融稳定。然而，货币政策和宏观审慎政策之间并不是完全独立的，彼此交织甚广，因此才有中央提出要完善货币政策和宏观审慎政策双支柱调控框架的重大举措。

本章在DSGE模型中同时纳入价格型货币政策规则和数量型货币政策规

则，同时纳入资本充足率宏观审慎政策规则和贷款价值比宏观审慎政策规则，同时纳入民营企业和国营企业异质性经营主体，在计量资本充足率时全面考虑银行信贷资产的风险权重结构以及风险权重的周期性变化特征。本章按货币政策规则是否需要考虑金融稳定变量，宏观审慎政策规则是否需要考虑经济稳定变量，中央银行对货币政策和宏观审慎政策损失函数是考虑各自最小化还是合并最小化三类标准，将货币政策和宏观审慎政策组合安排分为 8 组模式，试图探讨每组模式下的政策效果，为中央银行选择双支柱的最优模式提供参考。

政策模拟结果表明，相对于分别考虑货币政策和宏观审慎政策损失函数各自最小化，统筹考虑货币政策和宏观审慎政策损失函数之和最小化，有利于增强货币政策和宏观审慎政策对产出、通胀、贷款产出比的影响。货币政策规则纳入金融稳定变量和宏观审慎政策规则纳入经济稳定变量，都有利于增强货币政策和宏观审慎政策对产出、通胀、贷款产出比的影响，但宏观审慎政策规则纳入经济稳定变量的增强作用要大于货币政策规则纳入金融稳定变量。相对于分别考虑货币政策和宏观审慎政策损失函数各自最小化，统筹考虑货币政策和宏观审慎政策损失函数之和最小化，有利于同时降低货币政策和宏观审慎政策的损失函数，以及加总的损失函数。货币政策规则纳入金融稳定变量和宏观审慎政策规则纳入经济稳定变量，都有利于同时降低货币政策和宏观审慎政策的损失函数，以及加总的损失函数，但宏观审慎政策规则纳入经济稳定变量对损失函数的降低作用要强于货币政策规则纳入金融稳定变量，因为我国目前对经济稳定的重视程度要高于对金融稳定的重视程度。

综上所述，本章认为我国货币政策和宏观审慎政策双支柱调控框架的最优政策组合安排为：货币政策规则主管经济稳定变量、兼顾金融稳定变量，宏观审慎政策规则主管金融稳定变量，兼顾经济稳定变量，中央银行追求货币政策和宏观审慎政策损失函数之和最小化。

11 结论

本书对国际学术界常见的货币政策中介目标进行实证和理论比较，总结相关经验教训，认为我国当前利率形成和传导机制还不成熟，在货币调控由数量型向价格型转变的过渡时期，应充分利用国际上对简单加总货币量修正的思路（特别是现金等价货币量）改善数量型中介目标的调控效果。利用理性预期框架下的费雪模型和新凯恩斯模型，对我国价格型货币政策调控宏观经济的机理及效果进行分析，在技术上克服了传统 BK 条件的参数限制，运用 MSV 求解思路和待定系数法分析理性预期均衡。利用含区制转换的费雪模型和新凯恩斯模型，对我国宏观调控政策的不确定性如何对理性预期主体产生影响的机理和效果进行分析，弥补了学术界仅考虑不变参数政策规则使宏观经济模型过于脱离现实的不足。最后对货币政策如何影响银行风险行为进行理论分析和实证检验，为完善党的十九大提出的健全货币政策和宏观审慎政策双支柱调控框架提供参考。

第 2 章基于 DAG-SVAR 模型，分别对美国、欧元区、英国的银行间隔夜拆借利率 R、简单加总货币量 M2、迪维西亚货币量 D2 对物价 P、产出 Y 影响的相对重要性进行实证比较。结果发现，在美国，M2 对 Y 的影响最大，R 对 P 的影响最大；在欧元区，D2 对 Y 的影响最大，M2 对 P 的影响最大；在英国，M2 对 Y 和 P 的影响都最大。总的来说，若货币政策最终目标是经济增长，则美国、英国的最优货币政策中介目标是简单加总货币量，欧元区的最优货币政策中介目标是迪维西亚货币量；若货币政策最终目标是物价稳定，则美国的最优货币政策中介目标是利率，欧元区、英国的最优货币政策中介目标是简单加总货币量。由此可见，对于不同的经济体或者不同的货币政策最终目标，最优货币政策中介目标的选择可能有所不同。在货币调控由数量型向价格型过渡的缓冲期，我国央行应该利用自身较为完备的金融数据，研究开发并公布迪维西亚货币量指标，有可能会改善当前简单加总货币量作为中介目标有效性不足的问题。

第 3 章通过更为简洁的模型推导，首次在构建原理上论证，在测度 M2 流动性有效供给时，现金等价货币量的精确性明显优于迪维西亚货币量。通过边限协整检验（bounds testing）和自回归分布滞后（the Autoregressive Distributed Lag，ARDL）协整估计，分析中美两国按照不同测度法所测算的货币量的需求函数的稳定性。结果发现，两国的现金等价货币量的需求函数都比各自的迪维西亚货币量、简单加总货币量的需求函数稳定，而且在每种测度法下，中国货币量的需求函数都比美国货币量的需求函数稳定。可控性检验得到同样的结果。由此可见，现金等价货币量作为货币政策中介目标的有效性强于迪维西亚货币量、简单加总货币量，且这一结论具有一定的国际普适性。但就中美两国而言，货币量更适合作为中国的中介目标。我国央行应该重视现金等价货币量作为货币政策中介目标的理论基础和实践价值，重新审视和比较现金等价货币量与迪维西亚货币量的优劣，尝试将现金等价货币量作为简单加总货币量这一货币政策中介目标的重要补充参考指标，甚至是替代指标，这将有利于改善我国央行的货币政策调控效果。

第 4 章基于最优化模型推导出费雪方程，联立泰勒规则构成理性预期均衡，探讨了均衡解的存在性和唯一性。当名义利率对通胀率反应系数大于 1 时，有唯一稳定的均衡解；当名义利率对通胀率反应系数小于 1 时，有无穷多个稳定的均衡解。在不存在泡沫预期的假设条件下，探讨了 MSV 解下的通胀率、名义利率的解析均衡性质。基于中美两国的数据，将 MSV 解表达为状态空间模型，基于极大似然估计求得两国的结构参数值，发现美国对通胀反应敏感，是确定性的均衡，中国对通胀反应不敏感，是不确定性的均衡。将两国的 MSV 解进行比较发现，美国的通胀率和名义利率长期均值和波动率都小于中国，美国的货币政策冲击对通胀率和名义利率的影响比中国更稳定，美国的货币政策冲击占通胀率波动的大部分，而中国的货币政策冲击占名义利率波动的大部分，从控制通胀率的政策目标来看，美国的价格型货币政策优于中国。我国价格型货币政策的明天有赖于市场利率进一步发挥资金配置的作用，特别是直接融资市场需要进一步扩大广度和深度。

第 5 章重新构建了新凯恩斯模型，同时考虑总供给、总需求、货币政策三类冲击对宏观经济波动的影响，在技术上突破了传统 BK 条件的参数约束，用待定系数法求得 MSV 解析解，将 MSV 解析解表示为状态空间模型，基于中国数据用极大似然估计求得新凯恩斯模型的结构参数。结果表明，所估计的新凯恩斯模型满足 BK 条件，具备确定性均衡。名义利率对通胀的反应系数为

0.33，对产出缺口的反应系数为1.36，中央银行对经济增长的重视程度高于物价稳定。随机模拟的数据和真实数据在数字特征上极为相似，表明模型的设定和估计是合理的。脉冲响应表明，总供给冲击对通胀和产出缺口作用方向相反，总需求冲击和货币政策冲击对通胀和产出缺口作用方向相同，总供给冲击没有持续性影响，总需求冲击有长期持续性影响，货币政策冲击有短期持续性影响。方差分解表明，通胀波动主要来源于供给冲击，产出缺口波动主要来源于货币政策冲击，名义利率波动主要来源于总需求冲击。中国的通胀率波动主要受供给侧影响，产出缺口波动主要受货币政策影响，名义利率波动主要受需求侧影响，蕴含如下政策启示：中国的价格型货币政策对稳增长有重要作用，应进一步营造利率市场化环境，发挥价格型货币政策的作用，中国的通胀率稳定有赖于供给侧结构性改革的顺利实施，中国的基准利率稳定有赖于市场制度的进一步完善和市场主体的进一步理性。总的来说，中国的政策利率对通胀的反应程度偏低，对产出缺口的反应偏高，中央银行如何权衡物价和产出这两个冲突性的政策目标，使社会福利达到最优，这是关于最优货币政策的研究课题，也是未来新的研究热点。

第6章首次将马尔科夫区制转换货币政策规则纳入理性预期研究框架，在灵活价格设定下，构建马尔科夫区制转换理性预期模型，用待定系数法求得MSV解析解，在三种"平稳"定义下讨论均衡确定性条件，利用马尔科夫区制转换状态空间模型对相关结构参数进行极大似然估计，最后对中国可变价格型货币政策调控通胀率的效果进行定量分析，并剥离出经济主体预期未来政策变动的经济效果。研究结果表明：在区制1下，名义利率对通胀率的反应系数为1.84，预期持续时间25个月，在区制2下，名义利率对通胀率的反应系数为0.96，预期持续时间11个月。模型在有界平稳和均值−协方差有界平稳定义下有确定性均衡，在均值有界平稳定义下有不确定性均衡。区制1下的经济波动小于区制2。若当前处于控制通胀较严的区制1，预期未来可能处于控制通胀较松的区制2，比预期未来一直处于控制通胀较严的区制1，会加大通货膨胀率和名义利率的波动，第6章称为"不稳定"预期效应。若当前处于控制通胀较松的区制2，预期未来可能处于控制通胀较严的区制1，比预期未来一直处于控制通胀较松的区制2，会减少通货膨胀率和名义利率的波动，第6章称为"稳定"预期效应。控制通胀较松时期的"稳定"预期效应明显大于控制通胀较严时期的"不稳定"预期效应。第6章的研究结论表明理性经济主体预期区制变动会显著影响经济的运行结果，也对中央银行的货币政策效果产生重要影响。鉴于不变政策规则的假定过于严格，与现实情况不符，而第6章提出的将可变政策规则纳入理性预期框架的可行的求解和估计方案，势必会带来货币政策理论分析的一次大的变革。

第 7 章从历年国务院政府工作报告总结我国财政货币政策取向组合的变迁规律，得出 2008—2017 年为积极的财政政策和适度宽松的货币政策、积极的财政政策和稳健的货币政策两种取向组合的样本区间，且可用经济主体预期的马尔科夫过程刻画。将符合马尔科夫区制转换的政策规则植入含政府部门的新凯恩斯模型，用 Maih（2015）开发的 RISE 软件对 MS—DSGE 模型进行参数估计和模型求解，通过脉冲响应分析剥离出宏观经济政策不确定性效应，发现经济主体预期的宏观经济政策不确定性会显著影响货币政策冲击、通胀目标冲击和自然利率冲击的效果。为了减轻经济主体对未来宏观经济政策不确定性的预期，政策不应忽视预期管理，应及时对未来宏观经济政策的取向做出承诺或有效沟通，在预期管理到位的情况下，政策才可能实现对宏观经济的精准调控。

第 8 章用公司金融中的资本结构理论重新构建商业银行货币政策风险承担模型，证明了货币政策风险承担渠道的存在，将商业银行整体不良率作为宏观金融稳定的代理变量，用回归分析和 VAR 分析检验了数量型货币政策、价格型货币政策的风险承担效应，并考虑了不同类型商业银行和金融危机前后两个时期的结构异质性，结果表明，整体而言，价格型货币政策风险承担效应存在，而数量型货币政策风险承担效应几乎不存在，且对不同类型商业银行和金融危机前后两个时期具有结构异质性。随着利率市场化的进一步完善，我国货币政策将从数量型向价格型转换，价格型货币政策将在未来起主导作用，货币政策银行风险承担效应将是不可回避的重要问题，货币当局需要权衡货币政策和金融稳定的关系。

第 9 章构建的资产组合理论框架表明，宽松的货币政策会通过加大商业银行的风险偏好和风险资产的风险溢价两种途径加大商业银行的风险承担。基于我国商业银行体系分产业、分行业、分省、分机构的逐步回归和可变系数回归等实证分析，验证了货币政策银行风险承担效应的存在，并测出了分产业、分行业、分省、分机构的结构性差异。

第 10 章在 DSGE 模型中同时纳入价格型和数量型货币政策规则、资本充足率和贷款价值比宏观审慎政策规则、民有和国有企业，在计量资本充足率时全面考虑银行信贷资产的风险权重结构以及风险权重的周期性变化特征。第 10 章按货币政策规则是否需要考虑金融稳定变量，宏观审慎政策规则是否需要考虑经济稳定变量，中央银行对货币政策和宏观审慎政策损失函数是考虑各自最小化还是合并最小化三类标准，将货币政策和宏观审慎政策组合模式分为8类，试图探讨每类模式下的政策效果，为中央银行选择双支柱的最优模式提供参考。政策模拟结果显示，最优政策组合模式为：货币政策规则主管经济稳定变量，兼顾金融稳定变量；宏观审慎政策规则主管金融稳定变量，兼顾经济稳定变量；中央银行追求货币政策和宏观审慎政策损失函数之和最小化。

参考文献

［1］ Acharya D，Kamaiah B. Currency Equivalent Monetary Aggregates：Do They Have an Edge over Their Simple Sum Counterparts? ［J］. Economic and Political Weekly，1998，33 (13)：717—719.

［2］ Acharya D，Kamaiah B. Simple Sum vs Divisia Monetary Aggregates：An Empirical Evaluation ［J］. Economic and Political Weekly，2001，36 (4)：317—326.

［3］ Acharya V，Naqvi H. The Seeds of a Crisis：A Theory of Bank Liquidity and Risk Taking over the Business Cycle ［J］. Journal of Financial Economics，2012，106 (2)：349—366.

［4］ Adam K，Billi R M. Monetary Conservatism and Fiscal Policy ［J］. Journal of Monetary Economics，2008，55 (8)：1376—1388.

［5］ Adrian T，Shin H S. Financial Intermediaries and Monetary Economics ［J］. Handbook of Monetary Economics，2010，3：601—650.

［6］ Adrian T，Shin H S. Money，Liquidity，and Monetary Policy ［J］. The American Economic Review，2009，99 (2)：600—605.

［7］ Aksoy Y，Orphanides A，Small D，et al. A Quantitative Exploration of the Opportunistic Approach to Disinflation ［J］. Journal of Monetary Economics，2006，53 (8)：1877—1893.

［8］ Allen F，Carletti E. An Overview of the Crisis：Causes，Consequences，and Solutions ［J］. International Review of Finance，2010，10 (1)：1—26.

［9］ Alpanda S，Zubairy S. Addressing Household Indebtedness：Monetary，Fiscal or Macroprudential Policy? ［J］. European Economic Review，2017，92：47—73.

［10］ Angelini P，Neri S，Panetta F. The Interaction between Capital Requirements and Monetary Policy ［J］. Journal of Money，Credit and Banking，2014，46 (6)：1073—1112.

［11］ Angeloni I，Faia E，Duca M L. Monetary Policy and Risk Taking ［J］. Journal of Economic Dynamics and Control，2015，52：285—307.

［12］ Angeloni I, Faia E. Capital Regulation and Monetary Policy with Fragile Banks ［J］. Journal of Monetary Economics, 2013, 60（3）: 311—324.

［13］ Assenmacher—Wesche K. Estimating Central Banks' Preferences from a Time—Varying Empirical Reaction Function ［J］. European Economic Review, 2006, 50（8）: 1951—1974.

［14］ Baker S R, Bloom N, Davis S J. Measuring Economic Policy Uncertainty ［J］. The Quarterly Journal of Economics, 2016, 131（4）: 1593—1636.

［15］ Barnett W A, Offenbacher E K, Spindt P A. The New Divisia Monetary Aggregates ［J］. Journal of Political Economy, 1984, 92（6）: 1049—85.

［16］ Barnett W A. Economic Monetary Aggregates an Application of Index Number and Aggregation Theory ［J］. Journal of Econometrics, 1980, 14（1）: 11—48.

［17］ Barnett W A, Offenbacher E K, Spindt P A. New Concepts of Aggregated Money ［J］. The Journal of Finance, 1981, 36（2）: 497—505.

［18］ Barnett W A. The Velocity Behavior and Information Content of Divisia Monetary Aggregates ［J］. Economics Letters, 1979, 4（1）: 51—57.

［19］ Barnett W A, Offenbacher E K, Spindt P A. The New Divisia Monetary Aggregates ［J］. Journal of Political Economy, 1984, 92（6）: 1049—1085.

［20］ Belongia M T, Chalfant J A. The Changing Empirical Definition of Money: Some Estimates from a Model of the Demand for Money Substitutes ［J］. Journal of Political Economy, 1989, 97（2）: 387—97.

［21］ Belongia M T, Chrystal K A. An Admissible Monetary Aggregate for the United Kingdom ［J］. The Review of Economics and Statistics, 1991, 73（3）: 497—503.

［22］ Belongia M T. Measurement Matters: Recent Results from Monetary Economics Reexamined ［J］. Journal of Political Economy, 1996, 104（5）: 1065—1083.

［23］ Belongia M T, Chalfant J A. The Changing Empirical Definition of Money: Some Estimates from a Model of the Demand for Money Substitutes ［J］. Journal of Political Economy, 1989, 97（2）: 387—397.

［24］ Belongia M T, Chrystal K A. An Admissible Monetary Aggregate for the United Kingdom ［J］. The Review of Economics and Statistics, 1991, 73（3）: 497—503.

［25］ Belongia M T, Ireland P N. The Barnett Critique after Three Decades: A New Keynesian Analysis ［J］. Journal of Econometrics, 2014, 183（1）: 5—21.

［26］ Belongia M T, Ireland P N. A "Working" Solution to the Question of Nominal GDP Targeting ［J］. Macroeconomic Dynamics, 2015, 19（3）: 508—534.

［27］ Belongia M T, Ireland P N. Interest Rates and Money in the Measurement of Monetary Policy ［J］. Journal of Business & Economic Statistics, 2015, 33（2）: 255—269.

［28］ Bernanke B S, Blinder A S. The Federal Funds Rate and the Channels of Monetary

Transmission [J]. American Economic Review, 1992, 82 (4): 901—921.

[29] Bhattarai S, Lee J W, Park W Y. Inflation Dynamics: The Role of Public Debt and Policy Regimes [J]. Journal of Monetary Economics, 2014, 67: 93—108.

[30] Bhattarai S, Lee J W, Park W Y. Monetary—Fiscal Policy Interactions and Indeterminacy in Postwar US Data [J]. The American Economic Review, 2012, 102 (3): 173—178.

[31] Bi H. Sovereign Default Risk Premia, Fiscal Limits, and Fiscal Policy [J]. European Economic Review, 2012, 56 (3): 389—410.

[32] Bianchi F, Melosi L. Escaping the Great Recession [J]. The American Economic Review, 2017, 107 (4): 1030—1058.

[33] Bianchi F. Evolving Monetary/Fiscal Policy Mix in the United States [J]. American Economic Review, 2012, 102 (3): 167—172.

[34] Bianchi F. Regime Switches, Agents' Beliefs, and Post—World War II US Macroeconomic Dynamics [J]. The Review of economic studies, 2013, 80 (2): 463—490.

[35] Blanchard O J, Kahn C M. The Solution of Linear Difference Models under Rational Expectations [J]. Econometrica, 1980, 48 (5): 1305—11.

[36] Blanchard O J, Quah D. The Dynamic Effects of Aggregate Demand and Supply Disturbances [J]. American Economic Review, 1989, 79 (4): 655—673.

[37] Blanchard O J. A Traditional Interpretation of Macroeconomic Fluctuations [J]. American Economic Review, 1989, 79 (5): 1146—1164.

[38] Boivin J, Giannoni M P. Has Monetary Policy Become More Effective? [J]. Review of Economics & Statistics, 2006, 88 (3): 445—462.

[39] Boivin J. Has U. S. Monetary Policy Changed? Evidence from Drifting Coefficients and Real—Time Data [J]. Journal of Money Credit & Banking, 2006, 38 (5): 1149—1173.

[40] Borio C, Zhu H. Capital Regulation, Risk—Taking and Monetary Policy: A Missing Link in the Transmission Mechanism? [J]. Journal of Financial Stability, 2012, 8 (4): 236—251.

[41] Born B, Pfeifer J. Policy Risk and the Business Cycle [J]. Journal of Monetary Economics, 2014, 68 (1): 68—85.

[42] Brogaard J, Detzel A. The Asset—Pricing Implications of Government Economic Policy Uncertainty [J]. Management Science, 2015, 61 (1): 3—18.

[43] Brüggemann R, Riedel J. Nonlinear Interest Rate Reaction Functions for the UK [J]. Economic Modelling, 2011, 28 (3): 1174—1185.

[44] Calvo G A. Staggered Prices in a Utility—Maximizing Framework [J]. Journal of Monetary Economics, 1983, 12 (3): 383—398.

［45］ Canzoneri M B，Cumby R E，Diba B T． Is the Price Level Determined by the Needs of Fiscal Solvency? ［J］． American Economic Review，2001，91 (5)：1221－1238.

［46］ Chari V V，Kehoe P J，McGrattan E R． Business Cycle Accounting ［J］． Econometrica，2007，75 (3)：781－836.

［47］ Cho S． Sufficient Conditions for Determinacy in a Class of Markov－switching Rational Expectations Models ［J］． Review of Economic Dynamics，2016，21：182－200.

［48］ Christiano L J，Ljungqvist L． Money Does Granger－Cause Output in the Bivariate Money－Output Relation ［J］． Journal of Monetary Economics，1988，22 (2)：217－236.

［49］ Chrystal K A，Macdonald R． Empirical Evidence on the Recent Behavior and Usefulness of Simple－Sum and Weighted Measures of Money Stock ［J］． Review － Federal Reserve Bank of St. Louis，1994，76 (2)：73－109.

［50］ Chung H，Davig T，Leeper E M． Monetary and Fiscal Policy Switching ［J］． Journal of Money，Credit and Banking，2007，39 (4)：809－842.

［51］ Clarida R，Galí J，Gertler M． A Simple Framework for International Monetary Policy Analysis ［J］． Journal of Monetary Economics，2002，49 (5)：879－904.

［52］ Clarida R，Galí J，Gertler M． Monetary Policy Rules and Macroeconomic Stability：Evidence and Some Theory ［J］． Quarterly Journalof Economics，2000，115 (1)：147－180.

［53］ Clarida R，Galí J，Gertler M． Monetary Policy Rules in Practice：Some International Evidence ［J］． European Economic Review，1998，42 (6)：1033－1067.

［54］ Clarida R，Galí J，Gertler M． Optimal Monetary Policy in Open versus Closed Economies：An Integrated Approach ［J］． American Economic Review，2001，91 (2)：248－252.

［55］ Clarida R，Galí J，Gertler M． The Science of Monetary Policy：A New Keynesian Perspective ［J］． Journal of Economic Literature，1999，37 (4)：1661－1707.

［56］ Cochrane J H． A Frictionless View of US Inflation ［J］． NBER Macroeconomics Annual，1998，13：323－384.

［57］ Cochrane J H． Long－Term Debt and Optimal Policy in the Fiscal Theory of the Price Level ［J］． Econometrica，2001，69 (1)：69－116.

［58］ Cooley T F，LeRoy S F，Raymon N． Econometric Policy Evaluation：Note. ［J］． American Economic Review，1984，74 (3)：467－70.

［59］ Cooley T F，LeRoy S F，A Theoretical Macroeconometrics，Reproduced，University of California，Santa Barbara，1983.

［60］ Costa O L V，Fragoso M D，Marques R P． Discrete－time Markov Jump Linear Systems ［M］． Berlin：Springer，2004.

［61］ Cover J P, Enders W, Hueng C J. Using the Aggregate Demand－Aggregate Supply
Model to Identify Structural Demand－Side and Supply－Side Shocks: Results Using a
Bivariate VAR ［J］. Journal of Money Credit & Banking, 2006, 38 (3): 777－790.

［62］ Darvas Z. Does Money Matter in the Euro Area? Evidence from a New Divisia Index
［J］. Economics Letters, 2015, 133 (August): 123－126.

［63］ Davig T, Leeper E M, Galí J, et al. Fluctuating Macro Policies and the Fiscal Theory
［with Comments and Discussion］ ［J］. NBER Macroeconomics Annual, 2006, 21:
247－315.

［64］ Davig T, Leeper E M. Generalizing the Taylor Principle ［J］. American Economic Re-
view, 2007, 97 (3): 607－635.

［65］ Delis M D, Kouretas G P. Interest Rates and Bank Risk－Taking ［J］. Journal of
Banking & Finance, 2011, 35 (4): 840－855.

［66］ Dell'Ariccia G, Laeven L, Suarez G A. Bank Leverage and Monetary Policy's Risk－
Taking Channel: Evidence from the United States ［J］. The Journal of Finance, 2017,
72 (2): 613－654.

［67］ Dell'Ariccia G, Marquez R. Lending Booms and Lending Standards ［J］. The Journal
of Finance, 2006, 61 (5): 2511－2546.

［68］ Diamond D W, Rajan R G. Money in a Theory of Banking ［J］. The American eco-
nomic review, 2006, 96 (1): 30－53.

［69］ Drake L, Chrystal K A. Company－Sector Money Demand: New Evidence on the Ex-
istence of a Stable Long－Run Relationship for the United Kingdom ［J］. Journal of
Money Credit & Banking, 1994, 26 (3): 479－494.

［70］ Eo Y. Bayesian Analysis of DSGE Models with Regime Switching (February 11,
2009). Available at SSRN: https: //ssrn. com/abstract＝1304623 or http: //dx.
doi. org/10. 2139/ssrn. 1304623

［71］ Estrella A, Mishkin F S. Is There a Role for Monetary Aggregates in the Conduct of
Monetary Policy? ［J］. Journal of Monetary Economics, 1997, 40 (2): 279－304.

［72］ Farmer R E A, Waggoner D F, Zha T. Indeterminacy in a Forward－Looking Regime
Switching Model ［J］. International Journal of Economic Theory, 2009, 5 (1): 69－
84.

［73］ Farmer R E A, Waggoner D F, Zha T. Minimal State Variable Solutions to Markov－
switching Rational Expectations Models ［J］. Journal of Economic Dynamics & Con-
trol, 2011, 35 (12): 2150－2166.

［74］ Farmer R E A, Waggoner D F, Zha T. Understanding Markov－switching Rational
Expectations Models ［J］. Journal of Economic Theory, 2009, 144 (5): 1849－1867.

［75］ Foerster A, Rubio－Ramirez J, Waggoner D F, et al. Perturbation Methods for

Markov—switching DSGE Models [R]. National Bureau of Economic Research, 2014.

[76] Friedman B M, Kuttner K N. Money, Income, Prices, and Interest Rates [J]. American Economic Review, 1992, 82 (3): 472—492.

[77] Friedman B M, Kuttner K N. Another Look at the Evidence on Money—Income Causality [J]. Journal of Econometrics, 1993, 57 (1): 189—203.

[78] Friedman B M, Kuttner K N. A Price Target for U. S. Monetary Policy? Lessons from the Experience with Money Growth Targets [J]. Brookings Papers on Economic Activity, 1996, 27 (1): 77—146.

[79] Friedman B M, Schwartz A J. A Monetary History of the United States, 1867—1960 [M]. Princeton: Princeton University Press, 1963.

[80] Friedman M, Schwartz A J. Monetary Statistics of the United States: Estimates, Sources, Methods [J]. NBER Books, 1970.

[81] Galí J. How Well Does The IS—LM Model Fit Postwar U. S. Data? [J]. Quarterly Journal of Economics, 1992, 107 (2): 709—738.

[82] Galí J. Monetary Policy, Inflation, and the Business Cycle: An Introduction to the New Keynesian Framework [M]. Princeton: Princeton University Press. 2008.

[83] Galí J. Technology, Employment, and the Business Cycle: Do Technology Shocks Explain Aggregate Fluctuations? [J]. the American Economic Review, 1999, 89 (1): 249—271.

[84] Gerali A, Neri S, Sessa L, et al. Credit and Banking in a DSGE Model of the Euro Area [J]. Journal of Money, Credit and Banking, 2010, 42 (Supplement s1): 107—141.

[85] Gulen H, Ion M. Policy Uncertainty and Corporate Investment [J]. The Review of Financial Studies, 2015, 29 (3): 523—564.

[86] Hallman J J, Porter R D, Small D H. Is the Price Level Tied to the M2 Monetary Aggregate in the Long Run? [J]. American Economic Review, 1991, 81 (4): 841—858.

[87] He Q, Chong T T, Shi K. What Accounts for Chinese Business Cycle? [J]. China Economic Review, 2009, 20 (4): 650—661.

[88] Hendrickson J R. Redundancy or Mismeasurement? A Reappraisal of Money [J]. Macroeconomic Dynamics, 2014, 18 (7): 1437—1465.

[89] Ioannidou V, Ongena S, Peydró J L. Monetary Policy, Risk—Taking, and Pricing: Evidence from a Quasi—Natural Experiment [J]. Review of Finance, 2015, 19 (1): 95—144.

[90] Ireland P N. Technology Shocks in the New Keynesian Model [J]. Review of Economics & Statistics, 2004, 86 (4): 923—936.

[91] James Hueng C. The Demand for Money in an Open Economy: Some Evidence for Canada [J]. The North American Journal of Economics and Finance, 1998, 9 (1): 15－31.

[92] Jiménez G, Ongena S, Peydró J L, et al. Hazardous Times for Monetary Policy: What Do Twenty－Three Million Bank Loans Say About the Effects of Monetary Policy on Credit Risk－Taking? [J]. Econometrica, 2014, 82 (2): 463－505.

[93] Keating J W, Kelly L J, Valcarcel V J. Solving the Price Puzzle with an Alternative Indicator of Monetary Policy [J]. Economics Letters, 2014, 124 (2): 188－194.

[94] Kim C J, Nelson C R. Estimation of a Forward－Looking Monetary Policy Rule: A Time－Varying Parameter Model Using Ex Post Data [J]. Journal of Monetary Economics, 2006, 53 (8): 1949－1966.

[95] Kim C J, Nelson C R. State－space Models with Regime Switching [M]. Cambridge: MIT Press, 1999.

[96] King R G, Plosser C I, Rebelo S T. Production, Growth and Business Cycles: I. The Basic Neoclassical Model [J]. Journal of Monetary Economics, 1988, 21 (2－3): 195－232.

[97] King R G, Plosser C I, Rebelo S T. Production, Growth and Business Cycles: II. New Directions [J]. Journal of Monetary Economics, 1988, 21 (2－3): 309－341.

[98] King R G, Plosser C I, Stock J H, Watson M W. Stochastic Trends and Economic Fluctuations [J]. American Economic Review, 1991, 81 (4): 819－840.

[99] Kydland F E, Prescott E C. Time to Build and Aggregate Fluctuations [J]. Econometrica, 1982, 50 (6): 1345－1370.

[100] Lebi J, Handa J. Re－examining the Choice among Monetary Aggregates: Evidence from the Canadian Economy [J]. The IUP Journal of Monetary Economics, 2007 (3): 57－78.

[101] Leeper E M. Equilibria under 'Active' and 'Passive' Monetary and Fiscal Policies [J]. Journal of Monetary Economics, 1991, 27 (1): 129－147.

[102] Litterman R B, Weiss L. Money, Real Interest Rates, and Output: A Reinterpretation of Postwar U. S. Data [J]. Econometrica, 1985, 53 (1): 129－156.

[103] Liu Z, Waggoner D F, Zha T. Asymmetric Expectation Effects of Regime Shifts in Monetary Policy [J]. Review of Economic Dynamics, 2009, 12 (2): 284－303.

[104] Long J B, Plosser C I. Real Business Cycles [J]. Journal of Political Economy, 1983, 91 (1): 39－69.

[105] Lubik T A, Schorfheide F. Testing for Indeterminacy: an Application to US Monetary Policy [J]. The American Economic Review, 2004, 94 (1): 190－217.

[106] Lucas R E. Econometric Policy Evaluation: A Critique [J]. Carnegie－Rochester

Conference Series on Public Policy, 1976, 1 (1): 19—46.

[107] Lucas R E. Rules, Discretion, and the Role of the Economic Advisor [J]. Nber Chapters, 1980: 199—210.

[108] Lucas, R E. Rational Expectations and Econometric Practice [M]. Minneapolis: University of Minnesota Press, 1981.

[109] Maddaloni A, Peydró J L. Bank Risk—Taking, Securitization, Supervision, and Low Interest Rates: Evidence from the Euro—area and the US Lending Standards [J]. Review of Financial Studies, 2011, 24 (6): 2121—2165.

[110] Maih J. Efficient Perturbation Methods for Solving Regime—Switching DSGE Models [J]. Social Science Electronic Publishing, 2015, 8 (35): 367—377.

[111] Malovana S, Frait J. Monetary Policy and Macroprudential Policy: Rivals or Teammates? [J]. Journal of Financial Stability, 2017, 32: 1—16.

[112] Martin C, Milas C. Modelling Monetary Policy: Inflation Targeting in Practice [J]. Economica, 2004, 71 (282): 209—221.

[113] Martin C, Milas C. Testing the Opportunistic Approach to Monetary Policy [J]. Manchester School, 2010, 78 (2): 110—125.

[114] Mccallum B T. On Non—Uniqueness in Rational Expectations Models: An Attempt at Perspective [J]. Journal of Monetary Economics, 1983, 11 (2): 139—168.

[115] Mishkin F S. Globalization, Macroeconomic Performance, and Monetary Policy [J]. Journal of Money, Credit and Banking, 2009, 41 (s1): 187—196.

[116] Orphanides A, Wieland V. Inflation Zone Targeting [J]. European Economic Review, 2000, 44: 1351—1387.

[117] Paoli B D, Paustian M. Coordinating Monetary and Macroprudential Policies [J]. Journal of Money, Credit and Banking, 2017, 49 (2—3): 319—349.

[118] Pesaran M H, Shin Y, Smith R J. Bounds Testing Approaches to the Analysis of Level Relationships [J]. Journal of Applied Econometrics, 2001, 16 (3): 289—326.

[119] Pesaran M H, Shin Y. An Autoregressive Distributed—Lag Modelling Approach to Cointegration Analysis [J]. Econometric Society Monographs, 1998, 31: 371—413.

[120] Rajan R G. Has Finance Made the World Riskier? [J]. European Financial Management, 2006, 12 (4): 499—533.

[121] Rotemberg J J, Driscoll J C, Poterba J M. Money, Output, and Prices: Evidence from a New Monetary Aggregate [J]. Journal of Business & Economic Statistics, 1995, 13 (1): 67—83.

[122] Rotemberg J J. Sticky Prices in the United States [J]. Journal of Political Economy, 1982, 90 (6): 1187—1211.

[123] Rubio M, Carrasco-Gallego J A. Macroprudential and Monetary Policies: Implications for Financial Stability and Welfare [J]. Journal of Banking & Finance, 2014, 49: 326-336.

[124] Rudebusch G D, Svensson L E O. Eurosystem Monetary Targeting: Lessons from U. S. Data [J]. European Economic Review, 2002, 46 (1): 417-442.

[125] Sala L. The Fiscal Theory of the Price Level: Identifying Restrictions and Empirical Evidence [J]. Ssrn Electronic Journal, 2004 (257).

[126] Schabert A. Monetary Policy under a Fiscal Theory of Sovereign Default [J]. Journal of Economic Theory, 2010, 145 (2): 860-868.

[127] Scheines R, Spirtes P, Glymour C. The TETRAD Project: Constraint Based Aids to Causal Model Specification [J]. Multivariate Behavioral Research, 1998, 33 (1): 65-117.

[128] Schmitt-Grohé S, Uribe M. Price Level Determinacy and Monetary Policy under a Balanced-Budget Requirement [J]. Journal of Monetary Economics, 2000, 45 (1): 211-246.

[129] Schunk D L. The Relative Forecasting Performance of the Divisia and Simple Sum Monetary Aggregates [J]. Journal of Money, Credit and Banking, 2001, 33 (2): 272-283.

[130] Serletis A, Robb A L. Divisia Aggregation and Substitutability among Monetary Assets [J]. Journal of Money, Credit and Banking, 1986, 18 (4): 430-46.

[131] Serletis A, Uritskaya O Y. Detecting Signatures of Stochastic Self-Organization in US Money and Velocity Measures [J]. Physica A: Statistical Mechanics and Its Applications, 2007, 385 (1): 281-291.

[132] Serletis A. The Empirical Relationship between Money, Prices, and Income Revisited [J]. Journal of Business & Economic Statistics, 1988, 6 (3): 351-358.

[133] Serletis A, Gogas P. Divisia Monetary Aggregates, the Great Ratios, and Classical Money Demand Functions [J]. Journal of Money, Credit and Banking, 2014, 46 (1): 229-241.

[134] Serletis A, Rahman S. The Case for Divisia Money Targeting [J]. Macroeconomic Dynamics, 2013, 17 (8): 1638-1658.

[135] Serletis A, Robb A L. Divisia Aggregation and Substitutability among Monetary Assets [J]. Journal of Money, Credit and Banking, 1986, 18 (4): 430-446.

[136] Sidrauski M. Rational Choice and Patterns of Growth in a Monetary Economy [J]. American Economic Review, 1967, 77: 534-544.

[137] Sims C A, Sachs J D. Policy Analysis with Econometric Models [J]. Brookings Papers on Economic Activity, 1982, 13 (1): 107-164.

[138] Sims C A, Zha T. Were there Regime Switches in U. S. Monetary Policy? [J]. American Economic Review, 2006, 96 (1): 54−81.

[139] Sims C A. A Simple Model for Study of the Determination of the Price Level and the Interaction of Monetary and Fiscal Policy [J]. Economic Theory, 1994, 4 (3): 381−399.

[140] Sims C A. Paper Money [J]. American Economic Review, 2013, 103 (2): 563−584.

[141] Sims C A. Money, Income, and Causality [J]. American Economic Review, 1972, 62 (4): 540−552.

[142] Sims C A. Comparison of Interwar and Postwar Business Cycles: Monetarism Reconsidered [J]. American Economic Review, 1980, 70 (2): 250−257.

[143] Spirtes P, Glymour C, Scheines R. Causation, Prediction, and Search [M]. Cambridge: MIT Press, 2001.

[144] Stock J H, Watson M W. Interpreting the Evidence on Money−Income Causality [J]. Journal of Econometrics, 1989, 40 (1): 161−181.

[145] Svensson L E O. The Relation between Monetary Policy and Financial Stability Policy [J]. International Journal of Central Banking, 2012, 8 (Supplement 1): 293−95.

[146] Tayler W J, Zilberman R. Macroprudential Regulation, Credit Spreads and the Role of Monetary Policy [J]. Journal of Financial Stability, 2016, 26: 144−158.

[147] Taylor J B. Discretion versus Policy Rules in Practice [C] // Carnegie−Rochester Conference Series on Public Policy. Elsevier, 1993: 195−214.

[148] Taylor J B. Monetary Policy during a Transition to Rational Expectations [J]. Journal of Political Economy, 1975, 83 (5): 1009−21.

[149] Unsal D F. Capital Flows and Financial Stability: Monetary Policy and Macroprudential Responses [J]. International Journal of Central Banking, 2013, 9 (1): 233−285.

[150] Valencia F. Monetary Policy, Bank Leverage, and Financial Stability [J]. Journal of Economic Dynamics and Control, 2014, 47: 20−38.

[151] Walsh C E. Monetary Theory and Policy Third Edition [M]. Cambridge: MIT Press. 2010.

[152] Woodford M. Fiscal Requirements for Price Stability [J]. Journal of Money, Credit and Banking, 2001: 669−728.

[153] Woodford M. Interest and Prices: Foundations of a Theory of Monetary Policy [M]. Princeton: Princeton University Press, 2003.

[154] Woodford M. Monetary Policy and Price Level Determinacy in a Cash−In−Advance Economy [J]. Economic Theory, 1994, 4 (3): 345−380.

[155] Woodford M. Price－level Determinacy without Control of a Monetary Aggregate ［C］//Carnegie－Rochester Conference Series on Public Policy. North－Holland，1995，43：1－46.

[156] Xu G. Business Cycle Accounting for the Chinese Economy ［J］. Mpra Paper，2007.

[157] Zhang Y，Wan G. China′s Business Cycles：Perspectives from an AD － AS Model ［J］. Asian Economic Journal，2005，19（4）：445－469.

[158] 卞志村，孟士清. 基于马尔科夫转换模型泰勒规则的实证研究 ［J］. 南京财经大学学报，2014（5）：21－28.

[159] 卞志村，孙慧智，曹媛媛. 金融形势指数与货币政策反应函数在中国的实证检验 ［J］. 金融研究，2012（8）：44－55.

[160] 卞志村. 泰勒规则的实证问题及在中国的检验 ［J］. 金融研究，2006（8）：56－69.

[161] 卜永祥，靳炎. 中国实际经济周期：一个基本解释和理论扩展 ［J］. 世界经济，2002（7）：3－11.

[162] 陈昆亭，龚六堂，邹恒甫. 什么造成了经济增长的波动，供给还是需求：中国经济的 RBC 分析 ［J］. 世界经济，2004（4）：3－11.

[163] 陈胜蓝，李占婷. 经济政策不确定性与分析师盈余预测修正 ［J］. 世界经济，2017（7）：169－192.

[164] 陈小亮，马啸. "债务－通缩"风险与货币政策财政政策协调 ［J］. 经济研究，2016（8）：28－42.

[165] 程方楠，孟卫东. 宏观审慎政策与货币政策的协调搭配——基于贝叶斯估计的 DSGE 模型 ［J］. 中国管理科学，2017，25（1）：11－20.

[166] 程海星. 金融周期与"双支柱"调控效果 ［J］. 国际金融研究，2018（9）：35－44.

[167] 邓伟，唐齐鸣. "机会主义"策略及其在中国货币政策中的运用 ［J］. 经济学（季刊），2013，12（2）：605－620.

[168] 刁节文，章虎. 基于金融形势指数对我国货币政策效果非线性的实证研究 ［J］. 金融研究，2012（4）：32－44.

[169] 董秀良，帅雯君. 中国财政政策通货膨胀效应的实证研究 ［J］. 统计研究，2013，30（3）：43－50.

[170] 范从来，高洁超. 银行资本监管与货币政策的最优配合：基于异质性金融冲击视角 ［J］. 管理世界，2018（1）：53－65＋191.

[171] 方红生，朱保华. 价格水平决定的财政理论在中国的适用性检验 ［J］. 管理世界，2008（3）：49－57.

[172] 方意，赵胜民，谢晓闻. 货币政策的银行风险承担分析——兼论货币政策与宏观审慎政策协调问题 ［J］. 管理世界，2012（11）：9－19.

[173] 方意. 宏观审慎政策有效性研究 ［J］. 世界经济，2016，39（8）：25－49.

[174] 封北麟，王贵民. 金融状况指数 FCI 与货币政策反应函数经验研究 ［J］. 财经研究，

2006，32（12）：53—64.

[175] 高士成. 中国经济波动的结构分析及其政策含义：兼论中国短期总供给和总需求曲线特征［J］. 世界经济，2010（9）：122—133.

[176] 龚六堂，邹恒甫. 财政政策与价格水平的决定［J］. 经济研究，2002（2）：10—16.

[177] 龚敏，李文溥. 中国经济波动的总供给与总需求冲击作用分析［J］. 经济研究，2007（11）：32—44.

[178] 郭福春，潘锡泉. 开放框架下扩展泰勒规则的再检验——基于汇改前后及整体层面的比较分析［J］. 财贸经济，2012（11）：63—69.

[179] 洪昊，朱培金. 财政和货币政策协调机制与宏观经济稳定——基于动态随机一般均衡框架的研究［J］. 商业经济与管理，2017（3）：87—96.

[180] 胡志鹏."稳增长"与"控杠杆"双重目标下的货币当局最优政策设定［J］. 经济研究，2014，49（12）：60—71+184.

[181] 黄赜琳. 中国经济周期特征与财政政策效应——一个基于三部门RBC模型的实证分析［J］. 经济研究，2005（6）：27—39.

[182] 黄志刚，许伟. 住房市场波动与宏观经济政策的有效性［J］. 经济研究，2017，52（5）：103—116.

[183] 贾彦东，刘斌. 我国财政极限的测算及影响因素分析——利用含体制转换的DSGE模型对全国及主要省份的研究［J］. 金融研究，2015（3）：97—115.

[184] 江曙霞，陈玉婵. 货币政策、银行资本与风险承担［J］. 金融研究，2012（4）：1—16.

[185] 蒋涛. 怎样解释中国经济波动：基于BCA的分析［J］. 经济理论与经济管理，2013（12）：23—34.

[186] 金鹏辉，张翔，高峰. 货币政策对银行风险承担的影响——基于银行业整体的研究［J］. 金融研究，2014（2）：16—29.

[187] 金鹏辉，张翔，高峰. 银行过度风险承担及货币政策与逆周期资本调节的配合［J］. 经济研究，2014（6）：73—85.

[188] 荆中博，方意. 中国宏观审慎政策工具的有效性和靶向性研究［J］. 财贸经济，2018，39（10）：77—92.

[189] 类承曜，谢觐. 我国财政货币政策为什么要协调配合：一个完全信息条件下的财政货币政策博弈模型［J］. 经济科学，2007（2）：27—39.

[190] 李成，王彬，马文涛. 资产价格、汇率波动与最优利率规则［J］. 经济研究，2010（3）：91—103.

[191] 李春吉，范从来，孟晓宏. 中国货币经济波动分析：基于垄断竞争动态一般均衡模型的估计［J］. 世界经济，2010（7）：96—120.

[192] 李春吉，孟晓宏. 中国经济波动——基于新凯恩斯主义垄断竞争模型的分析［J］. 经济研究，2006（10）：72—82.

[193] 李凤羽，杨墨竹. 经济政策不确定性会抑制企业投资吗？——基于中国经济政策不确定指数的实证研究 [J]. 金融研究，2015 (4)：115−129.

[194] 李建强，张淑翠，秦海林. 货币政策、宏观审慎与财政政策协调配合——基于DSGE策略博弈分析与福利评价 [J]. 财政研究，2018 (12)：19−34.

[195] 李天宇，张屹山，张鹤. 我国宏观审慎政策规则确立与传导路径研究——基于内生银行破产机制的BGG−DSGE模型 [J]. 管理世界，2017 (10)：20−35+187.

[196] 李正辉，蒋赞，李超. Divisia加权货币供应量作为货币政策中介目标有效性研究——基于LSTAR模型的实证分析 [J]. 数量经济技术经济研究，2012 (3)：102−115+127.

[197] 李治国，施月华. 中国Divisia货币数量指数及其货币资产结构分析 [J]. 上海金融，2003 (2)：17−19.

[198] 栗亮，刘元春. 经济波动的变异与中国宏观经济政策框架的重构 [J]. 管理世界，2014 (12)：38−50.

[199] 刘斌. 物价水平的财政决定理论与实证研究 [J]. 金融研究，2009 (8)：35−51.

[200] 刘贵生，高士成. 我国财政支出调控效果的实证分析——基于财政政策与货币政策综合分析的视角 [J]. 金融研究，2013 (3)：58−72.

[201] 刘晓欣，王飞. 中国微观银行特征的货币政策风险承担渠道检验——基于我国银行业的实证研究 [J]. 国际金融研究，2013 (9)：75−88.

[202] 陆军，钟丹. 泰勒规则在中国的协整检验 [J]. 经济研究，2003 (8)：76−85.

[203] 罗娜，程方楠. 房价波动的宏观审慎政策与货币政策协调效应分析——基于新凯恩斯主义的DSGE模型 [J]. 国际金融研究，2017 (1)：39−48.

[204] 吕光明. 供求冲击与中国经济波动：基于SVAR模型的甄别分析 [J]. 统计研究，2009，26 (7)：20−27.

[205] 马勇，陈雨露. 宏观审慎政策的协调与搭配：基于中国的模拟分析 [J]. 金融研究，2013 (8)：57−69.

[206] 马勇. 中国的货币财政政策组合范式及其稳定效应研究 [J]. 经济学（季刊），2016，15 (1)：173−196.

[207] 马勇. 植入金融因素的DSGE模型与宏观审慎货币政策规则 [J]. 世界经济，2013，36 (7)：68−92.

[208] 孟宪春，张屹山，李天宇. 有效调控房地产市场的最优宏观审慎政策与经济"脱虚向实" [J]. 中国工业经济，2018 (6)：83−99.

[209] 牛晓健，裴翔. 利率与银行风险承担——基于中国上市银行的实证研究 [J]. 金融研究，2013 (4)：15−28.

[210] 欧阳志刚，史焕平. 中国经济增长与通胀的随机冲击效应 [J]. 经济研究，2010 (7)：68−78.

[211] 欧阳志刚，王世杰. 我国货币政策对通货膨胀与产出的非对称反应 [J]. 经济研究，

2009（9）：27—38.

[212] 饶品贵，岳衡，姜国华. 经济政策不确定性与企业投资行为研究［J］. 世界经济，2017（2）：27—51.

[213] 荣幸子，蔡宏宇. 我国财政政策与通货膨胀——基于价格水平的财政决定理论的实证分析［J］. 财政研究，2015（1）：15—19.

[214] 孙稳存. 货币政策与中国经济波动缓和化［J］. 金融研究，2007（7）：10—24.

[215] 唐齐鸣，熊洁敏. 中国资产价格与货币政策反应函数模拟［J］. 数量经济技术经济研究，2009（11）：104—115.

[216] 童中文，范从来，朱辰，张炜. 金融审慎监管与货币政策的协同效应——考虑金融系统性风险防范［J］. 金融研究，2017（3）：16—32.

[217] 万晓莉. 我国货币政策能减小宏观经济波动吗？基于货币政策反应函数的分析［J］. 经济学（季刊），2011，10（2）：435—456.

[218] 王爱俭，王璟怡. 宏观审慎政策效应及其与货币政策关系研究［J］. 经济研究，2014，49（4）：17—31.

[219] 王彬. 财政政策、货币政策调控与宏观经济稳定——基于新凯恩斯主义垄断竞争模型的分析［J］. 数量经济技术经济研究，2010（11）：3—18.

[220] 王红建，李青原，邢斐. 经济政策不确定性、现金持有水平及其市场价值［J］. 金融研究，2014（9）：53—68.

[221] 王建国. 泰勒规则与我国货币政策反应函数的实证研究［J］. 数量经济技术经济研究，2006，23（1）：43—49.

[222] 王如丰. 货币总量指数的选择——基于货币需求稳定性的检验［J］. 山西财经大学学报，2008（9）：101—106.

[223] 王胜，邹恒甫. 开放经济中的泰勒规则——对中国货币政策的检验［J］. 统计研究，2006（3）：42—46.

[224] 王文甫，明娟. 总需求、总供给和宏观经济政策的动态效应分析——AD—AS模型能很好地匹配中国的数据吗？［J］. 统计研究，2009，26（8）：16—24.

[225] 王燕武，王俊海. 中国经济波动来源于供给还是需求——基于新凯恩斯模型的研究［J］. 南开经济研究，2011（1）：24—37.

[226] 王宇伟. 货币的加总方法对货币需求稳定性的影响——来自中国的经验证据［J］. 金融研究，2009（3）：19—38.

[227] 王智强. 中国财政政策和货币政策效率研究——基于随机前沿模型的实证分析［J］. 经济学动态，2010（8）：45—49.

[228] 夏斌，廖强. 货币供应量已不宜作为当前我国货币政策的中介目标［J］. 经济研究，2001（8）：33—43.

[229] 肖奎喜，徐世长. 广义泰勒规则与中央银行货币政策反应函数估计［J］. 数量经济技术经济研究，2011（5）：125—138.

[230] 肖卫国, 尹智超, 陈宇. 资本账户开放、资本流动与金融稳定——基于宏观审慎的视角 [J]. 世界经济研究, 2016 (1): 28-38+135.

[231] 谢平, 罗雄. 泰勒规则及其在中国货币政策中的检验 [J]. 经济研究, 2002 (3): 3-12+92.

[232] 徐高. 斜率之谜: 对中国短期总供给/总需求曲线的估计 [J]. 世界经济, 2008, 31 (1): 47-56.

[233] 徐海霞, 吕守军. 我国货币政策与宏观审慎监管的协调效应研究 [J]. 财贸经济, 2019, 40 (3): 53-67.

[234] 徐明东, 陈学彬. 货币环境、资本充足率与商业银行风险承担 [J]. 金融研究, 2012 (7): 48-62.

[235] 杨源源, 于津平. 新常态下中国最优货币调控范式选择——基于财政货币政策互动视角 [J]. 世界经济文汇, 2017 (2): 72-86.

[236] 杨源源. 财政支出结构、通货膨胀与非李嘉图制度——基于 DSGE 模型的分析 [J]. 财政研究, 2017 (1): 64-76.

[237] 袁靖. 我国财政政策是否起到"自动稳定器"作用——基于区制转移 DSGE 模型实证分析 [J]. 现代财经-天津财经大学学报, 2015 (12): 88-98.

[238] 袁靖. 由泰勒规则货币政策对我国股票市场货币政策传导效力的实证研究 [J]. 统计研究, 2007, 24 (8): 60-63.

[239] 岳正坤, 石璋铭. 预期异质性、泰勒规则与货币政策有效性 [J]. 财贸经济, 2013 (3): 63-70.

[240] 张浩, 李仲飞, 邓柏峻. 政策不确定、宏观冲击与房价波动——基于 LSTVAR 模型的实证分析 [J]. 金融研究, 2015 (10): 32-47.

[241] 张强, 乔煜峰, 张宝. 中国货币政策的银行风险承担渠道存在吗? [J]. 金融研究, 2013 (8): 84-97.

[242] 张雪兰, 何德旭. 货币政策立场与银行风险承担——基于中国银行业的实证研究 (2000-2010) [J]. 经济研究, 2012 (5): 31-44.

[243] 张屹山, 张代强. 包含货币因素的利率规则及其在我国的实证检验 [J]. 经济研究, 2008 (12): 65-74.

[244] 张屹山, 张代强. 前瞻性货币政策反应函数在我国货币政策中的检验 [J]. 经济研究, 2007 (3): 20-32.

[245] 张志栋, 靳玉英. 我国财政政策和货币政策相互作用的实证研究——基于政策在价格决定中的作用 [J]. 金融研究, 2011 (6): 46-60.

[246] 赵留彦. 供给、需求与中国宏观经济波动 [J]. 财贸经济, 2008 (3): 17-17.

[247] 赵娜, 郝大鹏, 李力. "机会主义"策略在中国货币政策中的运用研究 [J]. 经济科学, 2015 (5): 17-29.

[248] 赵胜民, 张瀚文. 我国宏观审慎政策与货币政策的协调问题研究——基于房价波动

的非对称性影响［J］. 国际金融研究，2018（7）：14－23.

[249] 赵玮，赵敏娟. 异质性预期下宏观审慎政策与货币政策的协调效应［J］. 财贸经济，2018，39（4）：35－50.

[250] 郑挺国，刘金全. 区制转移形式的"泰勒规则"及其在中国货币政策中的应用［J］. 经济研究，2010（3）：40－52.

[251] 中国人民银行营业管理部课题组. 非线性泰勒规则在我国货币政策操作中的实证研究［J］. 金融研究，2009（12）：30－44.

[252] 周任. 我国财政货币政策的作用空间及组合效用研究［J］. 宏观经济研究，2011（3）：39－44.

[253] 朱军，马翠. 基于区制转移模型的宏观经济政策研究动态［J］. 经济学动态，2016（5）：113－120.

[254] 朱军. 我国财政政策和货币政策规则选择与搭配研究［J］. 广东财经大学学报，2014，29（4）：4－13.

[255] 朱军. 债权压力下财政政策与货币政策的动态互动效应——一个开放经济的 DSGE 模型［J］. 财贸经济，2016，37（6）：5－17.

[256] 朱军. 中国宏观 DSGE 模型中的税收模式选择及其实证研究［J］. 数量经济技术经济研究，2015（1）：67－81.

[257] 左柏云，付明卫. 中国货币服务指数的构建和经验检验［J］. 金融研究，2009（11）：74－90.